“十三五”国家重点研发计划“粮食丰产增效科技创新”项目子课题：
河北水热资源限制区小麦—玉米产后减损、技术扩散与综合评价（2018
YFD0300507）资金支持

河北省粮食丰产增效科技创新项目效益评价研究

HEBEI SHENG LIANGSHI FENGCHAN ZENGXIAO KEJI CHUANGXIN XIANGMU XIAOYI PINGJIA YANJIU

郭丽华 尉京红 戴 芳 于 磊 李名威 著

中国农业出版社
北 京

前言
FOREWORD

河北平原位于黄淮海平原北部，是我国小麦和玉米的重要产区。同时，河北平原水资源匮乏程度加剧，热量资源相对不足，这种生态特点严重制约着该区域粮食生产水平的进一步提升。“十三五”国家重点研发计划项目“河北水热资源限制区小麦—玉米产后减损、技术扩散与综合评价”（2018YFD0300507）针对河北平原小麦—玉米生产限制因子，坚持“节水、降耗、增粮、生态”特色，开展小麦—玉米两熟节水丰产增效技术集成与示范，采用关键技术集成、技术示范应用、新型经营主体紧密结合的方法保障国家粮食安全和促进区域粮食生产可持续发展。

本书依托该项目子课题“河北省小麦—玉米产后减损、技术扩散与综合评价”中的“小麦—玉米两熟节水丰产增效技术体系技术经济和社会效益评价”部分，以河北水热资源限制区小麦—玉米两熟模式中的小麦—玉米种植为研究对象，对小麦—玉米产业发展环节中的经济效益、社会效益进行评价和研究，为提升项目生产效率、实现节本增效目标提供支撑。

摘 要
ABSTRACT

河北省小麦和玉米种植主要分布在太行山山前平原区、黑龙港平原区和燕山山麓平原区，作为华北优势小麦和玉米种植区，2019 年河北省小麦播种面积居全国第五位，总产量居全国第四位，占全国的 10.9%。玉米播种面积和产量占全国的 8%左右，是全国第六大玉米主产区。河北省小麦和玉米种植关系到国家粮食安全。基于"藏粮于地""藏粮于技"的政策，针对河北平原水资源匮乏程度加剧、热量资源相对不足的生态特点对粮食生产水平提升的制约，"十三五"国家重点研发计划项目"河北水热资源限制区小麦—玉米两熟节水丰产增效技术集成与示范"采用关键技术集成、技术示范应用、新型经营主体紧密结合的方法保障国家粮食安全，促进区域粮食生产可持续发展。

河北省粮食丰产增效科技创新项目坚持"节水、降耗、增粮、生态"特色，开展小麦—玉米两熟节水丰产增效技术集成与示范，经过三年的实施，项目取得了良好的经济效益和社会效益，同时在技术集成与示范过程中形成了多个可推广的生产经营典型模式，为促进小麦和玉米增产增效、农民增收、河北省粮食生产可持续发展，确保国家粮食安全提供了保障。

本书共分为八章。第一章至第三章主要从区域整体角度出发，研究河北省小麦—玉米产业发展的基本概况、竞争力状况和成本收益情况，作为后续章节的研究基础；第四章至第六章是基于河北省粮食丰产增效科技创新项目的小麦—玉米种植经济效益分析，其中第四章按不同种植生态类型区对小麦—玉米种植成本效益差异进行研究，第五章、第六章分别以种植规模、经营主体作为分类标准对河北省玉米种植环节经济效益进行研究；第七章为河北省粮食丰产增效科技创新项目的社会效益评价；第八章为项目实施过程中的经营模式典型案例总结。具体内容如下：

第一章：河北省小麦—玉米产业发展现状及形势分析。本章主要介绍河北省小麦—玉米种植、加工的基本情况，分析河北省小麦—玉米产业发展的基本状况。

第二章：河北省小麦—玉米产业竞争力分析。本章主要从产业发展特点和发展优势等方面分析河北省小麦产业的竞争力，并从劳动生产率、土地产出率、玉米优质品率、绿色有机农产品覆盖率、生产标准覆盖率等角度阐述河北省玉米产业的竞争优势。

第三章：河北省小麦—玉米成本效益分析。本章从成本和效益两个方面入手，纵向对比河北省小麦—玉米成本效益的变化趋势，横向对比河北省与其他小麦—玉米主产区成本效益的差异，综合分析河北省小麦—玉米的成本效益特点及存在的问题。

第四章：河北省三大生态类型区小麦—玉米生产成本差异分析。本章分别以三大生态类型区的小麦—玉米生产成本为研究对象，对不同生态类型区小麦—玉米生产成本及构成进行比较，对各区域小麦—玉米生产成本构成要素与生产成本之间的关联度及影响度进行测算分析，找到影响各区域小麦—玉米生产成本的关键成本构成要素，并结合区域特征及政策条件提出对策建议。

第五章：河北省不同规模玉米种植成本效益分析。本章通过对河北省不同规模玉米种植成本效益的调研，从玉米种植户的角度对河北省不同规模玉米种植的成本效益进行分析，揭示河北省玉米种植规模与种植成本效益之间的关系，找到河北省玉米种植的最优规模，并且根据研究结果，提出提高河北省玉米种植效益的建议。

第六章：河北省新型农业经营主体玉米种植经济效益差异分析。本章以河北省新型农业经营主体玉米种植为研究对象，分析不同新型农业经营主体从事玉米种植的特征，从投入产出角度分析其经济效益，找出影响新型农业经营主体玉米种植经济效益的因素，针对不同新型农业经营主体提出优化玉米种植经济效益的对策。

第七章：河北省小麦—玉米技术集成与示范项目社会效益评价。本章根据小麦—玉米技术集成与示范项目的特点，从项目实施对保障农业基础地位的作用、对耕地等自然资源保护的作用和对促进粮食领域科技进步的作用三个层面构建项目社会效益评价指标体系，运用灰色关联分析法建立项目社会影响度评价模型，在此基础上对项目的社会效益进行评价，并提出对策建议。

第八章：河北省小麦—玉米生产经营模式典型案例。本章针对小麦—玉米技术集成与示范项目实施中的黑龙港平原垄上行“四位一体”经营模式、太行山山前平原素敏合作社全产业链经营模式、太行山山前平原重点龙头企业强强联合模式、燕山山麓平原集强集团化经营模式四个典型案例，从参与主体、运行模式、利益联结机制及技术推广效果等方面进行总结，为典型模式在全省范围内示范推广提供参考。

目 录

CONTENTS

第一章 河北省小麦—玉米产业发展现状及形势分析

河北省地处华北平原，具有地势平坦、土壤较为肥沃、气候适宜的自然条件，是黄淮海小麦和玉米优势产区。2019 年河北省小麦种植面积居全国第五位，产量居全国第四位，玉米种植面积和产量占全国的 8%左右，是全国第六大玉米主产区。2019 年玉米产量占河北省粮食产量的 53.13%，玉米种植面积占粮食种植面积的 52.68%。小麦和玉米在全省粮食作物中均占有举足轻重的地位。

一、小麦产业发展现状及形势

（一）产业发展现状

2019 年河北省小麦种植面积 230.7 万公顷，居全国第五位，比 2018 年减少 4.09 万公顷。2019 年平均亩*产 420.4 千克，居全国第二位，比 2018 年提高 9.8 千克。总产量 1 454.85 万吨，居全国第四位，比 2018 年提高 8.75 万吨，占全国的 10.9%。全省小麦常年种植面积 233 万～240 万公顷，常年总产量约占全国的 1/10。近年来，由于受地下水超采综合治理和农业结构调整等因素的影响，小麦种植面积有所下降，但总产量基本保持稳定。

（二）产业发展特点

1. 机械化程度较高 据《全国农业机械化统计资料简明手册》等资料显示，“十二五”末，全国小麦耕种收机械化水平为 93.7%，河北省小麦耕种收综合机械化水平达到 99.26%，其中机耕水平 99.92%，机播水平 99.30%，机收水平 98.34%，远远超过全国平均水平，位列全国第三位。

2. 商品率和流通率较高 河北省是粮食调出大省，2019 年调出 995 万吨（指调到外省的粮食，进出口数量不计算在内），其中，调出小麦 425 万吨，约

* 亩为非法定计量单位，15 亩=1 公顷。全书同。——编者注

占小麦总产量的27%。同时，小麦最低收购价保持稳定，收购主体越来越多元化，小麦的流通效率越来越高。

3. 生产能力不断提升 河北省小麦生产资源禀赋优越，光热资源充足，加上先进科研成果的推广应用，小麦单产水平不断提高，2019 年全省冬小麦平均亩产 420.4 千克，总产量 1 454.85 万吨。虽然全省小麦面积逐年递减，但单产和总产逐年增加。

（三）产业发展优势

1. 原粮商品性好和商品率高 河北省小麦生产历来受到高度重视，通过国家大型商品粮生产基地、农业综合开发、优质粮食产业工程等一大批农业基础设施建设项目的实施，河北省小麦主产区生产条件得到了进一步改善和提升，为发展小麦优质原粮创造了良好生产条件。由于政策引导和扶持，技术推广和覆盖，以及得天独厚的地理区位优势，河北省小麦原粮具有商品性好、品质出众的特点。省内形成了一批规模化种植、标准化生产、品质优良、产量较高的优质小麦生产基地。

2. 强筋小麦发展优势明显 强筋小麦以优质专用为突破口，充分发挥种植大户、专业合作社、龙头企业等规模经营主体的带动作用，通过托管、半托管、社会化服务等形式，促进统一品种、集中种植、标准化生产和单收单储、订单销售，形成以冀中南为主的优质强筋小麦生产基地。并与中粮集团开展战略合作，加强优质强筋小麦品种选育、基地建设、品牌培育、产品精深加工等全产业链开发。

3. 加工企业具有一定规模 河北省小麦加工企业达 267 家，粗加工的小麦制粉产量约占全国的 1/10，精加工方面，挂面产量约占全国的 1/10，方便面产量接近全国产量的 1/5。五得利、今麦郎、河北金沙河面业集团是河北省小麦加工的重点企业。其中，五得利等小麦加工企业跻身全国制造业 500 强，今麦郎等入选中国百佳粮食企业。面粉加工企业在快速成长的同时，带动了“企业＋基地”优质专用小麦生产组织的发展。

（四）产业面临的问题

1. 收益低影响种植积极性 小麦作为河北省主要粮食品种，产品价格“天花板”持续下沉，表现低迷，生产成本“地板”不断抬升，生产利润甚至出现负值。2013—2017 年小麦总成本年均增长 4.41%，产值年均增长 2.29%，净利润呈下降趋势，2018 年小麦的产值低于总成本，净利润为每亩－113.82 元。

2. 需统筹小麦种植和环境保护的关系 河北省是一个水资源严重匮乏的省份，人均和亩均水资源量低于全国水平和相邻省份，且部分山区地表水资源已专供北京、天津两市使用，地下水漏斗区范围也在日益扩张，地下水超采区实施季节性休耕，该区域依靠抽取地下水灌溉的冬小麦种植面积适当压减，改小麦、玉米一年两熟为一年一熟。因此，小麦生产面临资源环境“紧箍咒”趋紧的巨大压力，需要下大力气统筹好粮食生产和环境保护的关系。

3. 产业结构有待优化　河北省是强筋麦优势产区、黄金地带，但产业优势未充分发挥。目前，全省优质强筋小麦仍存在面积较小，种植分散，产业链不衔接等问题。必须从规划布局、品种选育、优种栽培技术研发等方面入手，加强产、加、销产业链衔接，发展优质强筋小麦。

4. 产后加工附加值有待提高　河北省作为小麦主产区，产后多以原粮和初加工产品为主，深加工产品比例较小，产业链短，附加值低。要实现从小麦生产大省向小麦加工大省和产品强省转变，需创新加工技术，优化产品结构，发展精深加工，提升产品档次，培育知名品牌，提高市场竞争力和知名度。

二、玉米产业发展现状及形势

（一）玉米生产基本情况

1. 种植面积小幅下降，重要地位仍未改变　2019 年河北省玉米种植面积 340.82 万公顷，比 2018 年的 343.77 万公顷降低了 0.86%，这也是河北省自 2016 年实施玉米种植结构调整以来连续第三年种植面积下降（图 1-1）。2019 年全省玉米种植面积占粮食种植面积的比重为 52.68%，与 2018 年的 52.58%相比变动不大，与 2016 年的 54.42%相比降低了 1.74 个百分点。

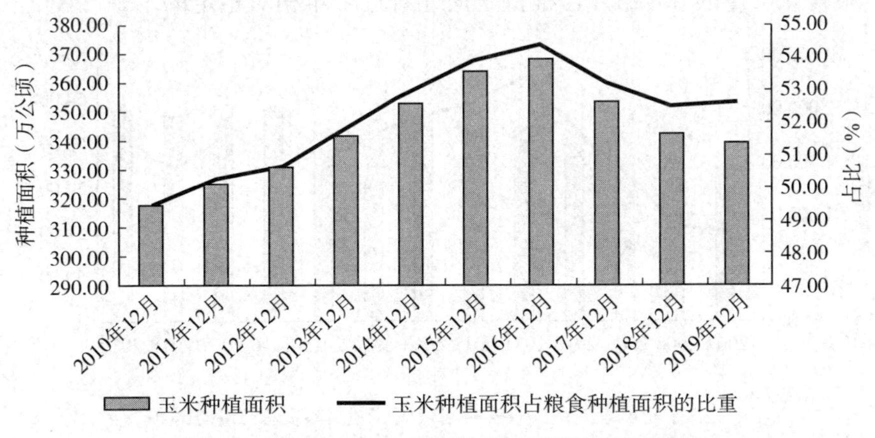

图 1-1　2010—2019 年河北省玉米种植面积情况

数据来源：河北省统计局。

与其他玉米主产省份相比，河北省玉米种植面积在全国玉米种植面积中所占的比重从 2000 年的 10.75%下降到 2018 年的 8.36%，但在全国玉米种植面积中的排名一直居第六位。2018 年，我国玉米种植面积最大的省份是黑龙江省，为 631.78 万公顷，比河北省玉米种植面积高的其他省份分别是吉林省(423.15 万公顷)、山东省（393.47 万公顷)、河南省（391.89 万公顷)、内蒙古自治区（374.21 万公顷)（图 1-2)。近三年八个玉米主产省份中，各省份玉米种植面积均有不同程度的调减。

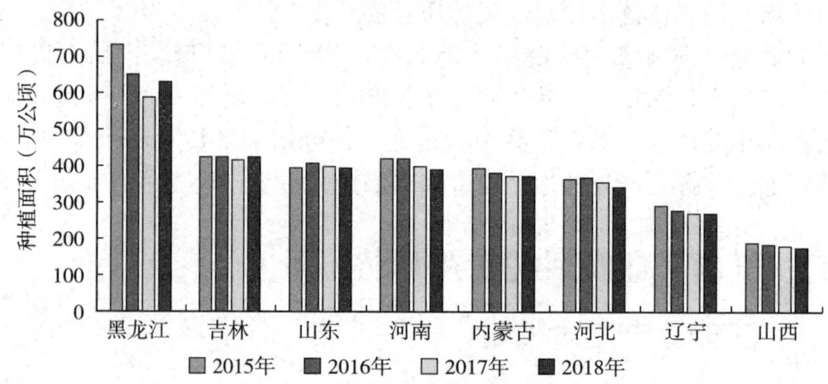

图 1-2　2015—2018 年 8 个玉米主产省份玉米种植面积对比

数据来源：国家统计局。

2. 玉米总产量略有增加，粮食占比相对稳定　2019 年河北省玉米总产量为 1 986.5 万吨，比 2018 年的 1 941.15 万吨提高了 2.34%，2019 年玉米总产量占粮食总产量的 53.13%，维持了河北省近十年相对稳定的水平（图 1-3)。

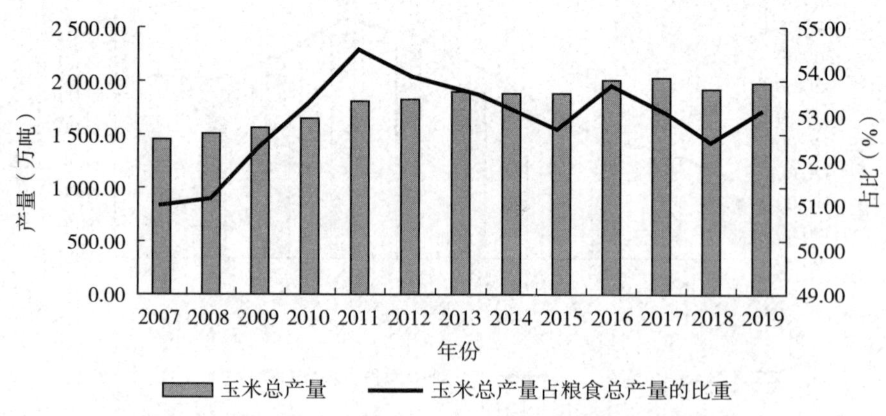

图 1-3　2007—2019 年河北省玉米总产量及占粮食总产量的比重

数据来源：国家统计局。

2019 年，河北省玉米总产量占全国玉米总产量的 7.62%，比 2018 年的 7.55%略有提高，仍位居全国第六位（图 1-4）。自 2013 年以后，河北省玉米总产量占全国的比重下降到 8%以下，基本维持在 7.5%左右的水平。2018 年，我国玉米总产量最高的是黑龙江省（3 982.16 万吨），其次是吉林省（2 799.88 万吨）、内蒙古自治区（2 699.95 万吨）、山东省（2 607.16 万吨）、河南省（2 351.38 万吨）。2018 年八个玉米主产省份中总产量比上年增长的省份有黑龙江省、辽宁省、内蒙古自治区和河南省，其他省份均有所下降。

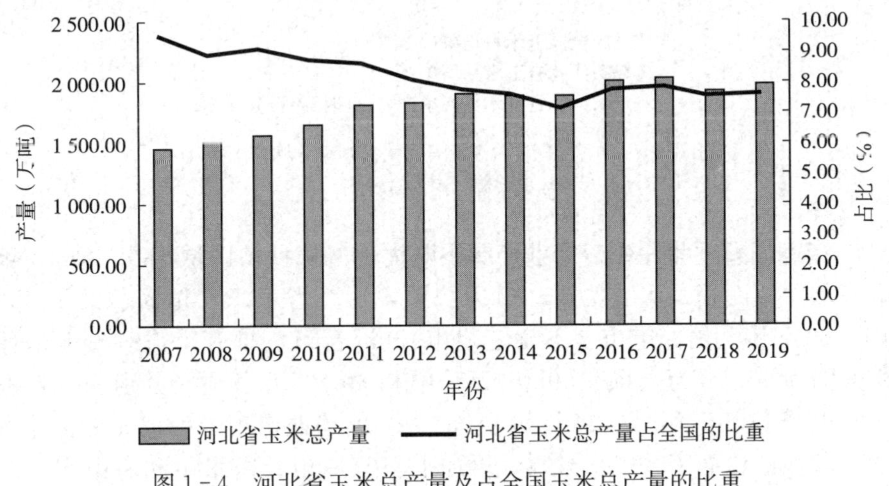

图 1-4　河北省玉米总产量及占全国玉米总产量的比重
数据来源：国家统计局。

3. 单产水平逐步提高，与全国平均水平还有差距　2019 年河北省玉米单产为 5 828.59 千克/公顷，比 2018 年的 5 646.59 千克/公顷提高了 3.22%，但仍低于全国玉米平均单产水平 7.72 个百分点，特别是近三年该差距有增大的趋势，2017 年相差 6.01%，2018 年相差 7.50%，2019 年相差 7.72%（图 1-5）。

与全国玉米平均单产水平相比，河北省 2016—2018 年玉米单产水平分别居全国的第十五、十四、十八位，与河北省玉米种植面积和总产量在全国均居第六位相比，玉米单产在全国的排名比较落后。2018 年，我国玉米平均单产水平最高的是海南省（8 009.1 千克/公顷），其次是新疆维吾尔自治区（7 549.14千克/公顷）。在八个玉米主产省份中，内蒙古自治区的玉米平均单产最高，为 7 215 千克/公顷，其次是山东省（6 626.1 千克/公顷）、吉林省（6 616.8 千克/公顷）、黑龙江省（6 303 千克/公顷），河北省玉米单产水平最低。河南省近三年玉米单产水平稳步增长，由 2016 年的 5 265 千克/公顷增长到 2018 年的 6 000 千克/公顷，增长了 13.96%，增幅较大。

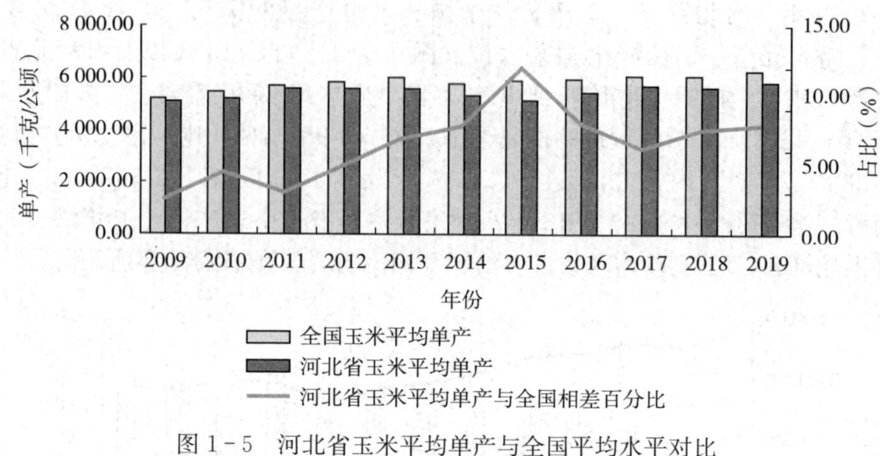

图 1-5　河北省玉米平均单产与全国平均水平对比

数据来源：国家统计局。

4. **结构调整逐步深化，产业布局不断优化**　从种植区域来看，2018 年沧州市玉米种植面积最大，为 49.90 万公顷，占全省玉米种植面积的 14.52%（图 1-6）。其次是保定市（不含定州市）、邢台市和邯郸市，三市玉米种植面积分别为 43.13 万公顷、39.09 万公顷和 39.08 万公顷，分别占全省玉米种植面积的 12.55%、11.37%和 11.37%。上述四市玉米种植面积合计占河北省玉米种植总面积的 49.81%，再加上石家庄市、衡水市和唐山市，七市玉米种植面积占全省的 78.47%，成为河北省玉米种植的主要地区。除了定州市和辛集市两个省直管市外，秦皇岛市的玉米种植面积为 8.46 万公顷，是玉米种植面积最小的地级市，仅占全省的 2.46%；其次是承德市和张家口市，玉米种植面积分别为 16.72 万公顷和 18.39 万公顷，分别占全省的 4.86%和 5.35%。

从玉米产量来看，2018 年邯郸市玉米产量最高，为 268.33 万吨，占全省的 13.82%；其次是保定市、沧州市、邢台市、石家庄市和衡水市，玉米产量分别为 244.19 万吨、228.97 万吨、223.49 万吨、217.01 万吨和 199.64 万吨，这些地级市玉米产量占全省的比重都在 10%以上；除了定州市和辛集市两个省直管市外，秦皇岛市的玉米产量最低，为 48.04 万吨，其次是承德市和张家口市，玉米产量分别为 82.29 万吨和 93.51 万吨。

2019 年河北省玉米种植面积继续压缩，进一步适当调减农牧交错区、太行山丘陵区等非优势产区籽粒玉米种植面积，因地制宜积极发展青贮玉米、鲜食玉米、杂粮杂豆等作物种植，部分地区基本实现了“以养定种”订单生产，农业种植结构进一步优化。

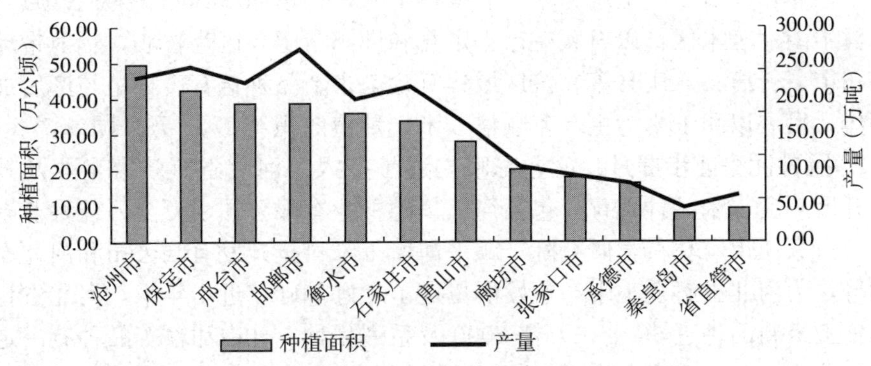

图 1-6　2018 年河北省各市玉米种植面积及产量

数据来源：河北省统计局。

（二）鲜食玉米生产情况

河北省鲜食玉米种植从 20 世纪末开始兴起，由于独特的区位、土壤和气候，鲜食玉米品质优良，2019 年河北省继续推进种植业供给侧结构性改革，压缩籽粒玉米种植规模，鼓励扩大收益较高、市场发展前景较好的鲜食玉米种植，鲜食玉米种植发展迅速，并逐步形成了以鲜食玉米加工企业为核心的特色鲜食玉米种植模式。

1. 种植面积逐步增加，区域特色较为突出　2019 年河北省鲜食玉米种植面积约 2 万公顷，其中糯玉米约 1.3 万公顷，甜玉米约 0.67 万公顷。种植和加工主要集中在环京津的张家口、唐山、秦皇岛、保定、廊坊、石家庄等地，其中张家口市万全区是我国主要的糯玉米生产和加工基地。目前，河北省鲜食玉米种植主要集中分布在以下四个区域：

冀西北糯玉米区：以张家口市万全区为核心，辐射带动周边怀安县、宣化区等。该区域集鲜食玉米新品种选育、种植与产后加工于一体，发展以糯玉米为主，兼顾甜玉米。该区域具有加工企业和种植基地优势，种植面积约 0.67 万公顷。

雄安糯玉米区：以保定市徐水区和廊坊市固安县为核心，辐射带动周边清苑区、满城区、顺平县、安新县、定兴县、高碑店市、永清县、文安县等。该区域集鲜食玉米新品种选育、种植与产后加工于一体，发展以糯玉米为主，兼顾甜玉米，种植面积约 0.53 万公顷。

冀东甜玉米区：以秦皇岛市昌黎县和唐山市玉田县为核心，辐射带动周边乐亭县、丰润区、路北区、开平区、滦南县等。该区域集鲜食玉米种植与产后加工于一体，发展以甜玉米为主，兼顾糯玉米，种植面积约 0.47 万公顷。

冀中南甜玉米区：以石家庄市正定县和邯郸市肥乡区为核心，辐射带动周边定州市、行唐县、唐县等。该区域集鲜食玉米新品种选育、种植与产后加工于一体，发展以甜玉米为主，兼顾糯玉米，种植面积约 0.33 万公顷。

2. 品种优势逐步提升，企业影响力逐步扩大 河北省有多家企业及其他单位开展鲜食玉米品种选育，包括河北华穗种业有限公司、万全万佳种业有限公司、石家庄市农林科学研究院、顺平博斯玉米科技开发有限公司和河北农业大学等，为河北省鲜食玉米产业发展奠定了良好基础。近十年来，河北省育成的鲜食玉米新品种近 30 个，万糯 2000 及系列品种、佳白甜糯等品种有一定的市场影响力。2019 年全国鲜食玉米品种排行榜上，河北华穗种业有限公司选送的 4 个品种从全国近 300 个品种中脱颖而出，其中万糯 158 和万糯 2000 获全国十佳糯玉米展示品种，WH18 和万糯 188 获 2019 鲜食玉米品种风味金奖。

（三）玉米加工情况

河北省以玉米为原料的加工产品主要是饲料、玉米淀粉和发酵产品（含酒精等）。河北省目前有规模以上玉米加工企业 60 余家，主要为饲料加工和淀粉及相关产品加工，其中，饲料加工企业 40 余家，淀粉及相关产品加工企业 20 余家。

1. 玉米饲料加工相对稳定 2019 年河北省饲料加工玉米消耗量在 800 万吨左右，虽然非洲猪瘟疫情影响了生猪饲料消费，但反刍牲畜和禽类增长对玉米饲料加工业的影响不是很大，以玉米为原料的饲料加工降幅不大。如河北兴达集团、河北凯特饲料有限公司等河北省饲料加工龙头企业年消耗玉米量变动不大。

2. 淀粉及相关产品加工能力持续增强 2019 年玉米淀粉、淀粉糖及相关产品加工产量在 600 万吨左右。以秦皇岛骊骅淀粉股份有限公司、玉峰实业集团有限公司、河北德瑞淀粉有限公司等为代表的玉米淀粉加工企业在 2019 年的玉米收购量和消费量略有增加。河北省玉米加工主要产品为玉米淀粉、淀粉糖、玉米油、玉米蛋白、玉米糊精、味精等，产品广泛应用于医药、食品、化工、饲料等行业。除了以饲料、玉米淀粉、淀粉糖为主要产品的企业之外，还有以味精为主要产品的玉米加工企业，如梅花生物科技集团股份有限公司等。

近年来河北省玉米加工企业不断完善产品加工链，由单一的玉米淀粉、淀粉糖加工向多元化产品加工转变，产业结构不断调整，产品转型升级，以满足市场需求。2019 年河北省主要玉米淀粉加工企业加工规模与产品产量情况如表 1-1 所示，主要玉米酒精企业年产能情况如表 1-2 所示。

表 1-1 2019 年河北省主要玉米淀粉加工企业年产能情况

单位：万吨

地区	企业	玉米年加工量	商品淀粉	淀粉糖
秦皇岛市	秦皇岛骊骅淀粉股份有限公司	125	40	56
	秦皇岛鹏远淀粉有限公司	35	18	8
辛集市	河北德瑞淀粉有限公司	50	30	12
邢台市	玉峰淀粉糖业有限公司	192	50	80
	河北健民淀粉糖业有限公司	45	28	20
	河北广玉淀粉糖业有限公司	30	10	6
张家口市	张家口玉晶食品有限公司	18	13	0
石家庄市	河北华辰淀粉糖有限公司	30	8	8
	河北赵州利民糖业集团有限公司	30	20	14
邯郸市	河北顺轩玉米开发有限公司	30	21	0
沧州市	河北祥龙实业有限公司	45		

数据来源：我的农产品网，兴证期货研发部。

表 1-2 2019 年河北省主要玉米酒精企业年产能情况

单位：万吨

地区	企业	玉米消耗量	酒精年产能	干酒糟及其可溶物年产能
承德市	承德避暑山庄企业集团股份有限公司	30	10	9
石家庄市	石家庄力源生物蛋白有限公司	15	5	5
邢台市	邢台春雨工贸有限公司	15	5	5

数据来源：我的农产品网，兴证期货研发部。

3. 鲜食玉米加工能力不断提高，企业影响力不断增强 河北省年加工鲜食玉米 20 多万吨，加工企业在全国鲜食玉米加工领域占有一席之地。河北省鲜食玉米加工企业主要集中在张家口、唐山、秦皇岛、保定等地，在全国具有一定影响力的鲜食玉米加工企业有河北德力食品有限公司、唐山鼎晨食品有限公司、张家口禾久农业开发集团有限公司等，有 6 家企业年加工鲜食玉米穗超过 2.7 亿穗，年加工鲜食玉米粒 6 万吨。

张家口市万全区被誉为“中国鲜食玉米之乡”“全国鲜食玉米示范县”“国家级出口鲜食玉米质量安全示范区”，万全区鲜食玉米呈集群式发展，区内有 19 家专业加工企业，其中有区级及以上农业产业化龙头企业 14 家（省级2 家、市级 9 家），在全国各县（市、区）首屈一指。河北省典型鲜食玉米加工企业基本情况如表 1－3 所示。

表 1－3　河北省典型鲜食玉米加工企业基本情况汇总

企业	地区	主要产品	年加工能力	品牌	基地面积（公顷）
河北德力食品有限公司	徐水区	甜玉米、糯玉米等	玉米年产量 3 万～5 万吨	帝王宴	4 000
唐山鼎晨食品有限公司	开平区	甜玉米、糯玉米等	玉米年生产能力达 1 万～2 万吨		4 000
张家口禾久农业开发集团有限公司	万全区	速冻鲜食甜糯玉米、甜玉米粒等	鲜玉米穗 1.2 亿穗，玉米粒 1 000 吨	禾久	2 666
河北露凝香生物科技股份有限公司	固安县	速冻玉米、真空鲜食玉米、玉米饮品、玉米食品（八宝粥）和玉米胚芽油，形成鲜食玉米（常温保鲜、速冻保鲜）、玉米饮品（浓缩玉米汁、常温玉米汁等）、玉米食品、玉米胚芽油四大系列产品	速冻保鲜和常温保鲜玉米年产 1.5 万吨，玉米饮品年产 680 万瓶，玉米油年产 2 000 吨	露华浓	2 000
唐山广野食品集团有限公司	遵化市	各种腌渍菜、速冻食品、嫩食玉米等七大类	年加工果蔬食品 3.6 万吨	广野	1 466.67
秦皇岛市嘉田工贸有限公司	昌黎县	速冻玉米粒、冻青豆等	年生产量可达 10 000 余吨		1 333

数据来源：http://www.nongtewang.org 及调研数据整理。

第二章

河北省小麦—玉米产业竞争力分析

一、小麦品质特征

世界各个国家的粮食标准或品质分类标准都将容重作为类型划分或等级划分的重要指标。我国国家质量标准判断粮食等级也是采用容重这一指标，因此本研究采用容重来代表小麦的质量和品质。容重作为小麦外观质量的重要指标，表示单位容积中小麦的重量，以“g/L”表示，是收购小麦时确定小麦等级的主要依据。在一定范围内，容重越大，小麦越饱满，加工出粉率越高。根据我国现行的小麦国家质量标准，容重≥790g/L 的为一等品。河北省小麦容重的提高一定程度上说明了河北省小麦质量和品质的提升，河北省小麦容重平均值与全国小麦容重平均值的对比说明了河北省小麦生产在全国小麦生产中的地位。根据 2017—2020 年国家粮食和物资储备局组织的小麦质量调查工作结果，河北省和全国小麦容重平均值、一等品率数据及变化见表 2-1。

表 2-1　2017—2020 年河北省小麦质量抽检数据

小麦质量指标	2017 年	2018 年	2019 年	2020 年
全国容重平均值（g/L）	777	776	793	795
河北省容重平均值（g/L）	788	768	795	806
全国一等品率（%）	43.7	32.6	64.1	65.5
河北省一等品率（%）	49.2	17.1	72.2	86.5

数据来源：国家粮食和物资储备局。

2017—2020 年河北省小麦容重平均值较全国小麦容重平均值水平而言，一般处于较高的水平，2018 年的极端天气和气候变化使得冬小麦返青期较晚，5 月中旬阴雨天气增多，气温下降，日照时长不足导致小麦生长缓慢或停止，对小麦质量产生了不利影响。2019 年河北省小麦容重平均值和全国小麦容重平均值相比处于类似水平，而 2020 年河北省小麦容重平均值创造了历史新高。

从表2-2可以看出，河北省小麦容重平均值和一等品率均位于九个小麦主产省容重平均值和一等品率的首位，说明了河北省小麦种植产业在全国的地位，小麦品质的提高，保障了人民群众的粮食安全，维护了人民群众的生命安全。

表2-2 2020年全国新收获小麦主产省质量抽检数据

小麦质量指标	河北省	山西省	江苏省	安徽省	山东省	河南省	湖北省	四川省	陕西省	全国平均
容重平均值（g/L）	806	791.2	800	792	796	799	744	769	788	795
一等品率（%）	86.5	59.5	75.5	62.5	65.9	72.3	24.2	24.7	51.1	65.5

数据来源：国家粮食和物资储备局。

二、小麦产业竞争力分析

（一）自然条件适宜

河北省位于东经113°27′～119°50′，北纬36°05′～42°40′，属于温带半湿润半干旱大陆性季风气候，光照充足，温度适宜，土壤肥沃，地势平坦，适合各种类型的小麦种植，从品种生态型类群看，冬型、过渡型、春型都可种植，得天独厚的自然环境，可较好地满足小麦生产所需条件。

（二）产学研水平不断提高

河北省是我国小麦的传统产区，近年来，通过现代农业产业技术体系、渤海粮仓科技工程、粮食丰产工程等科技项目带动，建立起多层面多领域的科研、技术人才队伍，省级农业科技创新重点实验室、工程技术中心等农业科技创新平台建设得到加强。通过科研专题专项的研究形式，不仅选育出了一批具有突破性的优势新品种，还突破了一批关键技术，优化集成了针对不同类型区小麦生产各具特色的产业化技术体系。通过农业科技信息服务体系建设，延伸了农业科技信息服务网络，为科技发展与小麦生产搭建了信息桥梁，带动了产学研的融合及科研技术水平的不断提高。

（三）加工产业集群初步形成

河北省小麦加工企业实力突出。加工企业分布在河北省小麦主产优势区，对河北省小麦产业提升作用明显。农业产业化国家重点龙头企业五得利在河北省深州市、柏乡县、大名县、雄安新区、赵县等小麦生产大县（市、区）建立分厂，从事面粉加工。在河北省优质强筋小麦产销对接活动中，中粮贸易有限公司同柏乡县政府、柏乡县金谷源优质小麦专业合作社，南和区政府同河北金沙河面业集团有限责任公司，山东发达面粉集团有限公司同河北宏瑞种业有限公司分别签订了优质专用小麦供销协议。

金沙河面业集团在南和区、沙河市建立加工厂，打造企业为主导的优质小麦合作社，合作社经营面积达到 0.2 万公顷以上。金沙河合作社土地规模成片，优质小麦成熟期一致，便于收割、运输和储存，同时，使用先进的农机具开展科学化耕种，大大提高了种植效率，合作社成员优质小麦收购价比一般农户高 0.28 元/千克。

（四）粮食规模化经营程度不断提高

河北省流转土地种植粮食面积呈上升趋势，由 2010 年的 19.61 万公顷增长到 2016 年的 104.29 万公顷，年均增长 32.12%，种植粮食面积占流转面积的比例也由 2010 年的 44.11%增长到 2016 年的 59.61%。其中，2015 年流转土地种植粮食面积占流转土地面积比例最大，达到 59.83%。从事粮食产业的合作社数量也由 2010 年的 1 874 个增加到 2016 年的 32 658 个，年均增长 61.02%，增长速度较快。

三、玉米品质特征

（一）新收获玉米质量稳定，处于主产区中上游水平

河北省新收获玉米质量主要从容重、一等品率两方面进行分析。根据国家粮食和物资储备局公布的玉米质量检测报告，从横向角度看，2014—2019 年河北省新收获籽粒玉米容重和一等品率两个指标在九个玉米主产区中稳定在中上游水平（表 2－3、表 2－4），其中容重仅次于山西省、辽宁省（2016 年和 2018 年超过山西省），一等品率仅次于辽宁省，部分年份超过山西省和吉林省，这说明河北省新收获玉米的质量要好于大部分玉米主产省份。从纵向角度看，河北省新收获玉米容重 2019 年较 2014 年提升 1.49%，呈小幅上升趋势，但总体比较稳定；新收获玉米一等品率除 2018 年外，其他年份呈小幅下降趋势。

表 2－3　2014—2019 年玉米主产区新收获玉米容重统计

单位：g/L

年份	河北省	山西省	内蒙古自治区	辽宁省	吉林省	黑龙江省	山东省	河南省	陕西省
2014	737	745	728	760	746	708	721	720	713
2015	746	751	711	755	743	696	725	718	726
2016	749	745	733	751	742	704	735	732	728

（续）

年份	河北省	山西省	内蒙古自治区	辽宁省	吉林省	黑龙江省	山东省	河南省	陕西省
2017	744	754	737	754	738	708	728	714	730
2018	757	756	740	759	744	728	750	733	741
2019	748	753	745	756	738	717	739	735	727

表 2-4　2014—2019 年玉米主产区新收获玉米一等品率统计

单位：%

年份	河北省	山西省	内蒙古自治区	辽宁省	吉林省	黑龙江省	山东省	河南省	陕西省
2014	89.00	87.00	68.30	97.40	96.10	36.20	53.20	54.80	37.10
2015	88.40	93.80	28.70	98.00	90.00	34.40	59.90	50.20	59.10
2016	86.90	88.50	81.40	97.90	85.60	34.60	84.90	82.50	67.00
2017	87.90	96.90	77.70	95.60	80.00	40.50	69.00	51.10	74.30
2018	98.30	93.10	81.50	98.40	91.40	63.90	96.40	78.20	88.30
2019	86.60	90.00	88.90	97.40	83.10	49.90	86.00	83.40	64.50

（二）新收获玉米安全性有所提高，处于主产区中游水平

收获后玉米的不完善粒和生霉粒等指标体现了新收获玉米的安全性。从横向角度看，2019 年河北省新收获玉米不完善粒比例为 2.1%，达到了一等品的要求，高于辽宁省和山西省，基本与黑龙江省持平；新收获玉米生霉粒比例为 0.1%，与山西省持平，高于内蒙古、辽宁、吉林、黑龙江四个省份，处于玉米主产区中游水平（图 2-1）。从纵向角度看，河北省新收获籽粒玉米 2014—2020 年不完善粒比例

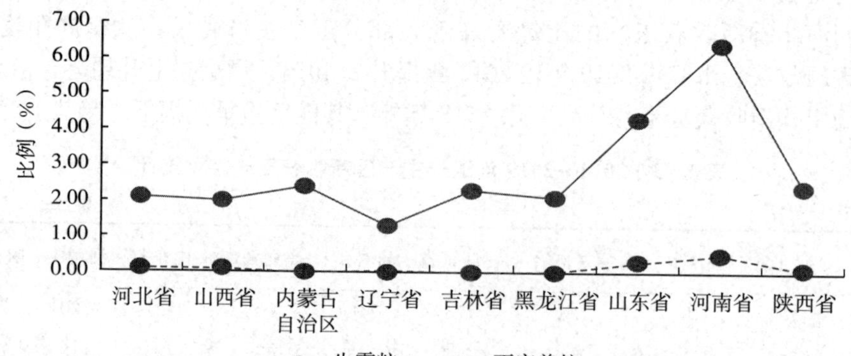

图 2-1　2019 年玉米主产区新收获玉米安全指标趋势

呈波动下降趋势，生霉粒比例呈先升后降趋势，其中2014—2017年生霉粒比例逐年上升，2017年后有一定的改善，比例逐年下降（图2-2）。

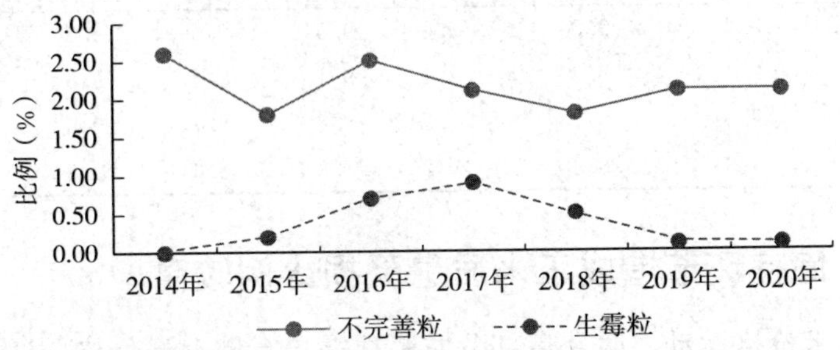

图2-2　2014—2020年河北省新收获玉米安全指标趋势

（三）内在品质偏低，且无明显提升趋势

玉米内在品质一般通过粗淀粉含量、粗蛋白质含量指标进行判断。从横向角度看，河北省玉米粗淀粉含量在九个玉米主产区中处于中游水平（表2-5），玉米粗蛋白质含量处于下游水平（表2-6），尤其在2015年，与其他省份存在较大差距，总体品质偏低。从纵向角度看，2014—2019年河北省玉米粗淀粉含量和玉米粗蛋白质含量均变化不大，内在品质没有明显提升。

表2-5　2014—2019年玉米主产区玉米粗淀粉含量统计

单位：%

年份	河北省	山西省	内蒙古自治区	辽宁省	吉林省	黑龙江省	山东省	河南省	陕西省
2014	72.1	72.0	73.9	74.7	73.2	73.1	71.7	71.8	71.7
2015	72.1	72.1	72.5	72.1	71.5	74.1	71.7	71.8	71.7
2016	72.0	72.2	71.8	71.9	71.7	71.9	71.6	71.9	71.8
2017	71.8	71.8	71.7	72.0	72.0	71.7	71.8	72.0	71.8
2018	71.2	71.5	71.6	72.0	71.9	71.7	72.7	72.8	70.8
2019	71.5	71.3	71.5	71.4	71.8	71.7	71.1	71.5	71.1

表2-6　2014—2019年玉米主产区玉米粗蛋白质含量统计

单位：%

年份	河北省	山西省	内蒙古自治区	辽宁省	吉林省	黑龙江省	山东省	河南省	陕西省
2014	8.8	9.2	8.7	9.1	9.1	8.7	9.1	9.4	9.7
2015	9.1	9.1	10.1	10.0	9.4	13.6	9.2	9.4	9.4

（续）

年份	河北省	山西省	内蒙古自治区	辽宁省	吉林省	黑龙江省	山东省	河南省	陕西省
2016	9.2	9.2	9.0	9.0	9.0	9.0	9.8	9.8	9.7
2017	9.2	9.4	9.3	9.1	9.1	9.3	9.5	9.7	9.7
2018	9.0	8.9	8.7	9.2	8.8	8.7	9.6	9.9	9.2
2019	9.1	9.3	8.8	9.2	8.8	8.4	9.8	9.8	9.4

（四）储存环节造成玉米质量受损比例较高

由于玉米价格波动，收获后部分农民往往自行储存至价格合适再出售，一般储存时间为三四个月。调研发现，河北省个体农户对玉米的储存设施简陋，以自家庭院、农田地头“地趴”式储粮为主，部分种粮大户或合作社虽建有烘干塔，但除自用外，个体农户较少利用，而效果好的储粮设备普遍容量小，价格高，适用性低。据粮食部门统计，储存环节导致的玉米损失达8%左右，即使出售，也对玉米质量造成较大影响。

四、玉米产业竞争力分析

（一）劳动生产率方面

1. 河北省玉米生产的劳动生产率明显提高 依据全国农产品成本收益基础数据和其他相关统计资料，可以统计出河北省2015—2018年玉米每亩用工时间和玉米亩产量，由此可以计算出劳动生产率，即劳动生产率＝每亩土地用工时间/玉米亩产量。

从表2-7可以看出，2015—2018年，每千克玉米产量所投入的劳动力工时在逐渐减少，反映出玉米生产的劳动生产率在逐年提高。此外，根据近年来玉米种植机械的大面积推广，机械化程度的普遍提高，人工投入的数量和比例均会下降，由此可推断劳动生产率还会进一步提高。

表2-7 2015—2018年河北省玉米生产的劳动生产率统计

年份	每亩土地用工时间（日/亩）	亩产量（千克/亩）	劳动生产率（日/千克）
2015	5.95	354.6	0.016 8
2016	5.57	371.4	0.015 0
2017	5.60	383.4	0.014 6
2018	4.84	376.4	0.012 9

资料来源：《全国农产品成本收益资料汇编》和其他相关资料。

2. 劳动生产率低于全国平均水平，但差距在缩小　通过对2015—2018年全国与河北省玉米生产的劳动生产率的比较可以看出，历年来河北省玉米生产的劳动生产率均低于全国的平均水平，但这种差距有逐渐缩小的趋势（表2-8）。

表2-8　河北省和全国玉米生产的劳动生产率比较统计

年份	全国每亩土地用工时间（日/亩）	全国亩产（千克/亩）	全国劳动生产率（日/千克）	河北省劳动生产率（日/千克）
2015	5.95	392.86	0.015 1	0.016 8
2016	5.57	397.81	0.014 0	0.015 0
2017	5.60	407.35	0.013 7	0.014 6
2018	5.05	406.90	0.012 4	0.012 9

资料来源：《全国农产品成本收益资料汇编》和其他相关资料。

2015—2018年，河北省玉米生产劳动生产率与全国平均水平之间的差距逐渐缩小，由0.001 7日/千克下降到0.000 9日/千克，再一度缩小到0.000 5日/千克。河北省玉米生产劳动生产率的快速提高，逐渐缩小了与全国平均水平之间的差距。

对山西省、内蒙古自治区、辽宁省、吉林省、黑龙江省等玉米主产省份的劳动生产率进行计算，整体看来，玉米主产省份中，山西省玉米生产的劳动生产率最低，每千克玉米生产投入人工时间在0.02日左右；河北省玉米生产劳动生产率水平相对偏低，每千克玉米生产投入人工时间在0.015日左右，虽然在2016年和2017年劳动生产率快速提升，但是与黑龙江省和内蒙古自治区等劳动生产率水平较高的省份相比较而言还是存在一定差距；黑龙江省和内蒙古自治区玉米生产的劳动生产率比较高，每千克玉米生产投入人工时间在0.007日左右，且黑龙江省劳动生产率水平比较稳定（表2-9）。

表2-9　河北省与其他玉米主产省份劳动生产率比较汇总

年份	指标	河北省	山西省	内蒙古自治区	辽宁省	吉林省	黑龙江省
2014	每亩用工时间（日/亩）	5.65	7.51	3.90	4.84	5.45	2.92
	亩产（千克/亩）	351.26	373.03	432.18	334.90	492.97	409.72
	劳动生产率（日/千克）	0.016 1	0.020 1	0.009 0	0.014 5	0.011 1	0.007 1
2015	每亩用工时间（日/亩）	5.68	7.46	3.69	4.37	5.23	2.71
	亩产（千克/亩）	342.84	343.00	440.39	387.15	492.24	405.89
	劳动生产率（日/千克）	0.016 6	0.021 7	0.008 4	0.011 3	0.010 6	0.006 7

（续）

年份	指标	河北省	山西省	内蒙古自治区	辽宁省	吉林省	黑龙江省
2016	每亩用工时间（日/亩）	5.38	7.17	2.93	4.19	4.73	2.69
	亩产（千克/亩）	366.37	364.73	444.57	432.55	516.47	399.61
	劳动生产率（日/千克）	0.014 7	0.019 7	0.006 6	0.009 7	0.009 2	0.006 7
2017	每亩用工时间（日/亩）	5.06	7.12	2.46	3.77	4.16	2.66
	亩产（千克/亩）	382.89	360.80	448.01	443.15	520.46	421.08
	劳动生产率（日/千克）	0.013 2	0.019 7	0.005 5	0.008 5	0.008 0	0.006 3

资料来源：《全国农产品成本收益资料汇编》和统计年鉴等相关资料。

从各玉米主产省份玉米生产劳动生产率纵向变化特征来看，内蒙古自治区、辽宁省、吉林省和黑龙江省呈现出持续提高的趋势，每千克玉米生产投入的人工数量越来越少，且内蒙古自治区的提升速度明显较高，在 2017 年超过黑龙江省劳动生产率水平；河北省和山西省玉米生产的劳动生产率呈现出波动的变化趋势，但总体呈逐渐提高趋势。由图 2-3 可以看出，河北省玉米生产劳动生产率在几个主要玉米主产省份中较低，未来有较大的提升空间。

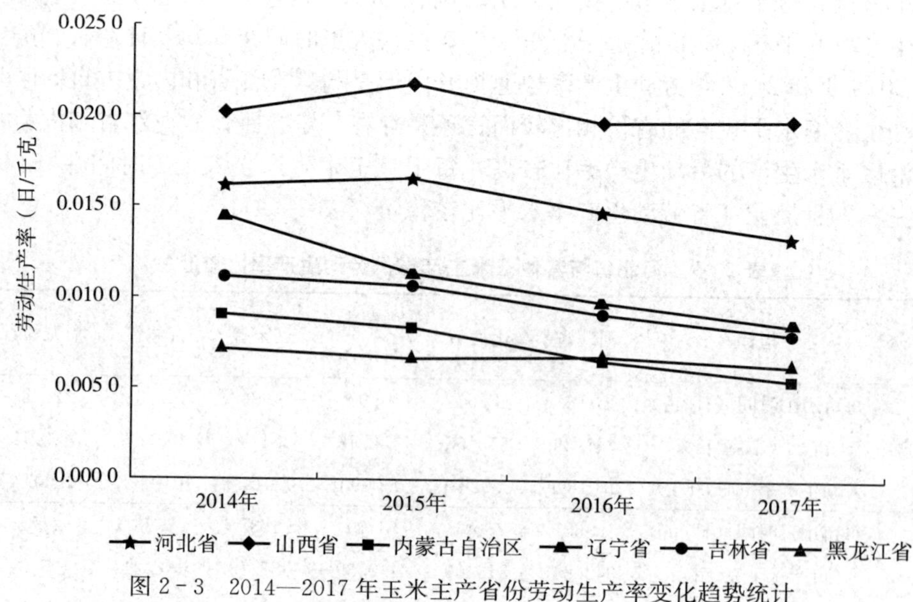

图 2-3　2014—2017 年玉米主产省份劳动生产率变化趋势统计

（二）土地产出率方面

1. 河北省玉米生产的土地产出率明显提升　玉米生产的土地产出率可以用玉米价格乘以玉米产量除以玉米种植面积计算。通过搜集 2018 年和 2019 年河北省玉米价格、玉米产量和玉米种植面积数据如表 2－10 所示，据此可以计算河北省玉米生产的土地产出率。

表 2－10　河北省 2018 年和 2019 年玉米生产的土地产出率统计

年份	玉米价格（元/吨）	玉米产量（万吨）	玉米种植面积（万公顷）	土地产出率（元/公顷）
2018	1 862.86	1 971.00	343.77	10 680.68
2019	1 923.54	1 986.50	340.82	11 211.53

资料来源：中商情报网。

通过计算可以发现，河北省玉米生产的土地产出率明显提高，由 2018 年的 10 680.68 元/公顷增长到 2019 年的 11 211.53 元/公顷，增长比例为 4.97%。

2. 河北省玉米生产的土地产出率低于全国平均水平　通过计算全国玉米生产的平均土地产出率并与河北省数据进行比较分析发现，2018 年和 2019 年河北省玉米生产的土地产出率均低于全国平均水平，由 2018 年相差1 116.25元/公顷增加到 2019 年的 1 160.14 元/公顷，虽然从相对数来看差距有缩减的趋势，但从绝对数来看仍然存在很大的上升空间（表 2－11）。

表 2－11　河北省与全国玉米生产的土地产出率比较

年份	玉米价格（元/吨）	玉米产量（万吨）	玉米种植面积（万公顷）	全国平均土地产出率（元/公顷）	河北省土地产出率（元/公顷）
2018	1 930.82	25 717.39	4 209.20	11 796.93	10 680.68
2019	1 957.81	26 077.00	4 126.67	12 371.67	11 211.53

资料来源：根据相关网络资料汇总整理。

由于部分省份、部分年度的数据存在缺失，现对 2018 年和 2019 年部分玉米主产省份的土地产出率相关数据分别进行计算和比较，从表 2－12 可以看出，与黑龙江省、山东省、辽宁省三个玉米主产省份比较，2018 年河北省玉米生产的土地产出率最低，甚至在玉米价格比黑龙江省高 214.99 元/吨的情况下，土地产出率比黑龙江省低了 1 359.96 元/公顷。

表 2-12　2018 年玉米主产省份土地产出率比较

省份	玉米价格（元/吨）	玉米产量（万吨）	玉米种植面积（万公顷）	土地产出率（元/公顷）
河北省	1 862.86	1 971.00	343.77	10 680.68
黑龙江省	1 647.87	3 982.20	545.00	12 040.64
山东省	1 897.95	2 351.40	391.90	11 387.70
辽宁省	1 891.99	1 662.80	271.30	11 596.02

资料来源：根据相关网络资料汇总整理。

通过与 2019 年黑龙江省和吉林省的数据对比发现，河北省玉米生产的土地产出率与这两省之间的差距更大。在玉米价格明显高于两省的情况下，土地产出率比黑龙江省低 1 887.27 元/公顷，比吉林省低 3 143.73 元/公顷，可见，河北省玉米单产水平与黑龙江和吉林两省存在较大差距（表 2-13）。

表 2-13　2019 年玉米主产省份土地产出率比较

省份	玉米价格（元/吨）	玉米产量（万吨）	玉米种植面积（万公顷）	土地产出率（元/公顷）
河北省	1 923.54	1 986.50	340.82	11 211.53
黑龙江省	1 703.28	3 422.20	445.00	13 098.80
吉林省	1 776.20	3 419.90	423.15	14 355.26

资料来源：根据相关网络资料汇总整理。

（三）绿色有机农产品覆盖率

1. 籽粒玉米绿色有机覆盖率较低　我国籽粒玉米主要用于饲料消费、淀粉加工及工业加工等，目前在绿色有机农产品认证方面与发达国家还有较大差距。河北省玉米病虫害多发，且生产规模小、地块细碎化问题比较突出，真正推广实现籽粒玉米的绿色有机覆盖任重道远。

2. 鲜食玉米绿色有机覆盖率较高　河北省绿色有机玉米主要为鲜食玉米，2019 年河北省鲜食玉米种植面积约 2 万公顷，80%以上的鲜食玉米是通过企业加工后进入市场，部分企业的加工产品还出口日本、韩国等周边国家，部分鲜食玉米可以实现绿色有机种植和加工，特别是食品加工企业自己的种植基地，绿色种植相对比例较高。如果从鲜食玉米种植面积占玉米种植总面积比重来估算的话，这个比例不足 1%。

（四）生产标准覆盖率

在农业生产过程中，现代农业园区、示范家庭农场、农民合作社示范社等新型经营主体往往是进行标准化、规范化、程序化生产的主体，可用“（省级现代农业园区＋示范家庭农场＋农民合作社示范社）/农业生产者总数”来衡量标准化生产覆盖率。据相关统计，2017 年河北省现代农业园区数 189 个、省级示范家庭农场数 30 157 个；截至 2019 年初，在工商管理部门登记注册的农民合作社总数达到 11.72 万家，其中 359 家为国家级示范社，1 281 家为省级示范社。这些农业生产者基本上都实现了按标准生产，标准化生产能够达到全覆盖。另外，从分散的小农户来看，目前河北省农户总数约 1 212 万户，占玉米生产者的绝大多数，这部分玉米种植者普遍年龄偏大，生产规范化和程序化程度较低。

机械化程度的提高在很大程度上也提高了玉米种植的标准化程度。河北省玉米种植机播、机收机械化率为 81%，综合机械化水平为 78%，与吉林等省相比还有较大差距。

第三章 河北省小麦—玉米成本效益分析

一、小麦成本效益分析

（一）总成本及其变动情况

1. **总成本呈小幅上升趋势** 2013—2018 年河北省小麦种植每亩总成本呈不断上升趋势，由 2013 年的 1 004.80 元增长到 2018 年的 1 086.30 元，增幅为 8.11%。2013 年到 2015 年变动比率增加，2015 年较 2014 年变动比率为 2.64%，为近六年最高值，2016 年到 2018 年变动比率先下降后上升再下降，详见表 3－1。

表 3－1 2013—2018 年河北省小麦生产成本的构成及变动

成本构成	2013 年	2014 年		2015 年		2016 年		2017 年		2018 年	
	金额（元）	金额（元）	变动比率（%）	金额（元）	变动比率（%）	金额（元）	变动比率（%）	金额（元）	变动比率（%）	金额（元）	变动比率（%）
每亩总成本	1 004.80	1 023.66	1.88	1 050.68	2.64	1 061.39	1.02	1 074.47	1.23	1 086.30	1.10
生产成本	843.66	852.41	1.04	869.98	2.06	872.50	0.29	883.46	1.26	897.12	1.55
物质服务费用	484.10	472.90	−2.31	484.97	2.55	482.76	−0.46	486.74	0.82	488.71	0.40
人工成本	359.56	379.51	5.55	385.01	1.45	389.74	1.23	396.72	1.79	408.41	2.95
土地成本	161.14	171.25	6.27	180.70	5.52	188.89	4.53	191.01	1.12	189.18	−0.96
流转地租金	5.26	2.43	−53.8	3.00	23.46	2.93	−2.33	4.39	49.83	4.80	9.34
自营地折租	155.88	168.82	8.30	177.70	5.26	185.96	4.65	186.62	0.35	184.38	−1.20

数据来源：2013—2018 年《全国农产品成本收益资料汇编》。

2. **物质与服务费用总体平稳，在总成本中的占比最高** 物质与服务费用虽有波动，但总体变化较小。由 2013 年的每亩 484.10 元减少到 2014 年的

472.90 元，减少了 2.31%。2015 年增加到 484.97 元，较 2014 年增加 2.55%。2016 年小幅减少，较 2015 年减少 0.46%。2017 年和 2018 年不断增加，2018 年增加到 488.71 元，较 2017 年增加 0.40%，变动幅度较小。

物质与服务费用占总成本比重近六年呈逐渐下降趋势，由 2013 年的 48.18%下降到 2018 年的 44.99%，下降幅度较小，但在总成本中的占比依旧最高。人工成本呈波动上升趋势，由 2013 年的 35.78%上升到 2018 年的 37.60%。土地成本占比较低，2018 年占比 17.42%（图 3-1）。

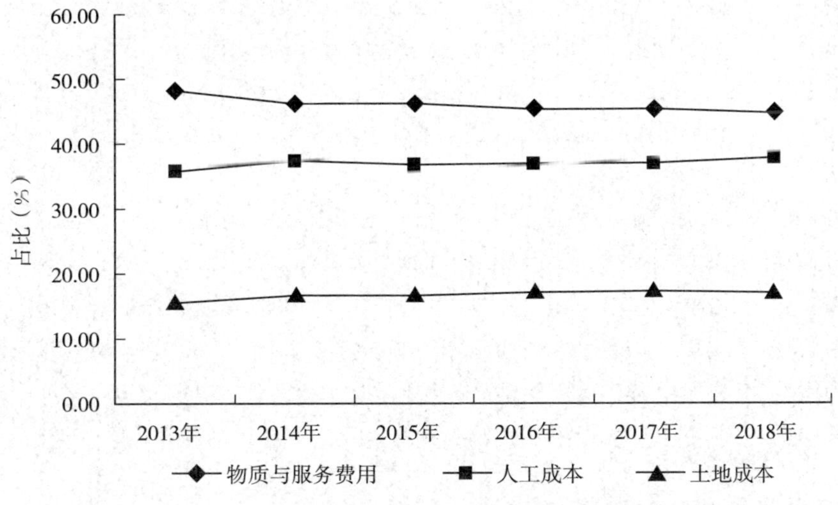

图 3-1　2013—2018 年河北省小麦生产各项成本占总成本的比重

3. 物质与服务费用构成变动情况　根据统计数据，种子费由 2013 年的 66.79 元增加到 2018 年的 71.35 元，增幅为 6.83%；化肥费由 2013 年的 170.95 元下降到 2018 年的 157.40 元，降幅为 7.93%，而农家肥费由 2013 年的 23.49 元增加到 2018 年的 30.13 元，增幅为 28.27%，说明农户逐渐重视对有机肥的使用。农药费呈波动上升趋势，由 2013 年的 13.92 元增加到 2018 年的 17.21 元，增幅为 23.64%。租赁作业和机械作业费用呈波动上升趋势，机械作业费由 2013 年的 133.57 元增加到 2018 年的 140.11 元，增幅为 4.90%，说明机械作业水平逐渐提高。间接费用中保险费在 2018 年为每亩 5.55 元，较 2017 年下降了 9.46%。2013—2018 年河北省小麦生产物质与服务费用的构成及变动情况如表 3-2 所示。

4. 人工成本呈现不断上升趋势　2013—2018 年每亩人工成本逐渐增加，2018 为 408.41 元，较 2013 年的 359.56 元增加 13.59%。2013—2018 年河北省小麦生产人工成本变动情况如图 3-2 所示。

表 3-2　2013—2018 年河北省小麦生产物质与服务费用的构成及变动

成本构成	2013 年	2014 年		2015 年		2016 年		2017 年		2018 年	
	金额（元）	金额（元）	变动比率（%）	金额（元）	变动比率（%）	金额（元）	变动比率（%）	金额（元）	变动比率（%）	金额（元）	变动比率（%）
物质与服务费用	484.10	472.90	−2.31	484.97	2.55	482.76	−0.46	486.74	0.82	488.71	0.40
直接费用	476.03	464.91	−2.34	476.27	2.44	471.56	−0.99	475.05	0.74	478.37	0.70
1. 种子费	66.79	72.21	8.11	70.60	−2.23	72.49	2.68	73.37	1.21	71.35	−2.75
2. 化肥费	170.95	149.92	−12.30	151.22	0.87	145.53	−3.76	149.24	2.55	157.40	5.47
3. 农家肥费	23.49	23.55	0.26	31.09	32.02	28.85	−7.20	34.61	19.97	30.13	−12.94
4. 农药费	13.92	15.68	12.64	15.25	−2.74	15.86	4.00	15.82	−0.25	17.21	8.79
5. 农膜费											
6. 租赁作业费	196.52	199.43	1.48	203.86	2.22	204.99	0.55	197.87	−3.47	198.50	0.32
机械作业费	133.57	133.16	−0.31	134.75	1.19	133.41	−0.99	132.37	−0.78	140.11	5.85
排灌费	62.95	66.27	5.27	69.11	4.29	71.58	3.57	65.50	−8.49	58.39	−10.85
其中：水费	0.39	4.30	1 002.60	1.52	−64.65	3.43	125.66	1.83	−46.60	1.72	−6.01
7. 工具材料费	2.19	2.16	−1.37	2.27	5.09	2.10	−7.49	2.13	1.43	2.01	−5.63
8. 修理维护费	2.17	1.96	−9.68	1.98	1.02	1.74	−12.12	2.01	15.52	1.77	−11.94
9. 其他直接费											
间接费用	8.07	7.99	−0.99	8.70	8.89	11.20	28.74	11.69	4.38	10.34	−11.55
1. 固定资产折旧	5.93	5.85	−1.35	5.70	−2.56	5.54	−2.81	5.56	0.36	4.79	−13.85
2. 保险费	2.14	2.14	0.00	3.00	40.19	5.66	88.67	6.13	8.30	5.55	−9.46

数据来源：2013—2018 年《全国农产品成本收益资料汇编》。

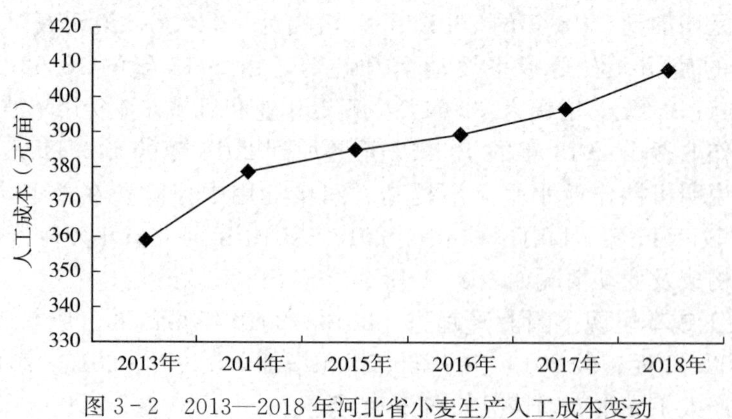

图 3-2　2013—2018 年河北省小麦生产人工成本变动

人工成本构成变化有两个特征：第一，家庭用工天数呈下降趋势。2013—2017 年家庭用工绝对天数在逐年减少，2018 年较 2017 年增加 0.84%，变动较小，说明河北省小麦种植机械化程度在逐渐提高。第二，劳动日工价呈持续上升趋势。劳动日工价由 2013 年的每亩 68.00 元增加到 2018 年的每亩 84.89 元，增加了 16.89 元，增长幅度为 24.84%。劳动日工价的大幅上涨主要是因为随着经济的快速发展，大量农村劳动力转向城市，从事农业劳动的人数减少，农村劳动力的价格不断上涨。河北省小麦生产人工成本的构成及变动情况如表 3-3 所示。

表 3-3 2013—2018 年河北省小麦生产人工成本的构成及变动

成本构成	2013 年	2014 年		2015 年		2016 年		2017 年		2018 年	
	金额或天数	金额或天数	变动比率（%）	金额或天数	变动比率（%）	金额或天数	变动比率（%）	金额或天数	变动比率（%）	金额或天数	变动比率（%）
人工成本（元）	359.56	379.51	5.55	385.01	1.45	389.74	1.23	396.72	1.79	408.41	2.95
家庭用工折价（元）	358.16	379.51	5.96	385.01	1.45	389.74	1.23	396.72	1.79	408.41	2.95
家庭用工天数（天）	5.27	5.10	−3.23	4.94	−3.14	4.79	−3.04	4.77	−0.42	4.81	0.84
劳动日工价（元）	68.00	74.40	9.41	78.00	4.84	81.40	4.36	83.10	2.09	84.89	2.15

数据来源：2013—2018 年《全国农产品成本收益资料汇编》。

5. 土地成本占比上升，流转地租占比较低 土地成本由流转地租金和自营地折租构成。小麦生产的土地成本除 2018 年有小幅下降外，基本呈上升趋势，但上升速度趋缓。流转地租金 2018 年较 2013 年降幅为 8.75%，自营地折租 2018 年较 2013 年增幅为 18.28%，说明小麦种植仍主要以自营地为主（表 3-4）。

表 3-4 2013—2018 年河北省小麦生产土地成本的构成及变动

成本构成	2013 年	2014 年		2015 年		2016 年		2017 年		2018 年	
	金额（元/亩）	金额（元/亩）	变动比率（%）	金额（元/亩）	变动比率（%）	金额（元/亩）	变动比率（%）	金额（元/亩）	变动比率（%）	金额（元/亩）	变动比率（%）
土地成本	161.14	171.25	6.27	180.70	5.52	188.89	4.53	191.01	1.12	189.18	−0.96
流转地租金	5.26	2.43	53.8	3.00	23.46	2.93	2.33	4.39	49.83	4.80	9.34
自营地折租	155.88	168.82	8.30	177.70	5.26	185.96	4.65	186.62	0.35	184.38	−1.20

数据来源：2013—2018 年《全国农产品成本收益资料汇编》。

（二）经济效益及其变动情况

1. 净利润呈波动趋势，出现亏损情况 2013—2015 年河北省小麦净利润波动变化，2016 年和 2017 年出现增长趋势，但 2018 年由于天气等原因影响了小麦产量，导致利润再次下降，出现净利润为负的情况。每亩净利润由 2013 年的 74.61 元降低到 2018 年的－146.97 元，降幅达 296.98％。

2. 成本利润率较低，呈波动下降趋势 受自然条件、市场和国家政策等因素的影响，近六年河北省小麦总成本增长幅度为 8.11％，总成本持续增加，导致种植效益下降。2013—2018 年河北省小麦生产的成本利润率波动下降，其中 2016 年和 2017 年增加，2018 年大幅下降，且出现负值，2018 年成本利润率降到－13.53％，较 2017 年的 9.98％降低 235.57％。2013—2018 年河北省小麦生产成本及收益变动情况如图 3－3 所示。

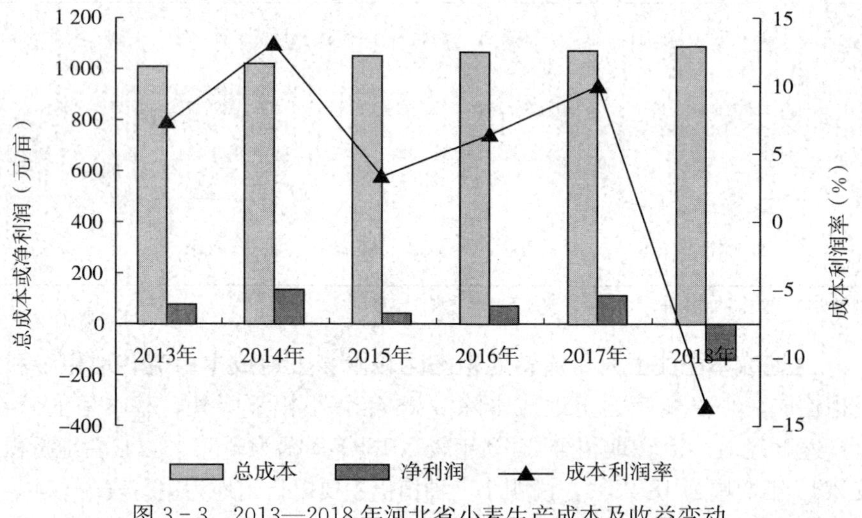

图 3－3　2013—2018 年河北省小麦生产成本及收益变动

（三）与小麦主产省成本收益对比

1. 人工成本在生产成本中的占比最高 通过对我国五个小麦主产省进行生产成本的对比分析发现，各省人工成本所占比例均小于物质与服务费用，特别是安徽省和江苏省，人工成本在生产成本中所占的比例仅为 32.12％和 31.18％。河北省人工成本在生产成本中所占的比例在五个省中最大，达到 45.52％，因此河北省小麦生产成本较高与其较高人工成本有密切关系。详细情况如表 3－5、图 3－4 所示。

表 3-5　2018 年五个省小麦生产的物质与服务费用和人工成本占比

单位：%

地区	物质与服务费用占生产成本的比例	人工成本占生产成本的比例
河北省	54.48	45.52
河南省	57.62	42.38
山东省	56.45	43.55
安徽省	67.88	32.12
江苏省	68.82	31.18
全国平均	56.21	43.79

数据来源：2013—2018 年《全国农产品成本收益资料汇编》。

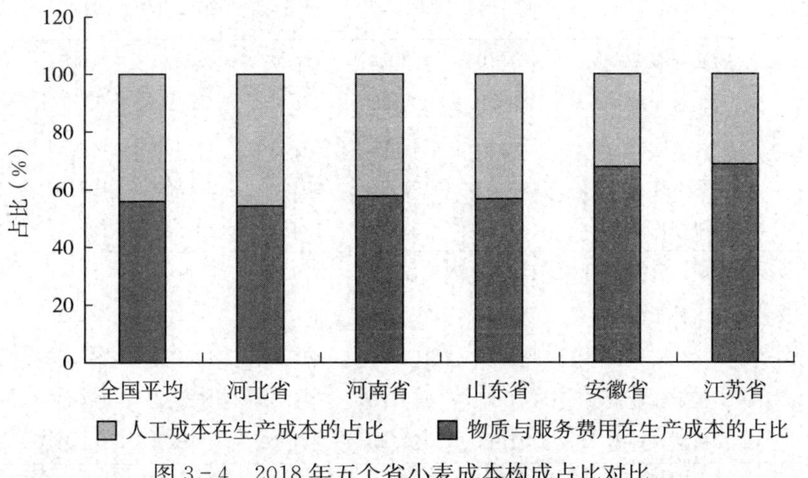

图 3-4　2018 年五个省小麦成本构成占比对比

2. 物质与服务费用在主产省中最高　2018 年河北省小麦种植物质与服务费用达到了 488.71 元，高于全国平均水平，且在五个主产省中为最高值。2018 年全国平均水平为 450.25 元，除安徽省以外，其余四省的物质与服务费用均高于全国平均水平。因此，在小麦生产成本中，河北省的物质与服务费用具有一定劣势。

整体来看，各省种子费 2018 年较 2013 年均有不同幅度的增长。其中 2018 年山东省种子费最低，为 50.07 元，江苏省种子费最高，为 85.96 元。2018 年较 2017 年各省种子费变化幅度较小，其中河北省和山东省虽然呈下降趋势，但降幅仅为 2.75%和 1.57%。

化肥费项目中，2018 年五个主产省中只有江苏省低于全国平均水平，其他各省均高于全国平均水平，其中山东省的化肥费最高，达到164.39元。各省化肥费近六年来都呈现波动下降的趋势。

作业费项目中，各省租赁作业费均出现波动变化趋势，但整体而言，2018年均较2013年有所增长。2018年除河北省和山东省高于全国平均水平外，其余各主产省均低于全国平均水平。租赁作业费的增长主要是由机械作业费的增长所引起的，这说明机械化政策在各省均开始发挥作用。机械作业费中，除河南省为不断增长外，其余各省均为波动增长。2018年山东省机械作业费用最高，达155.38元，说明该省可能更重视机械化生产。相关数据如表3-6所示。

表3-6　2013—2018年五个省小麦生产的物质与服务费用比较

单位：元

地区	项目	2013年	2014年	2015年	2016年	2017年	2018年
河北省	物质与服务费用	484.10	472.90	484.97	482.76	486.74	488.71
	种子费	66.79	72.21	70.60	72.49	73.37	71.35
	化肥费	170.95	149.92	151.22	145.53	149.24	157.40
	租赁作业费	196.52	199.43	203.86	204.99	197.87	198.50
	机械作业费	133.57	133.16	134.75	133.41	132.37	140.11
河南省	物质与服务费用	422.43	417.05	409.62	452.47	452.95	452.90
	种子费	58.29	61.92	65.91	68.63	70.26	70.74
	化肥费	180.78	165.07	165.49	167.03	162.93	161.04
	租赁作业费	144.25	158.23	149.03	158.26	154.90	158.20
	机械作业费	121.14	127.48	134.20	139.92	145.01	147.89
山东省	物质与服务费用	462.17	473.68	464.60	466.96	463.38	470.75
	种子费	45.90	47.69	50.09	49.14	50.87	50.07
	化肥费	182.75	176.29	163.63	159.51	158.10	164.39
	租赁作业费	190.20	202.78	196.93	205.50	202.08	198.67
	机械作业费	148.79	154.60	154.55	154.27	156.55	155.38
安徽省	物质与服务费用	382.96	389.83	394.26	418.41	417.16	437.14
	种子费	58.74	63.16	63.07	69.87	75.74	77.76
	化肥费	160.82	152.83	144.50	143.27	142.95	150.15
	租赁作业费	119.63	132.73	144.57	145.84	138.05	141.30
	机械作业费	112.76	129.58	142.82	142.81	136.58	136.03

（续）

地区	项目	2013年	2014年	2015年	2016年	2017年	2018年
江苏省	物质与服务费用	407.66	421.61	431.19	441.86	461.22	473.75
	种子费	68.45	76.21	77.77	83.56	89.80	85.96
	化肥费	150.55	137.27	136.71	132.25	137.67	144.96
	租赁作业费	122.63	136.47	138.46	141.50	134.58	140.72
	机械作业费	115.49	130.12	131.81	134.48	128.42	133.93
全国平均	物质与服务费用	417.08	419.03	420.23	434.60	438.65	450.25
	种子费	59.51	63.97	66.11	68.16	70.66	70.72
	化肥费	156.98	145.93	143.10	140.78	140.43	148.56
	租赁作业费	154.95	163.61	163.06	168.47	166.31	167.83
	机械作业费	119.62	126.60	131.13	133.16	135.75	138.29

数据来源：2013—2018年《全国农产品成本收益资料汇编》。

3. 人工成本在主产省中最高　2013—2018年河北省小麦生产的每亩人工成本呈不断增长趋势，2018年达到408.41元，与2013年的359.56元相比，增长幅度为13.59%。河北省每亩人工成本高于其余四省，且高于全国平均水平。山东省每亩人工成本呈现先上升后下降的趋势，河南省、安徽省和江苏省有波动趋势。

由于全国劳动日工价统计水平是一致的，家庭用工天数就成为人工成本高低的决定因素，近六年各主产省家庭用工天数下降幅度分别为河北省0.46天、河南省0.89天、山东省1.02天、安徽省0.62天、江苏省1.17天。全国家庭用工天数降低幅度为0.94天，河北省远低于这个水平，其人工成本高在一定程度上反映出河北省玉米种植的机械化程度有待进一步提高。各年主产省小麦生产的人工成本比较情况如表3-7所示。

4. 土地成本增幅较低　2013—2018年各主产省小麦生产的土地成本整体呈上升趋势，2018年较2013年土地成本增幅为河北省17.40%、河南省71.47%、山东省14.66%、安徽省31.77%、江苏省60.85%。全国平均增幅为37.75%，河北省、安徽省和山东省增幅低于全国平均水平，而河南省和江苏省高于全国平均水平（表3-8）。

5. 利润率降幅低于全国平均水平　2013—2018年各主产省小麦生产的净利润呈波动趋势。近三年，各省利润为负的次数明显增多，其中河南省近三年均为负利润，2018年除山东省外其余四省和全国平均水平均出现负利润，河北省也是近六年来首次利润为负。各省小麦生产的净利润比较如表3-9所示。

表 3-7　2013—2018 年主产省小麦生产的人工成本比较分析

地区	项目	2013 年	2014 年		2015 年		2016 年		2017 年		2018 年	
		金额或天数	金额或天数	变动比率（%）	金额或天数	变动比率（%）	金额或天数	变动比率（%）	金额或天数	变动比率（%）	金额或天数	变动比率（%）
河北省	每亩人工成本（元）	359.56	379.51	5.55	385.01	1.45	389.74	1.23	396.72	1.79	408.41	2.95
	家庭用工折价（元）	358.16	379.51	5.96	385.01	1.45	389.74	1.23	396.72	1.79	408.41	2.95
	家庭用工天数（天）	5.27	5.10	−3.23	4.94	−3.14	4.79	−3.04	4.77	−0.42	4.81	0.84
	劳动日工价（元）	68.00	74.40	9.41	78.00	4.84	81.40	4.36	83.10	2.09	84.89	2.15
河南省	每亩人工成本（元）	324.10	342.38	5.64	335.25	−2.08	338.41	0.94	339.56	0.34	333.15	−1.89
	家庭用工折价（元）	315.38	334.06	5.92	320.35	−4.10	322.83	0.77	320.18	−0.82	318.42	−0.55
	家庭用工天数（天）	4.64	4.49	−3.23	4.11	−8.46	3.97	−3.41	3.85	−3.02	3.75	−2.60
	劳动日工价（元）	68.00	74.40	9.41	78.00	4.84	81.40	4.36	83.10	2.09	84.89	2.15
山东省	每亩人工成本（元）	359.07	362.03	0.82	366.68	1.28	377.68	3.00	375.45	−0.59	363.15	−3.28
	家庭用工折价（元）	359.04	362.03	0.83	366.68	1.28	377.29	2.89	374.95	−0.62	361.63	−3.55
	家庭用工天数（天）	5.28	4.87	−7.77	4.70	−3.49	4.64	−1.28	4.51	−2.80	4.26	−5.54
	劳动日工价（元）	68.00	74.40	9.41	78.00	4.84	81.40	4.36	83.10	2.09	84.89	2.15
安徽省	每亩人工成本（元）	207.02	234.28	13.17	229.87	−1.88	235.35	2.38	224.04	−4.81	206.83	−7.68
	家庭用工折价（元）	205.09	230.79	12.53	228.54	−0.97	233.62	2.22	222.96	−4.56	203.74	−8.62
	家庭用工天数（天）	3.02	3.10	2.65	2.93	−5.48	2.87	−2.05	2.68	−6.62	2.40	−10.45
	劳动日工价（元）	68.00	74.40	9.41	78.00	4.84	81.40	4.36	83.10	2.09	84.89	2.15

（续）

地区	项目	2013年	2014年		2015年		2016年		2017年		2018年	
		金额或天数	金额或天数	变动比率（%）	金额或天数	变动比率（%）	金额或天数	变动比率（%）	金额或天数	变动比率（%）	金额或天数	变动比率（%）
江苏省	每亩人工成本（元）	243.91	267.63	9.72	260.53	−2.65	252.21	−3.19	232.86	−7.67	214.62	−7.83
	家庭用工折价（元）	239.50	260.55	8.79	253.11	−2.86	241.60	−4.55	217.89	−9.81	199.49	−8.44
	家庭用工天数（天）	3.52	3.50	−0.57	3.25	−7.14	2.97	−8.62	2.62	−11.78	2.35	−10.31
	劳动日工价（元）	68.00	74.40	9.41	78.00	4.84	81.40	4.36	83.10	2.09	84.89	2.15
全国平均	每亩人工成本（元）	343.78	364.77	6.11	364.39	−0.10	370.99	1.81	361.87	−2.46	350.76	−3.07
	家庭用工折价（元）	333.54	353.70	6.04	352.40	−0.37	358.81	1.82	348.02	−3.01	337.01	−3.16
	家庭用工天数（天）	4.91	4.75	−3.26	4.52	−4.84	4.41	−2.43	4.19	−4.99	3.97	−5.25
	劳动日工价（元）	68.00	74.40	9.41	78.00	4.84	81.40	4.36	83.10	2.09	84.89	2.15

数据来源：2013—2018年《全国农产品成本收益资料汇编》。

表3-8 2013—2018年主产省小麦生产的土地成本比较

单位：元

地区	项目	2013年	2014年	2015年	2016年	2017年	2018年
河北省	土地成本	161.14	171.25	180.70	188.89	191.01	189.18
	自营地折租	155.88	168.82	177.70	185.96	186.62	184.38
河南省	土地成本	169.71	253.22	298.36	300.43	292.99	291.01
	自营地折租	153.64	219.07	247.04	246.18	236.61	233.52
山东省	土地成本	148.18	154.36	158.90	160.21	162.69	169.90
	自营地折租	147.93	154.02	158.08	159.15	161.42	167.89
安徽省	土地成本	165.01	179.79	206.97	220.45	221.29	217.44
	自营地折租	144.67	148.31	164.70	174.54	180.02	176.05
江苏省	土地成本	161.00	192.59	207.25	244.94	252.45	258.97
	自营地折租	121.57	136.28	147.72	176.66	176.10	171.13
全国平均	土地成本	153.85	181.33	199.68	206.92	207.12	211.93
	自营地折租	139.88	160.23	173.08	178.95	177.90	181.19

数据来源：2013—2018年《全国农产品成本收益资料汇编》。

表 3-9　2013—2018 年主产省小麦生产的净利润比较

单位：元

地区	2013 年	2014 年	2015 年	2016 年	2017 年	2018 年
河北省	74.61	135.06	35.55	67.66	107.21	−146.97
河南省	−41.88	140.80	101.68	−126.41	−11.62	−275.05
山东省	104.24	170.07	105.39	92.42	128.39	17.11
安徽省	130.64	280.84	126.32	−7.37	164.32	−142.56
江苏省	58.94	160.36	19.32	−190.73	49.87	−63.90
全国平均	−12.78	87.83	17.41	−82.15	6.10	−159.41

数据来源：2013—2018 年《全国农产品成本收益资料汇编》。

2018 年，由于小麦价格持续下跌和成本持续上涨双重作用，小麦种植业总体呈现出亏损状态。2018 年成本利润率的全国平均水平为−15.74%，河北省为−13.53%，高于全国平均水平，在五个主产省中居第三位，低于山东省（1.70%）和江苏省（−6.75%）。各省小麦生产的成本利润率比较如表 3-10 所示。

表 3-10　2013—2018 年主产省小麦生产的成本利润率比较

单位：%

地区	2013 年	2014 年		2015 年		2016 年		2017 年		2018 年	
	成本利润率	成本利润率	变动比率	成本利润率	变动比率	成本利润率	变动比率	成本利润率	变动比率	成本利润率	变动比率
河北省	7.43	13.19	77.52	3.38	−74.37	6.37	88.46	9.98	56.67	−13.53	235.57
河南省	4.57	13.90	−404.16	9.75	−29.86	11.58	218.77	−1.07	90.76	−25.54	2 286.92
山东省	10.75	17.18	59.81	10.64	−38.07	9.20	13.53	12.82	39.35	1.70	−86.74
安徽省	17.30	34.93	101.91	15.20	−56.48	−0.84	105.53	19.05	2 367.86	−16.55	−186.88
江苏省	7.25	18.18	150.76	2.15	−88.17	−20.31	1 044.65	5.27	125.95	−6.75	−228.08
全国平均	1.40	9.10	−750.00	1.77	−80.55	8.11	558.19	0.61	107.52	−15.74	−2 680.33

数据来源：2013—2018 年《全国农产品成本收益资料汇编》。

二、玉米成本效益分析

（一）总成本及其变动情况

1. 总成本基本稳定，上升势头趋于缓慢　2013—2018 年河北省玉米种植每亩总成本波动变化。2013—2015 年每亩总成本逐年上升，由 863.99 元增长到 983.20 元，增幅 13.80%。2016 年有所下降，降至 960.97 元，随后又有小幅回升，2018 年为 966.72 元，上升势头趋于缓慢（表 3-11）。

表 3-11　2013—2018 年河北省玉米生产总成本的构成及变动

成本构成	2013 年	2014 年		2015 年		2016 年		2017 年		2018 年	
	金额（元）	金额（元）	变动比率（%）	金额（元）	变动比率（%）	金额（元）	变动比率（%）	金额（元）	变动比率（%）	金额（元）	变动比率（%）
每亩总成本	863.99	931.54	7.82	983.20	5.55	960.97	−2.26	964.04	0.32	966.72	0.28
生产成本	696.11	755.94	8.59	794.34	5.08	770.02	−3.06	773.59	0.46	775.98	0.31
物质服务费用	319.43	335.99	5.18	350.60	4.35	331.92	−5.33	352.65	6.25	364.73	3.43
人工成本	376.68	419.95	11.49	443.74	5.66	438.10	−1.27	420.94	−3.92	411.25	−2.3
土地成本	167.88	175.6	4.60	188.86	7.55	190.95	1.11	190.45	−0.26	190.74	0.15
流转地租金	5.05	3.32	−34.26	2.87	−13.55	2.77	−3.48	3.18	14.80	3.45	8.49
自营地折租	162.83	172.28	5.80	185.99	7.96	188.18	1.18	187.27	−0.84	187.29	0.01

数据来源：2013—2018 年《全国农产品成本收益资料汇编》。

2. 物质与服务费用波动上升，各项费用占比趋于合理　物质与服务费用主要由种子、化肥等各项直接费用构成，固定资产折旧、保险费等各项间接费用占比较少，一般不到 3%。2013—2018 年河北省生产成本中物质与服务费用有以下两个特点：

一是每亩物质与服务费用呈波动上升趋势。2013—2015 年河北省玉米生产的物质与服务费用上升较快，从 319.43 元增至 350.60 元，增长了 9.76%，2016 年相对 2015 年下降了 5.33%。但 2017 年未能延续下降势头，再度转呈上升趋势，增至每亩 352.65 元，略高于 2015 年水平。2018 年增至每亩 364.73 元，相对 2017 年增长了 3.43%。

二是各项费用在总费用中的比例趋于合理。在六年统计数据中，农膜费占比连续有两年下降，种子费、化肥费有三年是下降的；租赁作业费、机械作业费增长，分别由 2013 年的 116.71 元和 97.90 元增长为 2018 年的 150.66 元和 122.06 元，增长了 29.09% 和 24.68%，而畜力费从 2016 年开始为零，说明河北省玉米种植的机械化程度在稳步提高；排灌费由 2013 年的 18.10 元增至 2018 年的 28.60 元，增长了 58.01%，说明河北省农业基础设施建设的推广和完善正在起到积极作用；间接费用中保险费在 2018 年为每亩 2.51 元，较 2017 年有所下降；各项费用中，农药费的控制难度较大，六年中只有 2016 年一年的变动是下降的，2017 年和 2018 年又开始回升，其中 2013 年每亩的农药费是 14.86 元，2018 年增至 16.92 元，总增长率 13.86%，因此农药和化肥的双减政策还应持续推行。

2013—2018 年河北省玉米生产物质与服务费用的构成及变动情况如表 3 - 12 所示。

表 3 - 12　2013—2018 年河北省玉米生产物质与服务费用的构成及变动

成本构成	2013 年	2014 年		2015 年		2016 年		2017 年		2018 年	
	金额（元）	金额（元）	变动比率（%）	金额（元）	变动比率（%）	金额（元）	变动比率（%）	金额（元）	变动比率（%）	金额（元）	变动比率（%）
每亩物质与服务费用	319.43	335.99	5.18	350.60	4.35	331.92	−5.33	352.65	6.25	364.73	3.43
直接费用	312.27	328.79	5.29	345.26	5.01	326.63	−5.40	344.08	5.34	357.16	3.80
1. 种子费	46.97	48.60	3.47	49.42	1.69	48.05	−2.77	46.85	−2.50	45.68	−2.50
2. 化肥费	119.18	108.58	−8.89	113.05	4.12	106.31	−5.96	106.10	−0.20	114.90	8.30
3. 农家肥费	9.80	8.08	−17.55	11.43	41.46	14.40	25.98	28.18	95.69	24.05	−14.66
4. 农药费	14.86	15.09	1.55	16.29	7.95	15.50	−4.85	16.38	5.68	16.92	3.30
5. 农膜费	0.54	0.58	7.41	0.48	−17.24	0.39	−18.75	0.41	5.13	0.56	36.59
6. 租赁作业费	116.71	143.66	23.09	150.16	4.52	137.98	−8.11	141.75	2.73	150.66	6.29
机械作业费	97.90	104.91	7.16	107.63	2.59	112.46	4.49	113.63	1.04	122.06	7.42
排灌费	18.10	38.17	110.88	42.09	10.27	25.52	−39.37	28.12	10.19	28.60	1.71
其中：水费						0.61		1.40	129.51		
畜力费	0.71	0.58	−18.31	0.44	−24.14		−100.00				
7. 工具材料费	2.35	2.34	−0.43	2.52	7.69	2.21	−28.97	2.39	8.14	2.43	1.67
8. 修理维护费	1.86	1.86	0.00	1.91	2.69	1.79	−100.00	2.02	12.85	1.96	−2.97
9. 其他直接费											
间接费用	7.16	7.20	0.56	5.34	−25.83	5.29	−0.94	8.57	62.00	7.57	−11.67
1. 固定资产折旧	5.34	5.68	6.37	5.34	−5.99	5.29	−0.94	5.37	1.51	5.06	−5.77
2. 保险费	1.82	1.52	−16.48		−100.00			3.20		2.51	−21.56

数据来源：2013—2018 年《全国农产品成本收益资料汇编》。

3. 人工成本总体下降，雇工占比较低

一是人工成本总体呈降低趋势，劳动日工价逐年上升，但用工时间减少。河北省玉米生产人工成本在 2013—2015 年增长速度逐年降低，且 2016—2018

年连续三年，每亩人工成本逐渐减少，2018 年较 2015 年降低 7.32%。同时，劳动日工价逐年上升，可见人工成本的下降主要来自用工时间的绝对减少，这应与 2015 年农业部开始推行的全程机械化政策有关。2013—2018 年河北省玉米生产人工成本变动情况如图 3-5 所示。

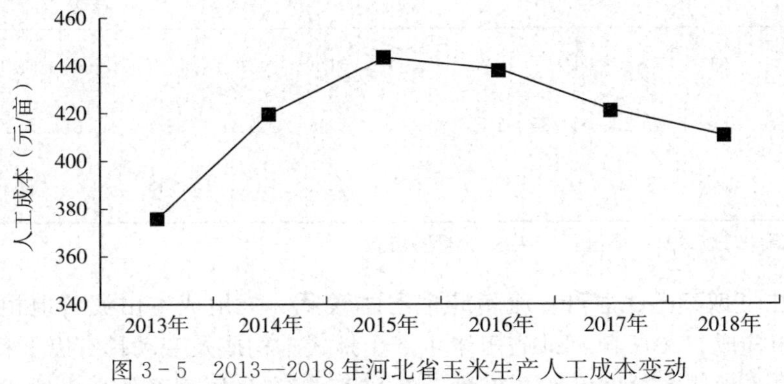

图 3-5　2013—2018 年河北省玉米生产人工成本变动

二是人工成本构成变化有三个特征：第一，雇工费用占比很小。雇工费用占人工成本的比例均在 2%以下，用工主要依赖家庭成员，表明河北省玉米种植规模化程度还不高。第二，家庭用工天数在减少。近三年家庭用工绝对天数在逐年减少，说明河北省玉米种植机械化程度在逐年提高。第三，劳动日工价呈持续增长趋势。由 2013 年的每亩 68 元增至 2018 年的每亩 84.89 元，增加了 16.89 元，增长幅度为 24.84%；劳动日工价的大幅上涨主要是因为随着经济的快速发展，大量农村劳动力转向城市，从事农业劳动的人数减少，农村劳动力的价格不断上涨。河北省玉米生产人工成本的构成及变动情况如表 3-13 所示。

表 3-13　2013—2018 年河北省玉米生产人工成本的构成及变动

成本构成	2013 年	2014 年		2015 年		2016 年		2017 年		2018 年	
	金额或天数	金额或天数	变动比率（%）	金额或天数	变动比率（%）	金额或天数	变动比率（%）	金额或天数	变动比率（%）	金额或天数	变动比率（%）
每亩人工成本（元）	376.68	419.95	11.49	443.74	5.66	438.1	−1.27	420.94	−3.92	411.25	−2.3
家庭用工折价（元）	371.28	418.43	12.7	441.17	5.43	430.12	−2.5	413.01	−3.98	405.01	−1.94
家庭用工天数（天）	5.46	5.62	2.93	5.66	0.71	5.28	−6.71	4.97	−5.94	4.77	−4.02

（续）

成本构成	2013 年	2014 年		2015 年		2016 年		2017 年		2018 年	
	金额或天数	金额或天数	变动比率（%）	金额或天数	变动比率（%）	金额或天数	变动比率（%）	金额或天数	变动比率（%）	金额或天数	变动比率（%）
劳动日工价（元）	68	74.4	9.41	78	4.84	81.4	4.36	83.1	2.09	84.89	2.15
雇工费用（天）	5.4	1.52	−71.85	2.57	69.08	7.98	210.51	7.932	−0.64	6.24	−21.33
雇工工价（元/天）	63.58	60.92	−4.18	91.75	50.61	79.83	−12.99	88.13	10.4	89.14	1.15

数据来源：2013—2018 年《全国农产品成本收益资料汇编》。

4. 土地成本占比上升，流转地租占比较低 土地成本由流转地租金和自营地折租构成。2018 年河北省玉米生产土地成本构成及变动具有以下特点：

一是土地成本总体呈上升趋势。除 2017 年有小幅下降外，土地成本基本呈上升趋势，但上升速度趋缓。2013—2016 年增幅为 13.74%，2018 年比 2017 年增长 0.15%。

二是玉米种植主要以自营地为主。2013—2016 年玉米种植成本中流转地租金占土地成本的比例年均不超过 2%，近 98%的土地成本是自营地折租，这说明玉米种植仍主要以自营地为主（表 3－14）。

表 3－14 2013—2018 年河北省玉米生产土地成本构成及变动

成本构成	2013 年	2014 年		2015 年		2016 年		2017 年		2018 年	
	金额（元/亩）	金额（元/亩）	变动比率（%）	金额（元/亩）	变动比率（%）	金额（元/亩）	变动比率（%）	金额（元/亩）	变动比率（%）	金额（元/亩）	变动比率（%）
土地成本	167.88	175.6	4.60	188.86	7.55	190.95	1.11	190.45	−0.26	190.74	0.15
流转地租金	5.05	3.32	−34.26	2.87	−13.55	2.77	−3.48	3.18	14.8	3.45	8.49
自营地折租	162.83	172.28	5.80	185.99	7.96	188.18	1.18	187.27	−0.84	187.29	0.01

数据来源：2013—2018 年《全国农产品成本收益资料汇编》。

（二）经济效益及其变动情况

2013—2018 年河北省玉米生产的收益总体呈快速下降状态，出现连续四年亏损。

1. 净利润呈下降趋势，出现连续亏损 2013—2016 年河北省玉米生产的净利润逐年降低，尽管2017年和2018年有小幅回调，但总体的下降趋势难以逆转，由2013年的每公顷盈利3 834.45元降低到2018年的每公顷亏损1 303.05元，共降低了5 137.50元，降幅达133.98%。净利润的大幅度降低主要原因是总成本的上涨和玉米市场价格的下降。

2. 成本利润率较低，降幅逐步减小　2013—2016年河北省玉米生产的成本利润率呈持续下降状态，2013年为29.59%，此后逐渐下降，尤其是2014—2015年，降低幅度最大，2015年出现亏损，至2018年已连续四年处于亏损状态，成本利润率降到−8.99%，但出现了跌幅减小的状态。

受自然条件、市场和国家政策等因素的影响，近六年来河北省玉米总成本增长幅度为11.89%，同时，玉米售价的降幅达到24.88%，在售价大幅下降和总成本持续增加的双重力下，玉米种植效益迅速下降。2013—2018年河北省玉米生产成本和收益情况如图3-6所示。

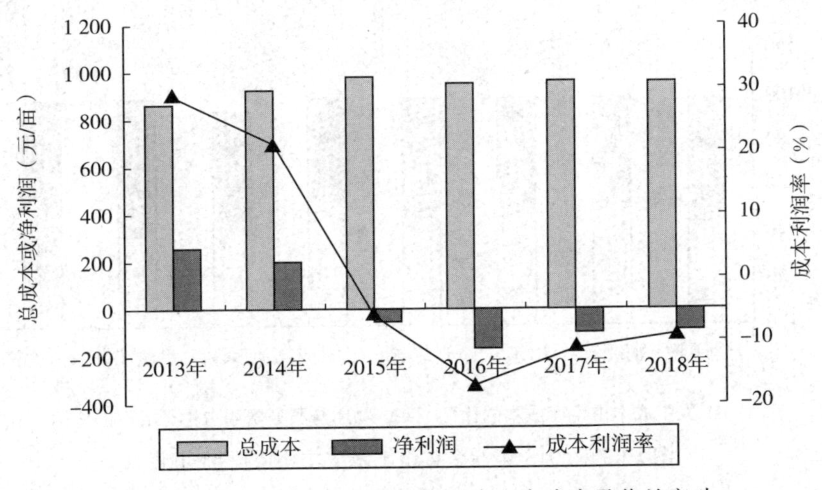

图3-6　2013—2018年河北省玉米生产成本及收益变动

（三）与玉米主产省成本收益对比

1. 人工成本在生产成本中的占比最高　对我国七个玉米主产省份进行玉米种植生产成本的对比分析发现，只有河北省的人工成本大于物质与服务费用在生产成本中所占的比例，其余六个省份人工成本所占比例均小于物质与服务费用，特别是黑龙江省和内蒙古自治区，人工成本在生产成本中所占的比例仅为39.76%和34.08%，而河北省人工成本在生产成本中所占的比例达到53.00%，因此河北省玉米生产成本较高与其较高的人工成本有密切关系。详细情况如表3-15、图3-7所示。

表 3-15　2018 年七个省份玉米生产的物质与服务费用和人工成本占比

单位：%

地区	物质与服务费用占生产成本的比例	人工成本占生产成本的比例
河北省	47.00	53.00
黑龙江省	60.24	39.76
吉林省	53.07	46.93
内蒙古自治区	65.92	34.08
山东省	51.32	48.68
河南省	47.55	46.81
辽宁省	52.79	47.21
全国平均	53.98	45.21

数据来源：2018 年《全国农产品成本收益资料汇编》。

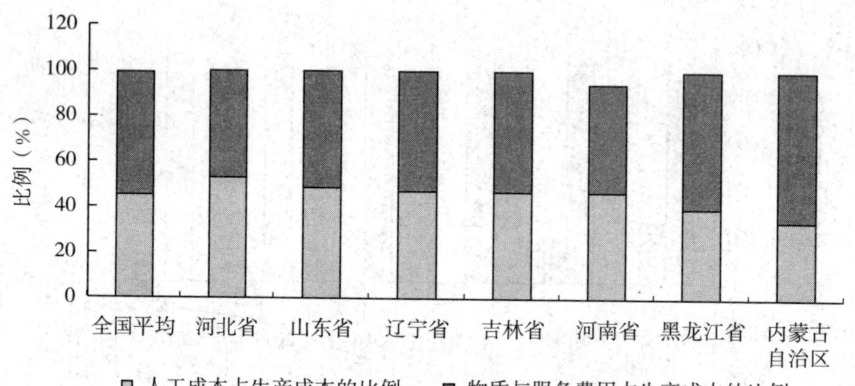

图 3-7　2018 年七个省份玉米成本构成比例对比

2. 物质与服务费用在生产成本中的占比较低　2013—2018 年我国主产省份玉米生产中物质与服务费用大多呈增长趋势，从物质与服务费用的绝对数来看，2018 年黑龙江省和内蒙古自治区物质与服务费用在生产成本中所占的比例分别达到了 60.24%、65.92%，吉林省、山东省、河南省和内蒙古自治区的物质与服务费用较高，河北省的物质与服务费用较低。因此，在玉米生产成本中，河北省的物质与服务费用具有一定优势。

种子费项目中，总体来看，近两年来河北省费用有所降低。2018 年河北省种子费最低，内蒙古自治区、辽宁省、黑龙江省种子费较高。

化肥费项目中，吉林省和山东省的化肥费较高，河北省和黑龙江省则较低。2018 年各省份化肥费较 2017 年均呈上升趋势，内蒙古自治区上升幅度最大，为15.98%，七个主产省份中只有河北省、黑龙江省和内蒙古自治区化肥使用量高于全国平均水平，其他各省份均低于全国平均水平。

作业费项目中，除内蒙古自治区租赁作业费持续增长外，其他省份均出现了波动变化趋势，但整体而言，除吉林省外均有所增长。除河北省、河南省、山东省和内蒙古自治区四个省份增长幅度高于全国平均水平外，其余各主产省份均低于全国平均水平。

租赁作业费的增长主要是由机械作业费的增长所引起的，这说明全程机械化政策在各省份均开始发挥作用。

相关数据如表3-16所示。

表3-16　2013—2018年七个省份玉米生产的物质与服务费用比较

单位：元

地区	项目	2013年	2014年	2015年	2016年	2017年	2018年
河北省	物质与服务费用	319.43	335.99	350.6	331.92	352.65	364.73
	种子费	46.97	48.60	49.42	48.05	46.85	45.68
	化肥费	119.18	108.58	113.05	106.31	106.10	114.90
	租赁作业费	116.71	143.66	150.16	137.98	141.75	150.66
	机械作业费	97.90	104.91	107.63	112.46	113.65	122.06
黑龙江省	物质与服务费用	341.99	335.10	334.87	332.04	336.76	345.83
	种子费	59.92	59.18	60.90	58.28	58.05	58.68
	化肥费	119.97	109.62	107.24	104.19	109.04	119.07
	租赁作业费	135.13	136.01	136.87	139.07	139.00	138.92
	机械作业费	133.37	135.39	136.29	137.86	137.99	137.39
吉林省	物质与服务费用	406.24	384.34	416.56	397.8	384.46	386.32
	种子费	49.97	46.46	52.38	53.01	49.96	48.02
	化肥费	176.66	159.29	171.43	164.78	153.94	163.39
	租赁作业费	143.82	144.88	147.56	140.26	143.57	139.50
	机械作业费	143.49	144.88	147.56	140.26	142.96	139.50
内蒙古自治区	物质与服务费用	374.49	368.79	383.74	392.47	386.99	415.27
	种子费	59.01	57.59	58.02	60.08	52.87	56.83
	化肥费	126.25	112.97	117.24	115.63	114.51	132.81
	租赁作业费	136.67	154.27	158.62	168.54	169.73	171.67
	机械作业费	104.28	115.84	121.78	130.88	132.40	134.48

（续）

地区	项目	2013 年	2014 年	2015 年	2016 年	2017 年	2018 年
河南省	物质与服务费用	304.46	350.92	346.19	351.31	373.97	377.78
	种子费	48.55	48.91	49.36	50.18	49.90	50.62
	化肥费	141.84	136.72	127.76	127.57	132.39	134.70
	租赁作业费	91.31	143.66	141.57	136.87	141.46	144.38
	机械作业费	72.56	105.95	123.97	122.07	126.33	126.46
山东省	物质与服务费用	382.33	407.77	430.21	406.65	407.9	408.28
	种子费	50.19	50.78	52.54	52.27	50.42	50.02
	化肥费	169.78	153.51	156.12	145.82	150.19	151.48
	租赁作业费	118.81	152.64	167.91	156.48	154.49	150.89
	机械作业费	97.51	109.89	116.77	126.08	129.98	124.97
辽宁省	物质与服务费用	366.54	373.39	372.79	358.82	356.69	362.59
	种子费	62.31	62.88	63.25	63.25	60.20	55.41
	化肥费	162.20	149.25	144.17	135.66	138.40	142.34
	租赁作业费	106.03	120.41	120.72	117.33	117.58	117.51
	机械作业费	84.80	98.73	98.98	98.39	106.63	108.39
全国平均	物质与服务费用	359.71	364.8	376.22	369.55	374.98	383.76
	种子费	55.04	55.24	56.82	56.56	55.44	55.72
	化肥费	142.15	130.49	131.17	126.05	129.01	137.53
	租赁作业费	116.90	133.74	139.62	138.07	139.05	139.10
	机械作业费	95.31	105.11	111.98	114.43	116.73	117.27

数据来源：2013—2018 年《全国农产品成本收益资料汇编》。

3. 平均人工成本最高　2013—2018 年河北省玉米生产的人工成本呈先增长后下降的趋势，2013—2015 年持续增加，从 2015 年开始人工成本超过吉林省，在七个主产省份中人工成本达到最高，虽然在 2016 年到 2018 年人工成本连续降低，但降低幅度较小，即使低于全国平均水平，在七个主产省份中人工成本仍是最高的。

由于全国劳动日工价统计水平是一致的，家庭用工天数就成为人工成本高低的决定因素，比较发现，近六年各主产省份家庭用工天数下降幅度分别为内蒙古自治区 1.74 天、河南省 1.49 天、辽宁省 1.74 天、山东省 1.19 天、吉林省 1.08 天、黑龙江省 0.54 天、河北省 0.69 天。全国家庭用工天数降低幅度为 1.43 天，河北省远远低于这个水平，可见河北省人工成本高部分原因是一直没有能够有效降低家庭用工天数，同时反映出河北省玉米种植的机械化程度有待进一步提高。各年主产省份玉米生产的人工成本比较情况如表 3-17 所示。

表 3-17　2013—2018 年主产省份玉米生产的人工成本比较分析

地区	成本构成	2013 年	2014 年		2015 年		2016 年		2017 年		2018 年	
		金额或天数	金额或天数	变动比率（%）	金额或天数	变动比率（%）	金额或天数	变动比率（%）	金额或天数	变动比率（%）	金额或天数	变动比率（%）
河北省	每亩人工成本（元）	376.68	419.95	11.49	443.74	5.66	438.1	−1.27	420.94	−3.92	411.25	−2.30
	家庭用工折价（元）	371.28	418.43	12.70	441.17	5.43	430.12	−2.51	413.01	−3.98	405.01	−1.94
	家庭用工天数（天）	5.46	5.62	2.93	5.66	0.71	5.28	−6.64	5.06	−4.17	4.77	−5.73
	劳动日工价（元）	68.00	74.40	9.41	78.00	4.84	81.40	4.36	81.62	0.27	84.89	4.01
黑龙江省	每亩人工成本（元）	220.44	226.18	2.60	219.48	−2.96	227.10	3.47	230.59	1.54	228.30	−0.99
	家庭用工折价（元）	190.33	196.19	3.08	191.10	−2.59	189.74	−0.71	193.12	1.78	191.94	−0.61
	家庭用工天数（天）	2.80	2.64	−5.71	2.45	−7.20	2.33	−4.86	2.66	14.16	2.26	−15.04
	劳动日工价（元）	68.00	74.40	9.41	78.00	4.84	81.40	4.36	72.60	−10.81	84.89	16.93
吉林省	每亩人工成本（元）	411.56	433.27	5.28	422.86	−2.40	406.91	−3.77	359.07	−11.76	341.56	−4.88
	家庭用工折价（元）	313.96	318.13	1.33	365.04	14.75	316.56	−13.28	290.68	−8.18	300.68	3.44
	家庭用工天数（天）	4.62	4.28	−7.36	4.68	9.35	3.89	−16.90	4.16	6.94	3.54	−14.90
	劳动日工价（元）	68.00	74.40	9.41	78.00	4.84	81.40	4.36	69.88	−14.16	84.89	21.48
内蒙古自治区	每亩人工成本（元）	303.93	300.81	−1.03	299.92	−0.30	244.61	−18.44	211.06	−13.72	214.69	1.72
	家庭用工折价（元）	266.97	272.08	1.91	267.93	−1.53	222.63	−16.91	192.63	−13.48	185.48	−3.71
	家庭用工天数（天）	3.93	3.66	−6.87	3.44	−6.01	2.74	−20.49	2.46	−10.22	2.19	−10.98
	劳动日工价（元）	68.00	74.40	9.41	78.00	4.84	81.40	4.36	78.30	−3.80	84.89	8.42

（续）

地区	成本构成	2013年	2014年		2015年		2016年		2017年		2018年	
		金额或天数	金额或天数	变动比率（%）	金额或天数	变动比率（%）	金额或天数	变动比率（%）	金额或天数	变动比率（%）	金额或天数	变动比率（%）
河南省	每亩人工成本（元）	371.70	409.22	10.09	364.88	−10.84	335.40	−8.08	323.45	−3.56	332.53	2.81
	家庭用工折价（元）	366.52	401.54	9.55	359.97	−10.35	333.74	−7.29	319.85	−4.16	331.41	3.61
	家庭用工天数（天）	5.39	5.40	0.19	4.62	−14.44	4.10	−11.26	3.89	−5.12	3.90	0.26
	劳动日工价（元）	68.00	74.40	9.41	78.00	4.84	81.40	4.36	82.22	1.01	84.89	3.25
山东省	每亩人工成本（元）	390.41	407.26	4.32	418.39	2.73	395.73	−5.42	382.96	−3.23	387.24	1.12
	家庭用工折价（元）	389.57	407.12	4.50	418.39	2.77	395.36	−5.50	381.76	−3.44	385.57	1.00
	家庭用工天数（天）	5.73	5.47	−4.54	5.36	−2.01	4.86	−9.38	4.61	−5.14	4.54	−1.52
	劳动日工价（元）	68.00	74.40	9.41	78.00	4.84	81.40	4.36	82.81	1.73	84.89	2.51
辽宁省	每亩人工成本（元）	389.63	371.60	−4.63	348.50	−6.22	345.69	−0.81	316.83	−8.35	324.21	2.33
	家庭用工折价（元）	341.84	323.49	−5.37	305.76	−5.48	299.88	−1.92	270.91	−9.66	279.03	3.00
	家庭用工天数（天）	5.03	4.35	−13.52	3.92	−9.89	3.68	−6.02	3.77	2.45	3.29	−12.73
	劳动日工价（元）	68.00	74.40	9.41	78.00	4.84	81.40	4.36	71.86	−11.72	84.89	18.13
全国平均	每亩人工成本（元）	455.37	474.68	4.24	468.72	−1.26	458.10	−2.27	441.20	−3.69	433.52	−1.74
	家庭用工折价（元）	426.97	446.40	4.55	447.17	0.17	433.13	−3.14	417.66	−3.57	411.80	−1.40
	家庭用工天数（天）	6.28	6.00	−4.46	5.73	−4.50	5.32	−7.14	5.26	−1.13	4.85	−7.79
	劳动日工价（元）	68.00	74.40	9.41	78.00	4.84	81.40	4.36	79.40	−2.45	84.89	6.91

数据来源：2013—2018年《全国农产品成本收益资料汇编》。

4. 河北省玉米种植的土地成本较低 2013—2018年各主产省份玉米生产

的土地成本整体呈上升趋势，但黑龙江、吉林、辽宁三省2017年较2016年土地成本有所降低，且降低幅度较大，平均值超过25%，但是仍然高于全国土地平均成本。河北省土地成本本身就低于全国平均水平，虽然近年有上涨趋势，但与东北三省相比土地成本仍然具有较大优势（表3-18）。

表3-18　2013—2018年主产省份玉米生产的土地成本比较

单位：元

地区	项目	2013年	2014年	2015年	2016年	2017年	2018年
河北省	土地成本	167.88	175.6	188.86	190.95	190.45	190.74
	自营地折租	162.83	172.28	185.99	188.18	187.27	187.29
黑龙江省	土地成本	304.76	327.48	344.17	344.11	260.47	289.61
	自营地折租	237.59	256.30	266.04	256.1	189.92	217.56
吉林省	土地成本	324.33	380.43	391.38	367.94	259.54	326.45
	自营地折租	274.94	329.34	340.41	322.26	226.13	281.82
内蒙古自治区	土地成本	216.38	225.85	231.21	236.45	241.95	259.14
	自营地折租	205.14	205.17	203.9	208.97	210.09	217.43
河南省	土地成本	182.95	254.88	285.07	287.31	289.11	292.97
	自营地折租	163.74	226.98	234.83	234.2	231.95	237.13
山东省	土地成本	140.05	147.31	147.15	150.04	151.08	164.41
	自营地折租	139.38	146.23	146.14	148.76	149.96	162.07
辽宁省	土地成本	247.33	322.13	349.31	323.1	237.12	260.72
	自营地折租	225.84	293.96	311.26	293.17	216.54	237.76
全国平均	土地成本	196.96	224.41	238.78	237.94	210.3	227.54
	自营地折租	176.2	200.37	209.96	207.78	183.79	197.89

数据来源：2013—2018年《全国农产品成本收益资料汇编》。

5. 河北省利润率降幅低于全国平均降幅　2013—2018年各主产省份玉米生产的净利润总体呈下降趋势，2016年达到最低点，2017年下降趋势明显得到遏制。2015年只有生产成本具有较大优势的内蒙古自治区没有出现亏损，全国总体出现负利润，2016年、2007年七个主产省份净利润均为负值。2018年内蒙古自治区出现正值，其他省份均为负值，其中吉林省和辽宁省净利润进一步下降。从整个时期来看，吉林省净利润下降幅度最大，为433.30%，其次为河南省，下降幅度为279.38%，河北省净利润下降幅度较小，这说明河北省玉米成本还是具有一定的优势。各省份玉米生产的净利润比较如表3-19所示。

表 3-19　2013—2018 年主产省份玉米生产的净利润比较

单位：元

地区	2013 年	2014 年	2015 年	2016 年	2017 年	2018 年
河北省	255.63	201.80	−55.07	−163.10	−104.9	−86.87
黑龙江省	150.79	203.30	−24.12	−378.56	−166.63	−113.23
吉林省	66.58	−23.29	−181.99	−398.22	−29.99	−221.91
内蒙古自治区	316.24	376.69	112.98	−154.87	−3.44	140.55
河南省	102.82	85.92	−65.21	−221.36	−188.91	−184.44
山东省	138.68	259.22	−77.39	−135.48	−66.78	−56.45
辽宁省	161.13	53.00	−222.84	−329.03	−82.76	−248.89
全国平均	77.52	81.82	−134.18	−299.70	−175.79	−163.34

数据来源：2013—2018 年《全国农产品成本收益资料汇编》。

从变化趋势来看，2013—2018 年主产区和全国的情况基本一致，全国玉米生产的成本利润率由 7.66%降低至−15.63%，各玉米主产省成本利润率呈现下降趋势，下降幅度较大。2018 年成本利润率的全国平均水平为−15.63%，河北省为−8.99%，高于全国平均水平，在七个主产省份中居第三位，低于内蒙古自治区（15.81%）、山东省（−5.88%）。

近年来，由于玉米价格持续下跌和成本持续上涨双重作用，玉米种植业总体呈现出亏损状态，河北省在总成本方面具有一定优势，经济效益在七个主产省份中居于中间地位。各省份玉米生产的成本利润率比较如表 3-20 所示。

表 3-20　2013—2018 年主产省份玉米生产的成本利润率比较

单位：%

地区	2013 年	2014 年		2015 年		2016 年		2017 年		2018 年	
	成本利润率	成本利润率	变动比率	成本利润率	变动比率	成本利润率	变动比率	成本利润率	变动比率	成本利润率	变动比率
河北省	29.59	21.66	−26.80	−5.60	−125.85	−16.97	−203.04	−10.88	−35.89	−8.99	−17.37
黑龙江省	17.39	22.87	31.51	−2.68	−111.72	−41.91	−1 463.81	−20.12	−51.99	−13.11	−34.84
吉林省	5.83	−1.94	−133.28	−14.79	−662.37	−33.96	−129.61	−2.99	−91.20	−21.05	604.01
内蒙古自治区	35.34	42.07	19.04	12.35	−70.64	−17.73	−243.56	−0.41	−97.69	15.81	−3 956.10
河南省	11.97	8.46	−29.32	−6.55	−177.42	−22.73	−247.02	−19.15	−15.75	−18.38	−4.02
山东省	15.19	26.94	77.35	−7.77	−128.84	−14.23	−83.14	−7.09	−50.18	−5.88	−17.07
辽宁省	16.06	4.97	−69.05	−20.81	−518.71	−32.02	−53.87	−9.09	−71.61	−26.27	189.00
全国平均	7.66	7.69	0.39	−12.38	−260.99	−28.13	−127.22	−17.13	−39.10	−15.63	−8.76

数据来源：2013—2018 年《全国农产品成本收益资料汇编》。

第四章

河北省三大生态类型区小麦—玉米生产成本差异分析

与工业生产不同，粮食种植具有一定特殊性，受地形、土壤、水热资源等自然条件及生产技术、劳动力状况等社会条件综合影响。由于河北省三大生态类型区的自然生产条件和社会条件具有明显差异，因此其小麦、玉米生产成本

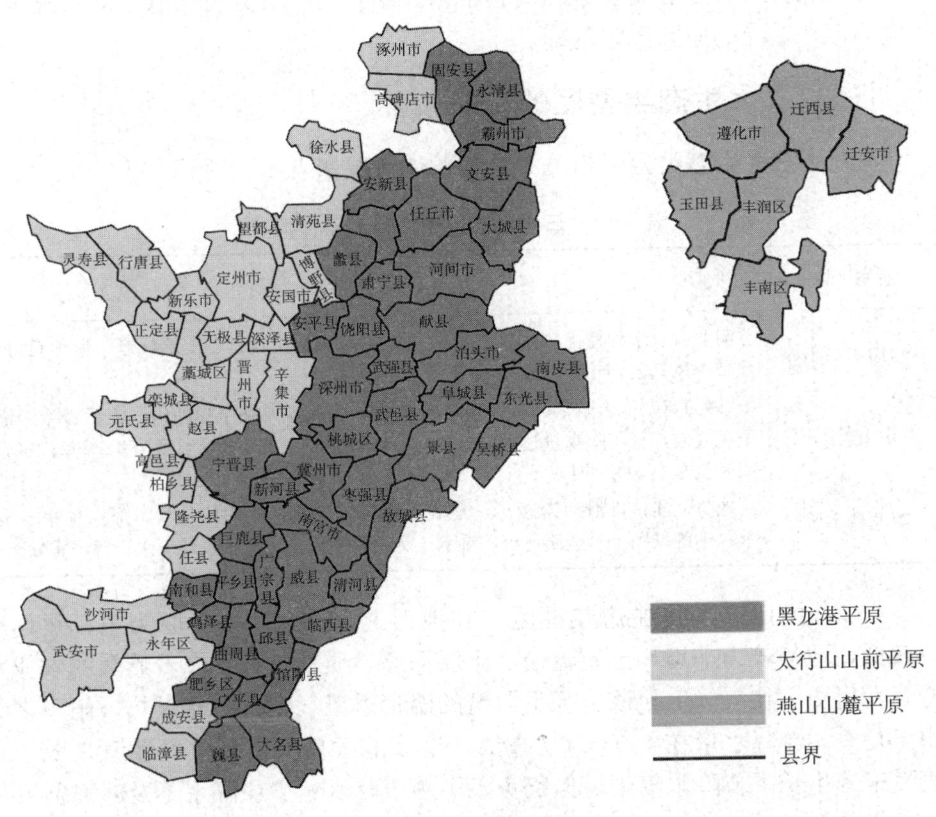

图 4-1　三大区域划分

也具有地域差异性。这种差异性表现在两方面：一是各区域小麦、玉米生产总成本不一致，有高有低；二是各区域小麦、玉米生产成本构成要素对生产成本的影响度具有差异性。本章根据各地区地形地貌特点及水热资源等自然条件的不同将河北省小麦—玉米两熟制下的生产区域划分为三大生态类型区，分别为太行山山前平原生态类型区、燕山山麓平原生态类型区及黑龙港平原生态类型区，如图 4－1 所示。

一、河北省三大生态类型区现状

根据农作物种植成本地区差异理论，农产品成本的地区差异主要是由自然条件的区域差异、经济发展水平的区域差异、自然条件和技术水平共同影响下的农业生产相关情况的区域差异及种植合作社、家庭农场和加工企业反映出的生产规模的区域差异等影响因素共同导致的。因此，本部分将从这几方面出发，对河北省三大生态类型区的现状予以介绍，为后文分析区域小麦及玉米生产成本存在差异的原因奠定基础。

（一）三大生态类型区的自然条件

河北省三大生态类型区相关的自然条件情况如表 4－1 所示。

表 4－1　三大生态类型区自然条件情况

所属区域	自然条件
太行山山前平原	河北省玉米种植优势产区；地势较为平坦，土质疏松，土层深厚，质地良好；温带季风气候，年降水量在 450～500 毫米
燕山山麓平原	“镰刀弯”玉米政策调减区；地貌多样，适合多种农作物种植；暖温带半湿润季风气候，全年降水量达 500～700 毫米；温度较低，平均温度为 12.5℃；年日照时长在 3 000 小时以下
黑龙港平原	地势低洼；排泄河道较少，地表径流排泄不畅；属季风气候，降水集中于夏季；土壤以潮土、盐渍化土、湿潮土为主，盐渍危害严重；地下水资源严重缺乏

1. 太行山山前平原生态类型区　在地形上，该地区以平原为主，平均海拔较低，地势较为平坦，土质疏松，土层深厚，质地良好，有着悠久的农业生产开发历史。在气候上，该地区是典型的温带季风气候，冬冷夏热，雨季多集中于夏季，年降水量在 450～500 毫米，是该地区夏玉米有效的灌溉来源。尽管夏玉米生长季节降水集中，但仍免不了由于降水量少或降水不及时而需要用地下水来补充灌溉。一般来讲，玉米的生长需要用地下水进行灌溉 1～2 次，

个别干旱的年份甚至需要灌溉3次。

该区域是河北省水资源缺乏的重点地区，水资源总量为37.39亿米^3，占河北省的18.2%，可利用水资源量为31.23亿米^3，占河北省的16.9%，但该地区用水量达96.01亿米^3，是可利用水资源量的3倍以上。据统计，在所有用水量中，种植业灌溉用水的比例高达52.9%，而小麦和玉米是灌溉用水最多的农作物，其用水占比分别为22.4%和15.5%，因此发展节水农业、提升玉米的用水效率显得极为关键。

2. 燕山山麓平原生态类型区　该地区位于燕山南麓，属于山前平原区，地势较为平坦，地貌多样，土质肥沃，适合农作物种植，是多种农副产品的富集产区，被称为“京东宝地”。在气候上，该地区属暖温带半湿润季风气候，降水集中于夏季，全年降水量达500～700毫米，在河北省属于降水量较多的区域，地表水资源较为丰富。由于该地区位于河北省东北部，因此温度较低，平均温度为12.5℃，极端气温最高32.9℃，最低－14.8℃，全年日照时长在3 000小时以下，无霜期180～190天，降霜日数年平均10天左右。

3. 黑龙港平原生态类型区　从地形看，黑龙港平原区地势较低，海拔基本在40米以下。由于地势低洼，该地区成为河北省水流聚集之地，但该地区排泄河道较少，地表径流排泄不畅，再加上该区域地处暖温带，属季风气候，且土壤以潮土、盐渍化土、湿潮土为主，因此在季风气候和低洼冲击等自然条件的影响下，形成了“春旱、夏涝、秋吊”的规律，旱涝灾害多发，盐渍危害严重。此外，该区域是河北省地下水资源较匮乏的地区之一，长期以来过度开采地下水导致该区域形成严重的“漏斗区”，因此在用地下水进行灌溉时常出现出水量少、灌溉时间长的现象，从而使得玉米种植过程中的灌溉费用较高。

（二）经济发展水平情况

河北省三大生态类型区经济发展水平情况如表4-2所示。

表4-2　三大生态类型区经济发展水平情况

所属区域	地区生产总值（亿元）	人均地区生产总值（元）	第一产业增加值（亿元）	第二产业增加值（亿元）	第三产业增加值（亿元）	城镇居民人均可支配收入（元）	农村居民人均可支配收入（元）
太行山山前平原	5 979.24	38 162.36	835.88	3 166.08	1 977.28	26 496	13 322
燕山山麓平原	3 500.58	87 550.07	286.56	2 012.30	1 201.72	33 741	15 367
黑龙港平原	6 066.85	28 179.62	873.22	2 899.40	2 294.19	26 023	11 311

数据来源：2017年《河北农村统计年鉴》。

1. 太行山山前平原生态类型区　该区域经济发展在河北省处于中等水平。从地区生产总值方面来看，根据河北省统计局 2017 年发布的数据，该地区生产总值为 5 979.24 亿元，人均地区生产总值为 38 162.36 元。其中，第一产业增加值为 835.88 亿元，而农业增加值为 562.05 亿元，占第一产业增加值的比重达 67.24%，第二产业增加值为 3 166.08 亿元，第三产业增加值为 1 977.28 亿元，因此第二产业是该地区的主导产业。从人均可支配收入来看，该地区城镇居民人均可支配收入为 26 496 元，农村居民人均可支配收入为 13 322 元，城乡之间还是有一定的差距存在。

2. 燕山山麓平原生态类型区　该地区所辖县（市、区）属于唐山市，近年来经济发展迅猛，根据河北省统计局 2017 年发布的数据，该市生产总值 5 606.24 亿元，居河北省第一位，其中丰南、丰润、迁安、遵化、迁安、玉田六个县（市、区）的地区生产总值为 3 500.58 亿元，人均生产总值高达 87 550.07 元。在燕山山麓平原区域生产总值中，第一产业、第二产业和第三产业的贡献率分别为 8.19%、57.48%和 34.33%，可见第一产业在当地经济增加值中所占比重最低。在居民人均可支配收入方面，该区域城镇居民人均可支配收入和农村居民人均可支配收入分别为 33 741 元、15 367 元，较太行山山前平原区高 27.34%、15.35%。雄厚的经济基础为该区域农业的发展提供了强大后盾，但与此同时，由于经济发展水平高，劳动力工资水平也相应较高，在玉米生产过程中所需雇工费用及家庭用工折价较高。

3. 黑龙港平原生态类型区　与其他两大区域相比，该区域的经济发展水平较低，生产相对落后。由表 4-2 可以看出，该区域人均生产总值仅为 28 179.62元，比太行山山前平原区的 38 162.36 元低近 10 000 元，与燕山山麓平原区的人均生产总值 87 550.07 元相比差距更大。从居民人均可支配收入来看，该区域城镇居民人均可支配收入为 26 023 元，与太行山山前平原区相差不大，但农村居民人均可支配收入为 11 311 元，比太行山山前平原区低 2 011元，这说明该区域城乡居民人均收入差距较大。但经济发展水平较低也使得该区域在玉米种植过程中的人工成本较低。

（三）与农业生产相关的指标情况

1. 太行山山前平原生态类型区　太行山山前平原生态类型区小麦种植面积为 919 471 公顷，占农作物总种植面积的 47.16%。从人员构成来看，该生态类型区的总人口为 2 432.9 万人，农业从业人员为 88.25 万人，占总人口的 3.63%。该生态类型区平均每公顷小麦使用化肥 434.17 千克，高于黑龙港平原生态类型区，低于燕山山麓平原生态类型区；平均每公顷小麦使用农药

8.25 千克，为三个区域中最高的；小麦有效灌溉面积为 55.93%。

玉米是该区域重要的粮食作物，玉米种植面积为 647 972 公顷，占农作物总种植面积的 33.23%。从人员构成来看，该区域总人口为 1 566.79 万人，农业人口为 1 310.38 万人，但农业从业人员为 718.75 万人，占农业人口的比例为 54.85%，也就是说有近一半的农业人口在从事非农行业，如果将农业从业人员平均分配到该区域农作物种植面积上的话，则该区域亩均劳动力数量为 0.25 个单位。该区域人均耕地面积为 2.23 亩，亩均机械总动力 688.3 瓦；在化肥和农药方面，该区域亩均化肥和农药施用量分别为 42.57 千克、0.94 千克，亩均农药施用量较高。

2. 燕山山麓平原生态类型区 燕山山麓平原生态类型区小麦种植面积为 1 258 241公顷，占农作物总种植面积的 35.38%。从人员构成来看，该生态类型区的总人口为 2 588.5 万人，农业从业人员为 86.77 万人，占总人口的 3.35%。该生态类型区平均每公顷小麦使用化肥 348 千克，为三个生态类型区中最低的；平均每公顷小麦使用农药 7.53 千克；小麦有效灌溉面积为 55.42%，为三个区域中最低的。

燕山山麓平原区所辖范围较小，农作物总种植面积为 430 016 公顷，其中玉米种植面积占比为 39.22%。在人员构成方面，该区域农业从业人员仅为 175.74 万人，占农业人口的 53.91%。该区域人均耕地面积为 1.98 亩，亩均劳动力数量约为 0.27 个单位，但由于当地得天独厚的自然条件适合多种经济作物的种植，且其收益较高，因此实际从事粮食作物生产的农业人员更少，相应劳动力成本就会提高。在机械化方面，该地区亩均农用机械总动力为 659.6 瓦，较太行山山前平原地区略低，这与当地的地形地貌有关。在化肥和农药施用方面，该区域亩均化肥施用量和亩均农药施用量分别为 47.14 千克、0.60 千克，亩均化肥施用量比太行山地区高近 5 千克，但农药施用量较小，这与当地气候较冷、病虫害较少有关。

3. 黑龙港平原生态类型区 黑龙港平原生态类型区小麦种植面积为 105 881公顷，仅占农作物总种植面积的 13.84%。从人员构成来看，该生态类型区的总人口为 659.5 万人，农业从业人员为 8.22 万人，仅占总人口的 1.25%。该生态类型区平均每公顷小麦使用化肥 538.75 千克，为三个生态类型区中最高的；平均每公顷小麦使用农药 6.62 千克，为三个生态类型区中最低的；小麦有效灌溉面积达 61.72%，为三个生态类型区中最高的。

在三大生态类型区中，黑龙港平原区所辖范围最大，粮食种植面积最广，该区域玉米种植面积为 1 169 855 公顷，占农作物总种植面积的比例达 37.49%。从人员构成情况来看，该区域总人口为 2 152.92 万人，其中农业人口为 1 775.32 万人，而农业从业人员为 917.90 万人，占农业人口的 51.7%。在农业机械化方面，该区域亩均农用机械总动力为 559.7 瓦，较其他两大区域均低，说明该区域的农用机械较少，农业机械化水平较低。在化肥和农药施用量方面，该区域亩均化肥施用量最低，为 32.84 千克，而亩均农药施用量较高，为 0.83 千克。

（四）种植合作社、家庭农场发展情况

1. 区域种植合作社发展情况 根据万得数据库中的数据，2018 年河北省三大生态类型区小麦—玉米种植合作社数量及注册资本分布情况如表 4-3 所示。

表 4-3 2018 年三大生态类型区小麦—玉米种植合作社情况

所属区域	注册资本≤50 万元	50 万元＜注册资本≤100 万元	100 万元＜注册资本≤200 万元	200 万元＜注册资本≤500 万元	500 万元＜注册资本≤1 000 万元	注册资本＞1 000 万元	合作社数量（个）
太行山山前平原	124	77	50	35	15	3	304
燕山山麓平原	49	19	12	9	2	1	92
黑龙港平原	345	356	200	132	36	9	1 078

数据来源：万得数据库。

由表 4-3 可以看出，太行山山前平原生态类型区共有小麦—玉米种植合作社 304 家，其主要以中小规模为主，其中注册资本在 100 万元及以下的有 201 家，占该区域合作社总数的 66.12%。燕山山麓平原生态类型区的小麦—玉米种植合作社数量较少，仅为 92 家且以小规模为主，注册资本额在 50 万元及以下的合作社数量最多，达 49 家，超过合作社总数的一半，随着注册资本额的增加，合作社数量逐步减少。而黑龙港平原生态类型区的种植合作社数量最多，为 1 078 家，但仍以中小型为主，注册资本额在 200 万元及以下的有 901 家，占该区域合作社数量的 83.58%，由于规模有限，其辐射带动能力也受到一定程度的限制。

2. 区域种植家庭农场数量情况 根据河北省农业农村厅官网公布的数据，2018 年河北省三大生态类型区小麦—玉米种植家庭农场数量情况如表 4-4 所示。

表 4-4 2018 年三大生态类型区小麦—玉米种植家庭农场情况

单位：个

指标	太行山山前平原	燕山山麓平原	黑龙港平原
家庭农场数量	49	8	74

数据来源：河北省农业农村厅官网。

结合表4-3和表4-4可以看出，与种植合作社数量相比，河北省三大生态类型区小麦—玉米种植家庭农场数量均较少。其中，太行山山前平原生态类型区小麦—玉米种植家庭农场数量为49家，燕山山麓平原生态类型区小麦—玉米种植家庭农场数量最少，仅8家，而黑龙港平原生态类型区家庭农场数量最多，为74家。在调研过程中发现家庭农场之所以数量少，是因为其存在固有的限制，如农场主资金投入大，而合作社可以通过土地入股的方式减少资金的占用和投入，因此很多家庭农场随着规模的扩大逐渐转为合作社的经营模式。

二、区域小麦生产成本差异分析

（一）小麦种植成本收益对比分析

1. 数据来源 由于河北省目前没有完整的、有关各县（市、区）的小麦成本收益相关数据统计，因此本部分数据以调研数据为主。采取实地调研的方式，从河北省168个县（市、区）中剔除北部冷粮区（唐山市一部分、张家口市、承德市）后，在117个县（市、区）内选取抽样地点进行集中实地调研，最终分别从三大生态类型区中选取了21个县（市、区）的63个新型农业经营主体和134户小农户作为抽样调查对象。区域选择时充分考虑了粮丰项目的核心区、辐射区及项目未涉及的其他县（市、区），基本做到粮丰项目核心区：粮丰项目辐射区：非项目区＝1：1：1，其中粮丰项目区中覆盖到所有实验户，周边部分示范户与非项目区的农户比例也约为1：1，具体数据来源如表4-5所示。

表4-5 各生态类型区问卷数据来源地区及有效问卷数量

单位：份

所属区域	来源地区	新型农业经营主体有效问卷数量	小农户有效问卷数量
太行山山前平原生态类型区	成安县、藁城区、赵县、正定县、辛集市、新乐市、定兴县	23	49
黑龙港平原生态类型区	河间市、沧县、宁晋县、曲周县、大名县、吴桥县、景县、冀州区	28	53
燕山山麓平原生态类型区	玉田县、丰南区、遵化市、迁安市、滦县、卢龙县	12	32
合计	—	63	134

问卷数据主要通过座谈和问卷调查的方式来获取，但是考虑到要保证数据的全面性，在实地考察的同时，还通过线上发放电子问卷的方式更广泛地获取数据，以达到扩大数据来源县（市、区）覆盖面的效果。对于原始的成本收益数据，通过整理分析得到每个生态类型区的总成本、物质与服务费用、人工成本、土地成本和净利润的相关情况，在这些数据的支撑下进行相关的对比检验。

2. 小麦种植成本及构成要素 根据前文的考察数据，针对河北省三大区域的小麦生产成本进行计算，测算区域内的小麦亩均总成本主要内容包括每亩物质与服务费用、每亩人工和土地成本，其中物质与服务费用选取种子费、化肥费、农药费、灌溉费和机械费用来具体分析。

3. 同生态类型区内小麦种植成本收益对比 本部分选取同生态类型区内新型农业经营主体和小农户的成本收益进行对比分析，样本为 63 个新型农业经营主体和 134 户小农户 2020 年小麦种植成本收益相关数据，如表 4－6 所示。

表 4－6 2020 年河北省三大生态类型区新型农业经营主体与小农户小麦种植成本情况

单位：元/亩

项目	太行山山前平原生态类型区		黑龙港平原生态类型区		燕山山麓平原生态类型区	
	新型农业经营主体	小农户	新型农业经营主体	小农户	新型农业经营主体	小农户
种子费	53.01	62.71	49.32	58.64	51.58	60.99
化肥费	109.85	121.50	97.54	118.56	133.26	143.11
农药费	33.21	49.62	32.83	47.98	27.44	39.88
灌溉费	42.51	124.21	62.83	151.23	25.48	112.43
机械费用	163.11	113.73	183.68	133.86	194.89	142.82
人工成本	108.73	275.63	88.57	251.31	130.37	310.16
土地成本	333.10	0.00	367.50	0.00	370.57	0.00
总成本	843.52	747.40	882.27	761.58	933.59	809.39
净利润	389.61	362.17	370.07	340.23	334.91	319.21

数据来源：由调研数据整理所得。

（1）小麦种植总成本分析。调研样本小麦种植总成本对比情况如图 4－2 所示。可以看出，河北省各生态类型区内的新型农业经营主体每亩小麦的种植总成本均高于小农户的种植总成本。其中，太行山山前平原生态类型区差值最小，为 96.12 元/亩；黑龙港平原生态类型区差值为 120.69 元/亩；燕山山麓平原生态类型区差值最大，为 124.20 元/亩。

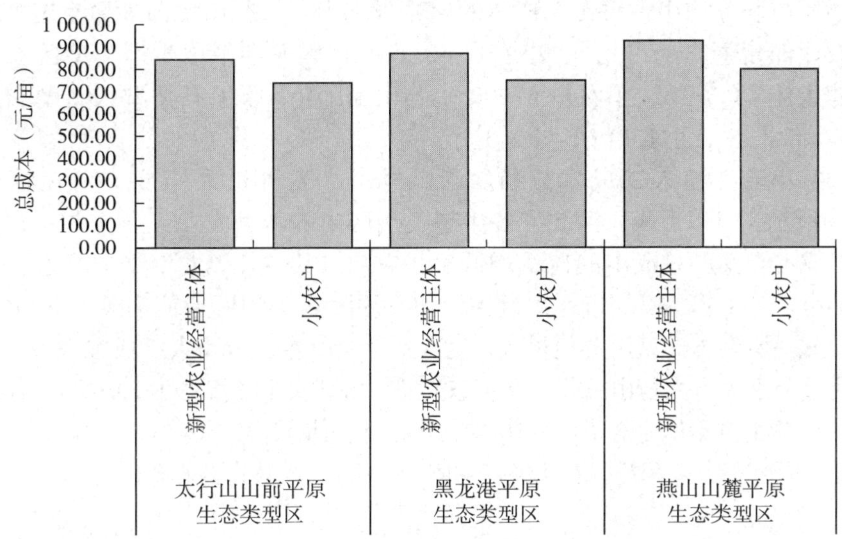

图 4-2　同生态类型区新型农业经营主体与小农户小麦种植总成本情况

（2）小麦种植物质与服务费用分析。调研样本每亩小麦种植物质与服务费用对比情况如图 4-3 所示。可以看出，河北省各生态类型区内的新型农业经营主体每亩小麦的物质与服务费用与其占总成本的比重均低于小农户。其中，燕山山麓平原生态类型区差值最小，为 66.58 元/亩；太行山山前平原生态类型区差值为 70.08 元/亩；黑龙港平原生态类型区差值最大，为 84.07 元/亩。

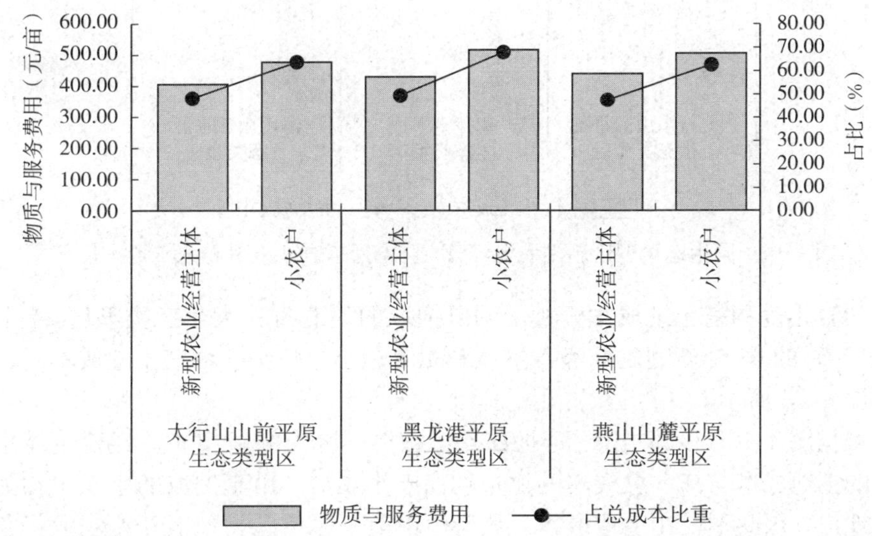

图 4-3　同生态类型区新型农业经营主体与小农户小麦种植物质与服务费用情况

每亩物质与服务费用占每亩总成本的比重分别为：太行山山前平原生态类型区新型农业经营主体 47.62%、小农户 63.12%，黑龙港平原生态类型区新型农业经营主体 48.31%、小农户 67.00%，燕山山麓平原生态类型区新型农业经营主体 46.34%、小农户 61.68%。

(3) 小麦种植人工成本分析。调研样本小麦种植人工成本对比情况如图 4-4所示。可以看出，河北省各生态类型区内的新型农业经营主体每亩小麦的人工成本与其占总成本的比重均低于小农户。其中，黑龙港平原生态类型区差值最小，为 162.74 元/亩；太行山山前平原生态类型区差值为 166.90 元/亩；燕山山麓平原生态类型区差值最大，为 179.79 元/亩。每亩人工成本占每亩总成本的比重分别为：太行山山前平原生态类型区新型农业经营主体 12.89%、小农户 36.88%，黑龙港平原生态类型区新型农业经营主体 10.04%、小农户 33.00%，燕山山麓平原生态类型区新型农业经营主体 13.96%、小农户 38.32%。

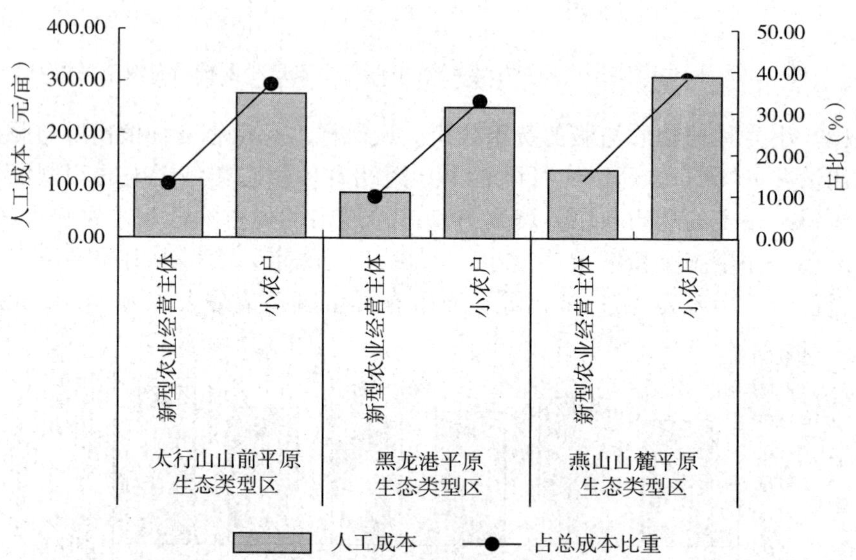

图 4-4　同生态类型区新型农业经营主体与小农户小麦种植人工成本情况

(4) 小麦种植土地成本分析。调研抽取的河北省三大生态类型区 21 个县（市、区）的 63 个新型农业经营主体和 134 户小农户小麦种植土地成本对比情况如图 4-5 所示。

根据图 4-5 可以看出，河北省各生态类型区内的新型农业经营主体每亩小麦的土地成本与其占总成本的比重均高于小农户。由于抽取的小农户均为自有土地户，因此不存在土地成本。太行山山前平原生态类型区新型农业经营主体每亩小麦的土地成本最低，为 333.10 元/亩；黑龙港平原生态类型区为

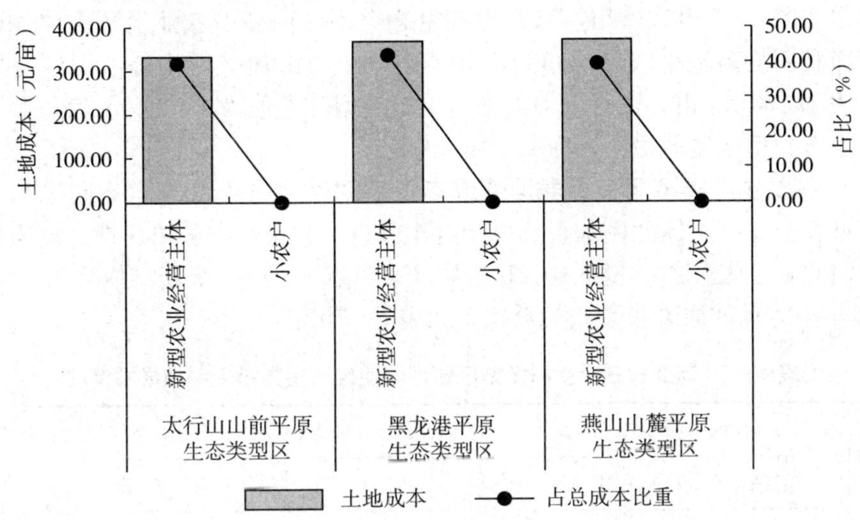

图 4-5　同生态类型区新型农业经营主体与小农户小麦种植土地成本情况

367.50 元/亩；燕山山麓平原生态类型区最高，为 370.57 元/亩。新型农业经营主体每亩人工成本占每亩总成本的比重分别为太行山山前平原生态类型区 39.49%、黑龙港平原生态类型区 41.65%、燕山山麓平原生态类型区 39.69%。

（5）小麦种植净利润分析。 调研抽取的河北省三大生态类型区 21 个县（市、区）的 63 个新型农业经营主体和 134 户小农户小麦种植净利润对比情况如图 4-6 所示。

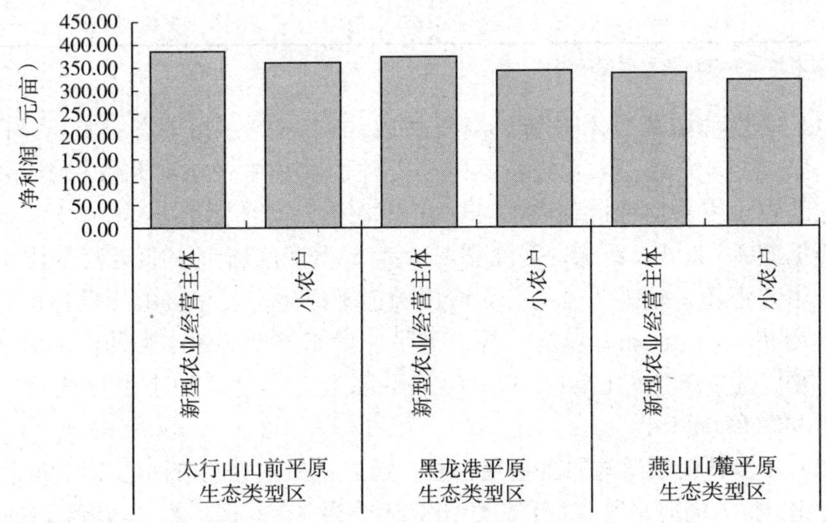

图 4-6　同生态类型区新型农业经营主体与小农户小麦种植净利润情况

根据图 4-6 可以看出，河北省各生态类型区内新型农业经营主体每亩小麦的净利润均高于小农户的净利润。其中，燕山山麓平原生态类型区差值最小，为 15.70 元/亩；太行山山前平原生态类型区差值为 27.44 元/亩；黑龙港平原生态类型区差值最大，为 29.84 元/亩。

4. 不同生态类型区间小麦种植成本收益对比 本部分选取不同生态类型区新型农业经营主体的成本收益进行对比分析，为了数据的可比性，调研数据选取河北省三大生态类型区中 21 个县（市、区）的 63 个新型农业经营主体 2018 年小麦种植成本收益相关数据，如表 4-7 所示。

表 4-7 河北省三大生态类型区新型农业经营主体小麦种植成本情况

项目	太行山山前平原生态类型区		黑龙港平原生态类型区		燕山山麓平原生态类型区	
	金额（元/亩）	占比（%）	金额（元/亩）	占比（%）	金额（元/亩）	占比（%）
种子费	53.64	6.18	49.27	5.68	50.47	5.37
化肥费	107.82	12.42	104.77	11.49	128.68	13.70
农药费	34.43	3.97	33.25	3.83	26.58	2.83
灌溉费	43.84	5.05	57.68	7.80	30.27	3.22
机械费用	165.56	19.07	188.57	20.57	198.63	21.15
人工成本	112.58	12.97	90.23	11.55	135.89	14.47
土地成本	350.24	40.35	344.38	39.09	372.12	39.62
总成本	868.11	100.00	868.15	100.00	939.27	100.00
净利润	352.16	—	335.35	—	300.73	—

数据来源：由调研数据整理所得。

（1）小麦种植总成本分析。 调研抽取的河北省三大生态类型区 21 个县（市、区）的 63 个新型农业经营主体小麦种植总成本及《河北农村统计年鉴》中的河北省小麦平均种植总成本对比情况如图 4-7 所示。

根据图 4-7 可以看出，河北省三大生态类型区新型农业经营主体小麦种植总成本差距还是较为明显的。太行山山前平原生态类型区的小麦种植总成本最低，为 868.11 元/亩；其次，黑龙港平原生态类型区的小麦种植总成本处于中间水平，为 868.15 元/亩；燕山山麓平原生态类型区的小麦种植总成本最高，为 939.27 元/亩。

（2）小麦种植物质与服务费用分析。 通过调研数据与《河北农村统计年鉴》数据对比，抽取的河北省三大生态类型区 21 个县（市、区）的 63 个新型农业经营主体的小麦每亩物质与服务费用对比及分别在总成本中的占比情况如图 4-8 所示。

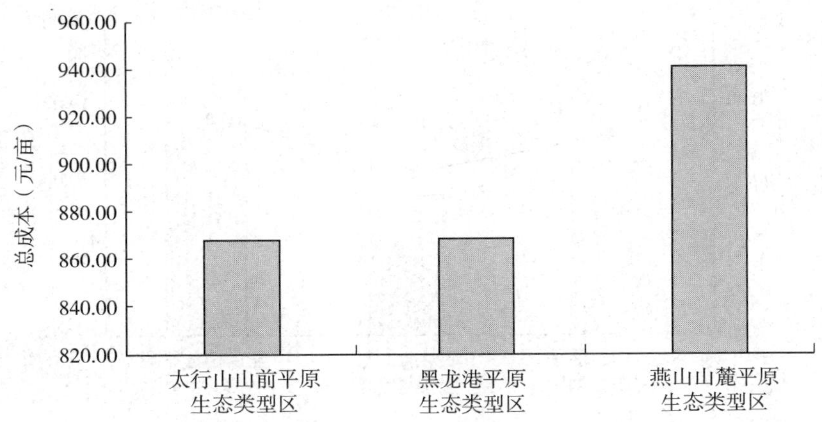

图 4-7　河北省三大生态类型区新型农业经营主体小麦种植总成本情况

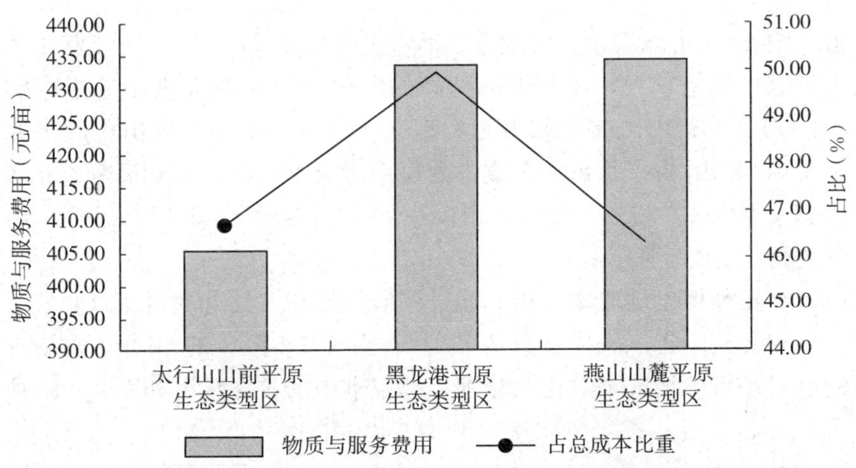

图 4-8　河北省三大生态类型区新型农业经营主体小麦种植物质与服务费用情况

根据图 4-8 可以看出，河北省三大生态类型区的新型农业经营主体小麦种植物质与服务费用相差较大，按照由低到高的顺序分别是太行山山前平原生态类型区 405.29 元/亩、黑龙港平原生态类型区 433.54 元/亩、燕山山麓平原生态类型区 434.63 元/亩；每亩物质与服务费用占每亩总成本比重分别是燕山山麓平原生态类型区 46.69％、太行山山前平原生态类型区 46.69％、黑龙港平原生态类型区 49.94％。

(3) 小麦种植人工成本分析。通过调研数据与《河北农村统计年鉴》数据对比，抽取的河北省三大生态类型区 21 个县（市、区）的 63 个新型农业经营主体的小麦每亩人工成本对比及分别在总成本中的占比情况如图 4-9 所示。

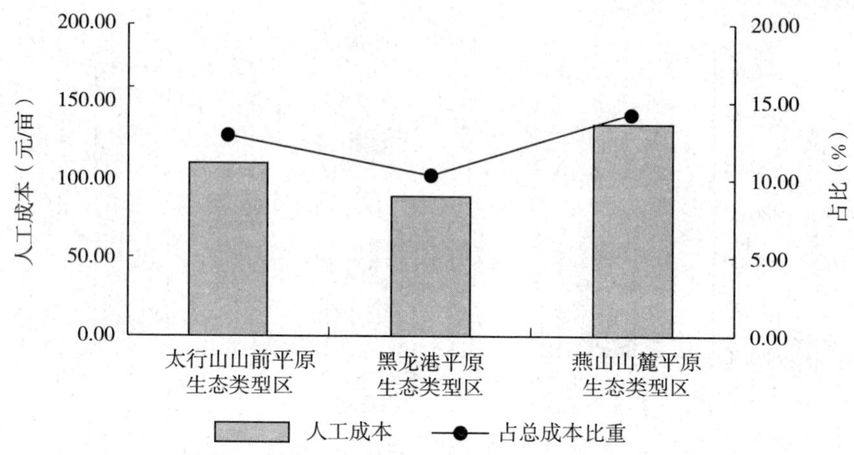

图 4-9　河北省三大生态类型区新型农业经营主体小麦种植人工成本情况

根据图 4-9 可以看出，河北省三大生态类型区的新型农业经营主体小麦种植人工成本相差较大，按照由低到高的顺序分别是黑龙港平原生态类型区 90.23 元/亩、太行山山前平原生态类型区 112.58 元/亩、燕山山麓平原生态类型区 135.89 元/亩；每亩人工成本占每亩总成本比重由低到高分别是黑龙港平原生态类型区 10.39%、太行山山前平原生态类型区 12.97%、燕山山麓平原生态类型区 14.47%。

(4) 小麦种植土地成本分析。通过调研数据与《河北农村统计年鉴》数据对比，抽取的河北省三大生态类型区 21 个县（市、区）的 63 个新型农业经营主体的小麦每亩土地成本对比及分别在总成本中的占比情况如图 4-10 所示。

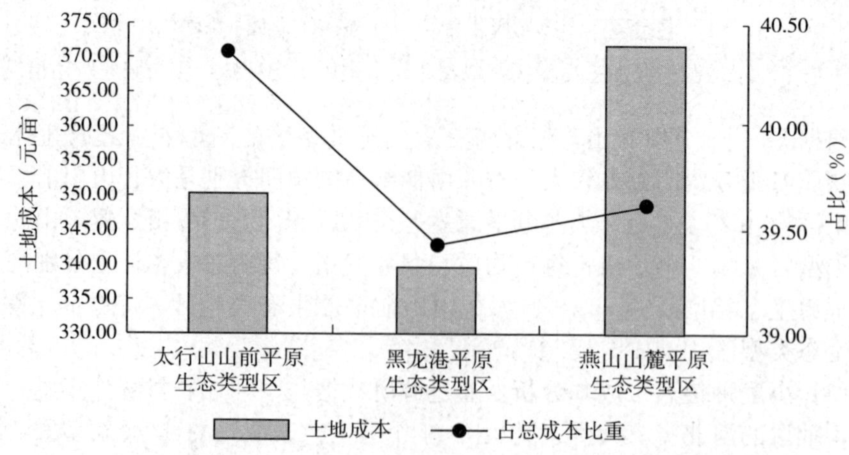

图 4-10　河北省三大生态类型区新型农业经营主体小麦种植土地成本情况

根据图 4-10 可以看出，河北省三大生态类型区的新型农业经营主体小麦种植土地成本相差较大，按照由低到高的顺序分别是黑龙港平原生态类型区 339.38 元/亩、太行山山前平原生态类型区 350.24 元/亩、燕山山麓平原生态类型区 372.12 元/亩；每亩土地成本占每亩总成本比重由低到高分别是黑龙港平原生态类型区 39.09%、燕山山麓平原生态类型区 39.62%、太行山山前平原生态类型区 40.35%。

(5) 小麦种植净利润分析。通过调研数据与《河北农村统计年鉴》数据对比，抽取的河北省三大生态类型区 21 个县（市、区）的 63 个新型农业经营主体小麦种植净利润对比情况如图 4-11 所示。

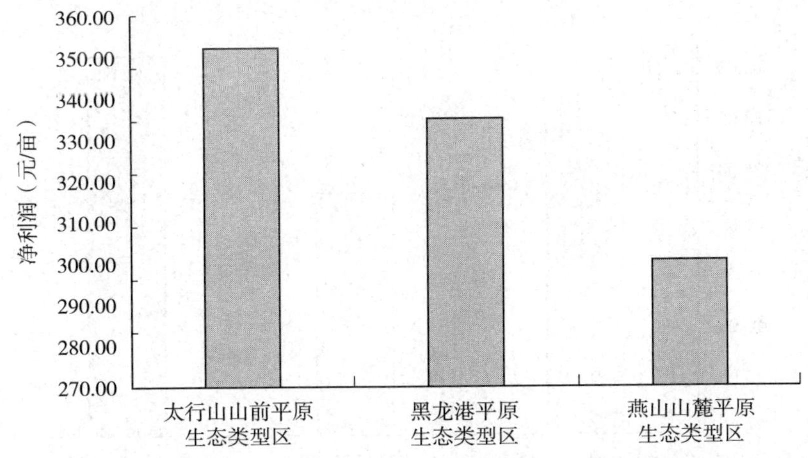

图 4-11　河北省三大生态类型区新型农业经营主体小麦种植净利润情况

根据图 4-11 可以看出，河北省三大生态类型区的新型农业经营主体小麦种植净利润相差较大，按照由低到高的顺序分别是燕山山麓平原生态类型区 300.73 元/亩、黑龙港平原生态类型区 335.35 元/亩、太行山山前平原生态类型区 352.16 元/亩。

5. 不同生态类型区小麦种植成本收益分析　通过对河北省三大生态类型区小麦种植各项成本构成及净利润进行对比分析，可以看出三大生态类型区之间小麦种植过程中各项成本存在着一定差异，产生这些差异主要与各生态类型区小麦种植过程中受到的水、热等自然条件不同、经济发展水平等社会条件不同有关，因此本部分将结合上述自然条件和社会条件对各生态类型区的小麦各项种植成本收益进行分析，以找到各生态类型区产生成本收益差距的具体原因，方便之后提出更有效的对策建议。

(1) 种子品种差异。通过调研数据对比，河北省三大生态类型区适宜种植小麦的品种存在差异，太行山山前平原生态类型区种植藁优 2 018 小麦品种在抽取的样本中占 63.52%，黑龙港平原生态类型区种植济麦 22 小麦品种在抽取的样本中占 42.85%，燕山山麓平原生态类型区种植石农 952 小麦品种在抽取的样本中占 43.67%。小麦品种的不同导致了种子成本、用水量及每亩产量的差异。

(2) 化肥用量差异。根据 2019 年《河北农村统计年鉴》数据，河北省三大生态类型区种植小麦过程中化肥用量存在较大差异，按照从高到低的顺序分别是黑龙港平原生态类型区 23.20 元/亩、太行山山前平原生态类型区 28.94 元/亩、燕山山麓平原生态类型区 35.92 元/亩（图 4-12）。

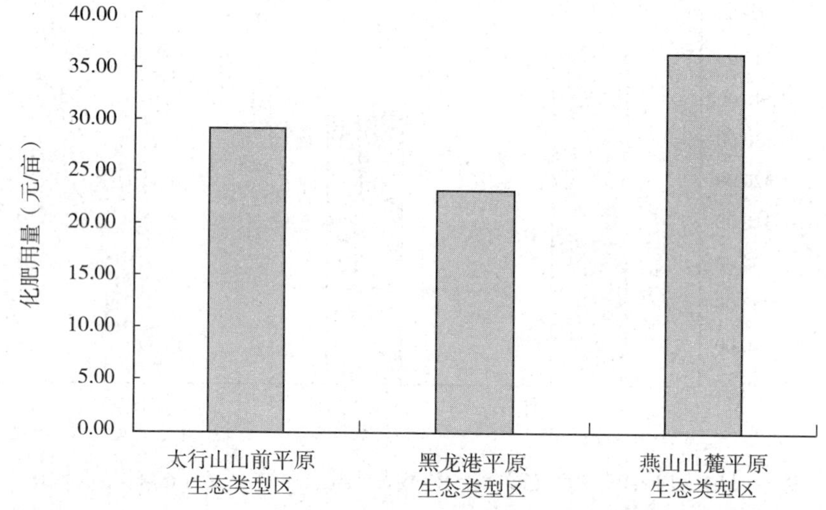

图 4-12 河北省三大生态类型区小麦种植过程中化肥用量情况

关于燕山山麓平原生态类型区亩均化肥消耗量偏高的问题，对实地考察记录的数据总结得出，其原因是该区域存在部分农户在小麦种植过程中追肥的现象，即二次施肥。但是在其他两大种植地区，二次追肥的现象很少，大多数种植户都会在播种时以底肥的形式将肥料与种子同时播种，直到小麦成熟都不会再进行二次施肥。燕山山麓平原区需要实施二次施肥的原因在于该区域的土质及肥料的利用效率。根据这一事实可知，该区域化肥的使用要做到高效化，则要引进有助于提高化肥利用效率的技术。

(3) 灌溉成本差异。通过调研数据对比，河北省三大生态类型区种植小麦过程中灌溉费用存在较大差异，按照从高到低的顺序分别是黑龙港平原生态类型区 67.68 元/亩、太行山山前平原生态类型区 43.84 元/亩、燕山山麓平原生态类型区 30.27 元/亩。

根据自然条件可知，第一，灌溉费用存在较大差异与三大生态类型区的气候相关。燕山山麓平原区位于暖温带半湿润季风气候区，全年总降水量可达600～700毫米，蕴含丰富的地表水资源，并且该地区是三大种植区中位置靠近东北，温度相对偏低，蒸发量最低的。而黑龙港平原区地处温带大陆性季风气候区，导致年降水量分布不均匀，主要集中在夏季且降水量低，年降水量不足600毫米。该区域地势低洼，降水范围集中，土壤高度盐渍化，导致该区域受旱涝灾害影响较为严重，灾难发生频繁。第二，与三大生态类型区的自身水量多少密切相关。黑龙港平原生态类型区地表水较少，地下水是大部分农业用水主要的来源，目前该区域地下水面临严重超采的现状，其成为全省地下水超采最严重的地区。长时间地下水缺乏使黑龙港平原生态类型区形成了地下水漏斗区，因此利用地下水进行灌溉工作时会存在出水量小、灌溉时间增加的问题，最终导致黑龙港平原生态类型区的灌溉费用较高。因此，做到水资源的高效利用是提高该区域收益的关键所在。

（4）经济发展差异。通过对2019年《河北农村统计年鉴》数据和调研数据进行分析可知，河北省三大生态类型区经济发展水平及小麦种植人工成本存在较大差异，如表4－8所示。

表4－8　河北省三大生态类型区经济发展及人工成本情况

所属区域	城镇居民人均可支配收入（元）	农村居民人均可支配收入（元）	人工成本（元/亩）
太行山山前平原生态类型区	31 175.74	14 616.25	396.54
黑龙港平原生态类型区	32 693.54	13 964.42	387.73
燕山山麓平原生态类型区	38 245.96	17 289.87	433.04

数据来源：由2019年《河北农村统计年鉴》及调研数据整理得到。

根据前文可知，人工成本在种植总成本中占比较高。再由表4－8可以看出，三大生态类型区的农村居民人均可支配收入与小麦种植过程中的人工成本呈正相关关系。因此，三大生态类型区经济发展的差异也是造成各生态类型区种植成本收益差异的原因之一。

（5）粮丰项目差异。本章是以“国家粮食丰产科技工程”的“河北省小麦—玉米两熟节水丰产增效技术集成与示范项目”区分生态类型区的。因此，农业相应的发展水平及粮丰项目在各生态类型区的技术体系数量和建设规模也会影响各生态类型区种植成本收益，如表4－9所示。

表 4-9　河北省三大生态类型区农业发展水平及粮丰项目情况

所属区域	农业劳动生产率（%）	农业产业化经营率（%）	农民培育覆盖率（%）	项目集成技术体系的数量（个）	示范、辐射区建设规模（亩）
太行山山前平原生态类型区	0.84	61.52	0.014 1	3	820
黑龙港平原生态类型区	0.89	65.01	0.008 3	3	828
燕山山麓平原生态类型区	1.00	65.74	0.009 1	1	70

数据来源：调研数据。

（二）不同生态类型区小麦成本收益影响分析

1. 小麦种植成本构成要素及净利润灰色关联分析　河北省三大生态类型区小麦种植平均成本差异不单体现在数量上，而且主要成本构成要素的相同变化，会引起三大生态类型区小麦每亩净利润不同的变动，这取决于不同生态类型区小麦种植成本构成要素的影响度。由此，本部分采用灰色关联分析法针对河北省三大生态类型区小麦每亩种植成本构成要素对各生态类型区小麦每亩净利润的影响度进行排序，并借助双对数线性回归模型对各区域小麦每亩种植成本主要影响要素的影响程度逐一进行测算及总结分析。

（1）灰色关联分析法概述。灰色关联分析法（Grey Relation Analysis，GRA）应用过程是将影响因素与因变量相关联，在灰色系统内，通过判别关联程度的大小对影响因素进行筛选与诠释，灰色关联性的大小直接影响着相关程度的方向、强弱、次序及大小，是一种对多因素进行统计与实证分析的方法。灰色关联分析法相较于其他分析模型优势在于不强调样本量的大小，所需数据量少，同时可以避免人为主观性对结果产生影响，对发展趋势概括明显，结果较为直观与准确，现广泛应用于多学科与交叉学科。在经过逐步的丰富与发展后，灰色关联分析法具有总体性、非对称性、非唯一性与动态性等基本特征，在整体灰色系统内，可以更加真实地反映出因素之间的变化与发展。

在进行因素分析时，复杂系统的发展由多因素之间相互作用共同决定，各因素间相关性也至关重要，灰色关联分析法可以很好地解决这类问题。若灰色关联系数很大且接近于1，说明因子与因变量直接存在较强的关联性，反之，说明因子与因变量直接存在较弱的关联性或没有关系。通常在进行实证统计分析时，主要包括四个步骤，分别为：确定由因变量反映的参考序列及与参考数列做关联程度分析的比较数列、通过无量纲化处理的方式对参考数列与比较数列进行处理、计算绝对差值序列以及运算灰色关联系数。

第一，确定体现系统行为特征的参考数列和影响系统行为的比较数列。

将因变量参考序列确定为：$y_0(k)=\{y_0(1), y_0(2), \cdots, y_0(k)\}$；

将因子集比较数列确定为：$x_i(k)=\{x_i(1), x_i(2), \cdots, x_i(k)\}$。

上面式子中，$y_0(k)$ 为因变量确定的特征行为观测值，$x_i(k)$ 为自变量确定的有关联因素的因子集合；i 是自变量的数量表达，$i=1, 2, 3, \cdots, n$；k 是观测数据数量的代表，$k=1, 2, 3, \cdots, m$。

第二，进行参考数列和比较数列的无量纲化处理。

在处理实际问题时，要判断是否要对原始数据进行无量纲化，因为当原始数据不在统一水平时，比较分析结果并无意义，不能保证结果的准确性。所以在计算实际关联程度之前，要对数据的量纲进行统一的处理。均值化、初值化、标准差化等方法是比较常见的数据无量纲化处理的办法，本研究使用初值化的方法对数据进行无量纲化处理，其计算公式为：

$$y_0(k)'=\frac{y_0(k)}{y_0(1)},\ x_i(k)'=\frac{x_i(k)}{x_i(1)} \tag{4-1}$$

第三，计算绝对差值序列的公式为：

$$\Delta_i(k)=|y_0(k)-x_i(k)| \tag{4-2}$$

其中，$i=1, 2, 3, \cdots, n$；$k=1, 2, 3, \cdots, m$。

第四，计算参考数列与比较数列的灰色关联系数的计算公式为：

$$\xi_i(k)=\frac{\min\limits_i\min\limits_k\Delta_i(k)+\rho\max\limits_i\max\limits_k\Delta_i(k)}{\Delta_i(k)+\rho\max\limits_i\max\limits_k\Delta_i(k)} \tag{4-3}$$

其中，$\min\limits_i\min\limits_k\Delta_i(k)$ 表示两级最小差，$\max\limits_i\max\limits_k\Delta_i(k)$ 则为两级最大差，ρ 为分辨系数，$0<\rho<1$，一般情况下 ρ 取 0.5。

第五，求关联度 r_i 的计算公式为：

$$r_i=\frac{1}{N}\sum_{k=1}^{N}\xi_i(k) \tag{4-4}$$

第六，关联程度的排序。将上面运算得出的关联程度按大小进行排序。

（2）分析指标的选取与数据说明。

第一，指标的选择分析。根据《全国农产品成本收益资料汇编》数据，结合实地调研小麦种植过程中的现实状况，将不重要的成本因素做剔除处理，如畜力支出、管理费用、销售费用、财务费用等。最终选择小麦种植成本的影响因素，将其作为进行关联度分析的指标。这些指标包括三个方面的投入，具体是物质资料投入、生产工具投入、劳动力和土地投入。其中，种子、化肥、农药和灌溉消耗的费用作为物质资料投入，生产过程中使用机械的费用作为生产工具投入，耗费的人工成本作为劳动力投入，土地的相关费用作为土地投入。

第二，数据结果分析。由于河北省历年来各县（市、区）的小麦种植成本并未做官方数据统计，所以本部分在对河北省三大生态类型区小麦种植成本主要影响因素的关联程度进行分析之前，通过实地调研的方式获取真实有效的数据进行分析。

(3) 灰色关联度测算。对太行山山前平原生态类型区、黑龙港平原生态类型区、燕山山麓平原生态类型区三大生态类型区成本收益关联度进行测算，测算过程与步骤一致，计算过程如下：

第一，参考序列设定为 Y，X_1、X_2、X_3、X_4、X_5、X_6、X_7 作为比较序列，其中 Y 表示净利润，X_1 表示种子费，X_2 表示化肥费，X_3 表示农药费，X_4 表示灌溉费，X_5 表示机械费用，X_6 表示人工成本，X_7 表示土地成本。通过使用初值化的方法，根据公式（4－1）对三大生态类型区的标本数据进行无量纲化处理，得到该区域的相关初值化矩阵，如表 4－10、表 4－11、表 4－12 所示。

表 4－10　太行山山前平原生态类型区初值化矩阵

Y	X_1	X_2	X_3	X_4	X_5	X_6	X_7
1.000 0	1.000 0	1.000 0	1.000 0	1.000 0	1.000 0	1.000 0	1.000 0
0.977 0	0.995 8	0.981 8	1.010 8	0.982 6	1.002 0	1.015 0	1.033 9
0.903 9	1.011 9	0.981 5	1.036 7	1.031 3	1.015 0	1.035 4	1.051 5
0.906 8	1.053 0	0.988 3	1.058 7	1.015 3	0.983 9	1.156 8	1.066 9
0.849 2	1.027 5	1.004 8	1.089 4	1.139 3	0.999 2	1.176 2	1.073 0

表 4－11　黑龙港平原生态类型区初值化矩阵

Y	X_1	X_2	X_3	X_4	X_5	X_6	X_7
1.000 0	1.000 0	1.000 0	1.000 0	1.000 0	1.000 0	1.000 0	1.000 0
0.941 0	0.968 8	1.007 1	0.968 3	0.931 4	0.994 0	1.008 8	0.865 7
0.906 2	0.999 0	1.074 1	1.012 8	0.918 0	1.026 6	1.018 7	0.937 1
0.940 4	0.985 0	1.130 0	1.056 0	0.976 6	0.969 2	0.932 4	0.831 1
0.904 6	0.962 3	1.215 0	0.995 4	0.897 0	1.024 0	0.943 5	0.828 4

表 4-12 燕山山麓平原生态类型区初值化矩阵

Y	X_1	X_2	X_3	X_4	X_5	X_6	X_7
1.000 0	1.000 0	1.000 0	1.000 0	1.000 0	1.000 0	1.000 0	1.000 0
0.958 1	0.954 4	0.973 7	0.882 7	1.086 3	1.008 1	0.949 5	1.008 3
0.856 1	0.978 5	0.965 6	0.968 7	1.188 0	1.019 2	1.042 3	0.995 1
0.819 2	0.996 3	0.958 1	1.030 6	1.441 5	1.015 9	0.901 1	1.004 2
0.862 7	0.971 9	0.993 0	0.855 0	1.244 9	0.993 7	0.907 8	1.001 8

第二，根据公式（4-2），对绝对差值序列进行运算，由此得到绝对差值相关矩阵，如表 4-13、表 4-14、表 4-15 所示。

表 4-13 太行山山前平原生态类型区绝对差值矩阵

Δ_1	Δ_2	Δ_3	Δ_4	Δ_5	Δ_6	Δ_7
0.000 0	0.000 0	0.000 0	0.000 0	0.000 0	0.000 0	0.000 0
0.018 9	0.004 8	0.033 9	0.005 6	0.025 0	0.038 0	0.057 0
0.108 0	0.077 6	0.132 9	0.127 4	0.111 1	0.131 5	0.147 6
0.146 2	0.081 5	0.151 9	0.108 5	0.077 1	0.250 0	0.160 1
0.178 3	0.155 6	0.240 2	0.290 1	0.150 0	0.327 0	0.223 8

表 4-14 黑龙港平原生态类型区绝对差值矩阵

Δ_1	Δ_2	Δ_3	Δ_4	Δ_5	Δ_6	Δ_7
0.000 0	0.000 0	0.000 0	0.000 0	0.000 0	0.000 0	0.000 0
0.027 8	0.066 1	0.027 4	0.009 6	0.053 0	0.067 8	0.075 3
0.092 8	0.167 9	0.106 6	0.011 9	0.120 4	0.112 6	0.030 9
0.044 6	0.189 6	0.115 6	0.036 2	0.028 8	0.008 0	0.109 3
0.057 7	0.310 4	0.090 8	0.007 6	0.119 3	0.038 9	0.076 2

表 4-15 燕山山麓平原生态类型区绝对差值矩阵

Δ_1	Δ_2	Δ_3	Δ_4	Δ_5	Δ_6	Δ_7
0.000 0	0.000 0	0.000 0	0.000 0	0.000 0	0.000 0	0.000 0
0.003 7	0.015 6	0.075 5	0.128 2	0.049 9	0.008 6	0.050 1
0.122 3	0.109 5	0.112 5	0.331 9	0.163 0	0.186 2	0.138 9
0.177 1	0.138 8	0.211 4	0.622 3	0.196 6	0.081 8	0.185 0
0.109 2	0.130 3	0.007 7	0.382 2	0.131 1	0.045 1	0.139 1

第三，根据公式（4－3）计算出各生态类型区种植成本构成要素的灰色关联系数，并根据公式（4－4）对各生态类型区种植成本构成要素影响度进行排序，如表4－16、表4－17、表4－18所示。

表4－16 太行山山前平原生态类型区各成本构成要素灰色关联分析结果

序号	ξ_1	ξ_2	ξ_3	ξ_4	ξ_5	ξ_6	ξ_7
1	1.000 0	1.000 0	1.000 0	1.000 0	1.000 0	1.000 0	1.000 0
2	0.896 4	0.971 2	0.828 3	0.966 6	0.867 3	0.811 3	0.741 6
3	0.602 2	0.678 0	0.551 7	0.562 0	0.595 3	0.554 2	0.525 6
4	0.527 9	0.667 4	0.518 3	0.601 1	0.679 6	0.395 4	0.505 2
5	0.478 3	0.512 4	0.405 0	0.360 5	0.521 5	0.333 3	0.422 1
关联度	0.701 0	0.765 8	0.660 7	0.698 0	0.732 7	0.618 8	0.638 9
关联序	3	1	5	4	2	7	6

表4－17 黑龙港平原生态类型区各成本构成要素灰色关联分析结果

序号	ξ_1	ξ_2	ξ_3	ξ_4	ξ_5	ξ_6	ξ_7
1	1.000 0	1.000 0	1.000 0	1.000 0	1.000 0	1.000 0	1.000 0
2	0.848 0	0.701 3	0.850 1	0.942 0	0.745 4	0.695 8	0.673 3
3	0.625 8	0.480 3	0.592 8	0.929 0	0.563 0	0.579 6	0.833 9
4	0.776 9	0.450 1	0.573 1	0.810 9	0.843 6	0.950 7	0.586 7
5	0.729 1	0.333 4	0.630 8	0.953 4	0.565 3	0.799 4	0.670 8
关联度	0.795 9	0.593 0	0.729 4	0.927 1	0.743 5	0.805 1	0.752 9
关联序	3	7	6	1	5	2	4

表4－18 燕山山麓平原生态类型区各成本构成要素灰色关联分析结果

序号	ξ_1	ξ_2	ξ_3	ξ_4	ξ_5	ξ_6	ξ_7
1	1.000 0	1.000 0	1.000 0	1.000 0	1.000 0	1.000 0	1.000 0
2	0.988 3	0.952 4	0.804 8	0.708 2	0.861 7	0.973 2	0.861 2
3	0.717 8	0.739 7	0.734 4	0.483 9	0.656 2	0.625 6	0.691 3
4	0.637 3	0.691 4	0.595 4	0.333 3	0.612 7	0.791 7	0.627 2
5	0.740 2	0.704 8	0.975 8	0.448 8	0.703 6	0.873 4	0.691 1
关联度	0.816 7	0.817 7	0.822 1	0.594 8	0.766 8	0.852 8	0.774 1
关联序	4	3	2	7	6	1	5

（4）结果分析。 在对太行山山前平原生态类型区、黑龙港平原生态类型区、燕山山麓平原生态类型区三大生态类型区成本收益进行灰色关联度测算后，对关联度结果进行排序并进行深入分析，对不同生态类型区按照因子进行横向比对，差异化分析，如表 4－19 所示。

表 4－19　三大区域各成本构成要素灰色关联分析结果

成本构成要素	太行山山前平原生态类型区		黑龙港平原生态类型区		燕山山麓平原生态类型区	
	关联度	关联序	关联度	关联序	关联度	关联序
种子费（X_1）	0.701 0	3	0.795 9	3	0.816 7	4
化肥费（X_2）	0.765 8	1	0.637 6	7	0.817 7	3
农药费（X_3）	0.660 7	5	0.729 4	6	0.822 1	2
灌溉费（X_4）	0.626 0	4	0.927 1	1	0.594 8	7
机械费用（X_5）	0.732 7	2	0.771 2	5	0.766 8	6
人工成本（X_6）	0.618 8	7	0.805 1	2	0.852 8	1
土地成本（X_7）	0.638 9	6	0.731 7	4	0.774 1	5

从表 4－19 可以明显看出，各区域成本构成要素与利润关联强度差异明显，排序也不尽相同，现对结果进行具体分析。

第一，太行山山前平原生态类型区的分析结果显示，除了农药费、灌溉费、人工成本和土地成本的关联度小于 0.7，处于中等影响程度外，剩余成本影响因素的关联度都高于 0.7，与利润具有较高关联度。结果显示化肥费的关联度是所有要素中最高的，其次是机械费用和种子费，关联度较低的是灌溉费、人工成本和土地成本三个要素。

第二，在黑龙港平原生态类型区的数据分析结果中，只有化肥费的关联度没有达到 0.7，其余成本影响要素的关联度都大于 0.7，范围在 0.7～1.0，与利润的关联程度均为强关联，说明这些成本构成要素对黑龙港平原区小麦利润的变动非常敏感。同时，说明化肥费对该地区小麦利润的变动较为敏感。

第三，燕山山麓平原生态类型区的分析结果显示，在该区域，除了灌溉费的关联度小于 0.7，属于中等影响水平外，其余成本构成要素均大于 0.7，且人工成本、农药费、化肥费和种子费的关联度均大于 0.8，说明这四项成本构成要素对该区域小麦利润的影响很大，而灌溉费的关联度较低，说明对小麦利润的影响较小，可以降低上述四项成本从而提高利润。

2. 三大生态类型区小麦种植成本构成要素的影响度分析 灰色关联分析在对不同区域小麦种植成本构成要素的关联度进行排序之后，可以明显地知道其与利润关联程度的强弱，但不能清晰地知道各成本构成要素对各区域小麦种植成本的影响程度大小，关联度分析并不能实现对各成本组成因素的精准测算。鉴于此现实情况，并在上述测算的基础上，使用相同的数据与指标进行深入分析，利用双对数线性回归模型对三大生态类型区小麦种植成本构成要素的影响程度高低进行二次测算。

（1）模型建立。运用双对数线性回归模型对河北省三大生态类型区小麦种植成本构成要素的影响度进行分析，该模型的优势是可以表示不同地域、各小麦种植成本构成要素的相对变化所引起的小麦净收益的相对变化程度，同时在一定程度上能够规避因为自变量数量级差别较大而导致结果准确性降低的风险，可以在一定程度上避免出现异方差的问题，使分析结果更加具有实用性和准确性。

基于小麦种植成本与物质资料投入、生产工具投入、劳动力投入的关联函数建立的双对数线性回归模型为：

$$\ln Y=b_1\ln X_1+b_2\ln X_2+b_3\ln X_3+b_4\ln X_4+b_5\ln X_5+b_6\ln X_6+b_7\ln X_7+\mu$$

其中，Y 代表净利润，X_1 是种子费，X_2 是化肥费，X_3 是农药费，X_4 是灌溉费，X_5 是机械费用，X_6 是人工成本，X_7 是土地成本。

该式是对原始数据净利润 Y 及主要成本影响要素 X_1、X_2、X_3、X_4、X_5、X_6、X_7 进行取自然对数操作后建立的函数，即该函数显示的是 $\ln Y$ 与 $\ln X_1$、$\ln X_2$、$\ln X_3$、$\ln X_4$、$\ln X_5$、$\ln X_6$、$\ln X_7$ 之间的联系，也就是将取对数后的变量直接作为自变量和因变量进行分析。

在经过此步骤后，处理后的模型可以表示种植成本构成要素每变化 1%，净利润变化的幅度，被称作弹性系数。将不同区域和相同成本构成要素导致的弹性系数改变进行对比，可以通过控制变量保证结果的可比性，并对其进行差异化分析。

（2）模型分析检验与结论。通过 Eviews8.0 对数据进行归纳和总结分析，采取普通最小二乘法（Ordinary Least Square，OLS）对 2016—2020 年实际调查数据进行回归分析，并对得出的结果进行分类统计，结果如表 4-20 所示。根据结果可知，三大生态类型区调整后的拟合优度 R^2 分别为 0.927 4、0.936 3 和 0.970 5，可以看出各区域数据所构建的回归模型拟合优度较高，能够解释的方差占因变量方差的 90%以上，自变量与因变量存在良好的回归关系，并且结果较为显著。

表 4-20　回归分析结果

变量	系数	太行山山前平原生态类型区	黑龙港平原生态类型区	燕山山麓平原生态类型区
常数项	μ	233.642 8**	147.751 3**	156.597 2**
$\ln X_1$	b_1	0.184 2**	−0.173 5**	−0.171 2**
$\ln X_2$	b_2	−0.323 1**	0.075 1**	0.217 0**
$\ln X_3$	b_3	0.106 5**	0.086 9**	−0.232 5**
$\ln X_4$	b_4	−0.154 5**	−0.218 9**	0.062 3**
$\ln X_5$	b_5	0.259 3**	0.113 8**	0.101 2**
$\ln X_6$	b_6	−0.070 3**	−0.196 0**	−0.258 6**
$\ln X_7$	b_7	0.092 1**	−0.149 2**	0.143 7**
Adjusted R^2		0.927 4	0.936 3	0.970 5
F-statistic		79.649 6	125.386 3	167.368 8

注：表中采用系数标注上标的方式表示显著性水平，其中 ** 表示 1%的显著性水平。

在对调研数据进行回归分析之前，应检验自变量之间是否存在多重共线性问题，通常采用怀特检验（White 检验），通过辅助回归方式构造χ^2 统计量，同时进行异方差测算。在进行 White 检验过程中不必对自变量进行排序，并且检验是否存在异方差的情况，可以对所有自变量进行检验而准确找出引起异方差的观测变量。因此，通过 White 检验对该模型进行异方差检验，用 OLS 估计出的残差平方设定为模型中的常数项、解释变量、解释变量的平方及其交叉乘积等所形成的辅助回归，将与辅助回归相对应的检验统计量 nR^2（其中 n 设定成样本容量，R^2 则作为辅助回归中的可决系数）和显著性水平下自由度设定为 p（p 为辅助回归中斜率的数量，辅助回归解释变量的总量为 30 个，所以自由度是 30）的χ^2 分布临界值进行对比。当检验统计量 $nR^2>\chi^2$ 分布临界值时，则代表模型中存在异方差，反之则不存在异方差。在本研究中，由以上辅助回归的最终结果可总结出三大区域相应的检验统计量均小于给定显著性水平 $\alpha=0.05$、自由度为 30 下的χ^2 分布临界值 43.77，根据结果可知解释变量之间不存在异方差。

从表 4-20 可知，对于不同生态类型区，小麦种植成本构成要素对净利润的影响程度与方向具有显著差异，下面按照不同生态类型区进行差异化分析：

第一，太行山山前平原生态类型区不同成本构成要素的关联度由大到小排序为：化肥费＞机械费用＞种子费＞灌溉费＞农药费＞土地成本＞人工成本。即构成成本的各个要素产生 1 个百分点的变化，会引起太行山山前平原生态类型区的小麦种植净利润变动 0.323 1、0.259 3、0.184 2、0.154 5、0.106 5、0.092 1、0.070 3 个百分点。其中，化肥费、灌溉费与人工成本为负向变动，其余为正向变动。

第二，黑龙港平原生态类型区不同成本构成要素的关联度由大到小排序为：灌溉费＞人工成本＞种子费＞土地成本＞机械费用＞农药费＞化肥费。即灌溉费、人工成本、种子费、土地成本、机械费用、农药费、化肥费每变动 1 个百分点，黑龙港平原生态类型区的小麦种植净利润变动 0.218 9、0.196 0、0.173 5、0.149 2、0.113 8、0.086 9、0.075 1 个百分点。其中，种子费、灌溉费、人工成本与土地成本为负向变动，其余为正向变动。

第三，燕山山麓平原生态类型区不同成本组成要素的关联度由高到低的排序为：人工成本＞农药费＞化肥费＞种子费＞土地成本＞机械费用＞灌溉费。即人工成本、农药费、化肥费、种子费、土地成本、机械费用、灌溉费每变动 1 个百分点，燕山山麓平原生态类型区的小麦种植净利润变动 0.258 6、0.232 5、0.217 0、0.171 2、0.143 7、0.101 2、0.062 3 个百分点。其中，种子费、农药费与人工成本为负向变动，其余为正向变动。

从成本构成要素角度看，小麦种植成本投入要素与净利润相关关系不尽相同，变动方向存在差异，具体如下：

第一，化肥费的关联度系数在太行山山前平原生态类型区最高，超过了 0.3，说明太行山山前平原生态类型区化肥使用较多，花费占比较高，对净利润产生较大影响。这有可能是过量施用化肥引起的，也有可能是化肥农药“减施增效”项目取得了一定进展，高效化肥的费用较高。

第二，太行山山前平原生态类型区小麦种植机械费用对净利润的关联度系数较高，超过了 0.25，说明在这个地区机械费用对净利润产生较大影响。小麦目前实现全程机械化，机械费用贯穿种植过程各环节，可以从共享经济角度入手，减少机械费用的支出。

第三，种子费也是三大区域中对小麦种植净利润影响程度较高的成本构成要素。其中黑龙港平原生态类型区该费用的弹性系数最大，为 22%，即良种费用的降低带来较大程度的净利润的增加。良种是小麦种植的源头环节，种子品种与质量严重影响小麦相关产品的品质，应更多重视种子选择与购买。

第四，在三大区域中，黑龙港平原生态类型区的灌溉费关联度系数最高，高于 0.2，说明在此区域，灌溉费的降低可以带来小麦种植净利润的大幅度提升。因此，推进各地节水项目的实施、灌溉模式的改进，可以使当前小麦种植净利润显著提升。

第五，土地成本在三大区域种植成本中占比较低。受土地流转政策影响，土地成本的高低具有相对稳定性，并且在签订合同时，通常年限较长，再加上农作物轮作间作模式，对于小麦种植成本来说土地成本占比较低。

（三）研究结论与对策建议

1. 研究结论 本部分主要研究了河北省三大生态类型区成本收益问题，按地域划分，从小麦种植过程中总成本、各项成本构成及净利润三方面着手，阐述三大区域之间的差异并分析其原因，进而对不同区域小麦种植成本构成要素的影响度进行分析。研究结论如下：

第一，河北省小麦三大生态类型区的成本收益存在较大差异，且影响因素各不相同。在三大生态类型区中，燕山山麓平原生态类型区的种植成本最高，其次是黑龙港平原生态类型区，太行山山前平原生态类型区最低；净利润呈现出“太行山山前平原生态类型区＞黑龙港平原生态类型区＞燕山山麓平原生态类型区”的特点。从影响不同生态类型区种植成本的构成要素来看，太行山山前平原生态类型区的小麦种植成本最低，利润最高，太行山山前平原生态类型区化肥费、机械费用、种子费和灌溉费的降低，对提高该生态类型区的每亩净利润有积极作用；对于黑龙港平原生态类型区，灌溉费、人工成本、种子费和土地成本是影响该生态类型区小麦每亩净利润的关键因素；燕山山麓平原生态类型区的小麦种植成本最高，利润最低，人工成本是主要原因，减少农药费、化肥费和种子费等支出对每亩净利润的提高具有重要作用。对于不同生态类型区的小麦种植成本及净利润存在差异的原因，可以概括为种子品种差异、化肥用量差异、灌溉成本差异、经济发展差异和粮丰项目差异。

第二，通过对比同生态类型区新型农业经营主体与小农户的小麦种植成本与净利润，可以看出河北省三大生态类型区内，新型农业经营主体除土地成本外，其余各成本要素均低于小农户的各项成本。但考虑机会成本后，小农户如果把自有土地外租，将产生额外的土地收入，反之，自己耕种将无法获得该收入。小农户种植小麦的土地机会成本依然会高于新型农业经营主体的土地成本。

第三，通过多元线性回归方程检验，河北省各生态类型区的种植成本构成要素对其小麦净利润变动的关联度存在影响。太行山山前平原生态类型区对净利润影响最大的成本要素是化肥费，影响最小的成本要素是人工成本；黑龙港平原生态类型区对净利润影响最大的成本要素是灌溉费，影响最小的成本要素是化肥费；燕山山麓平原生态类型区对净利润影响最大的成本要素是人工成本，影响最小的成本要素是灌溉费。由此可见，地域不同，成本要素影响程度不同。

2. 对策建议

（1）对太行山山前平原生态类型区的对策建议。

①节约化肥用量，提高利用效率。数据显示该地区的化肥费是对收益影响最大的因素，两者呈负相关。因此，应提高化肥利用效率，学习、开发相关节约化肥技术，降低每亩小麦化肥用量，提高效率。在该区域施行水肥一体化技术、测土配方精准施肥技术，提高化肥利用率并且科学施用，减少对环境的污染与破坏；增大采用物理方式减肥减药规模，实现绿色高质量发展。

②加快机械化进程，发挥规模经营优势。通过分析可得出该区域对机械化的投入达到了提高收益的目的，两者关系为正相关。因此应加大机械化发展投入力度，加快该地区全程机械化发展脚步。

③扩大种植规模，加快新品种研发。该地区调查数据表明，增加种子费投入，会产生净利润增加的效果。该地区可在现有小麦品种基础上，完善新品种的开发和培育工作；增加该品种小麦的种植面积，进一步实现规模效益，达到增加净利润的目标。

（2）对黑龙港平原生态类型区的对策建议。

①创新灌溉方式，高效灌溉。该地区的灌溉费与净利润之间的关联呈负相关并且影响程度最大。因此，应从多个方面降低灌溉费，增加净利润。例如，引进新型灌溉技术和灌溉仪器，结合该地区的实际情况施行滴灌、喷灌等灌溉方式；推广水肥一体化技术，提高水资源的利用效率；引进抗旱良种，并进行良种的开发和培育。

②提高农机使用率，降低人工工作量。人工成本在该地区与净利润的关系呈负相关，并且影响程度高。应制定该地区土地治理方案，对碎片化土地进行整合，建立机械化地块，提高小麦的规模化种植水平；针对小麦的播种、灌溉、施肥、打药和收割的每个阶段使用相应的机械进行作业，提高机械使用率，实现全程机械化目标，节省人力，降低人工成本，提高净利润。

③加大科研投入，自主培育良种。从数据分析结果中可知，种子费对净利润的影响程度较高。应引进适应该地区的优良品种，分析引进品种的特点，加大适合在该地区播种的种子研发的投入，自主培育出地区特有麦种，降低种子费。

（3）对燕山山麓平原生态类型区的对策建议。

①充分发挥机械化对降低人工成本的作用。根据数据分析结果可知，该地区的人工成本对净利润影响程度最高，并且呈负相关。通过学习机械化程度高地区的发展经验，再根据自身实际情况提高该地区机械化水平，降低土地碎片化程度，引进大型种植、收割等专业农机进行作业，以此来达到减少人工投入量，降低人工成本的目的。

②减少农药投入量。数据表明，该地区的农药费因素对净利润影响程度仅次于人工成本，也呈负相关。可以从物理防控和生物防控角度治理病虫害，引进农作物害虫诱捕盒，或者使用频振式杀虫灯；培育小麦主要致病害虫的天敌，或者种植天然防治病虫害的植物。通过这些方式减少农药的投入，降低农药费。

③增加高效化肥投入。化肥费与净利润关联度较高，呈正相关状态，证明该地区化肥投入量大会使得净利润增加。所以要分析该地区种植土壤成分结构，购买可以改善该地区土壤的能够促进小麦提高产量和质量的高效复合化肥，并按照作物生长规律，有计划地加大化肥的使用量，以达到增产增效的目的。

(4) 对三大生态类型区的对策建议。提高新型农业经营主体建设者整体素质，强化专业人才培养。加快土地流转，扩大新型农业经营主体规模，降低土地碎片化程度，实现土地资源整合，加快机械化进程。使机械作业贯穿小麦种植的各个环节，提高生产效率，实现全程机械化作业。除此之外，还应当加强新型农业经营主体之间的联系，实现资源、经验的共享，形成利益链接体，共担风险，共享成果。

三、区域玉米生产成本差异分析

河北省地跨 6 个经度和 7 个纬度，地形地貌呈复杂化和多样化，各地区经济发展水平和水热资源分布等也各不相同，这就导致了河北省在玉米种植过程中要素投入的用量及比例、生产的规模化程度等表现出明显的地域性差异，玉米种植的生产成本也各不相同。因此本部分以河北省三大生态类型区玉米生产成本为研究对象，对各区域玉米生产成本进行测算和比较分析，旨在为提出针对性的对策建议奠定基础。

(一) 三大生态类型区玉米生产成本及构成

1. 数据来源　由于本部分是对河北省三大生态类型区玉米生产成本差异进行实证研究，因此需要河北省三大区域内各县（市、区）的玉米生产成本及其主要成本构成要素相关数据，但目前河北省尚未有完整的、有关各县（市、区）的玉米生产成本相关数据公开发布，所以本部分以调研数据为主。为获得研究所需数据，本研究采取实地调研的方式，以“国家粮食丰产科技工程”河北省水热资源限制区小麦—玉米两熟节水丰产增效技术集成与示范项目的样本观测地点为基础，从河北省水热资源限制区的三大生态类型区内选取抽样地点进行集中实地调研，主要通过座谈和问卷调查的方式来获取玉米生产成本及主要成本构成要素的相关数据。考虑到数据的代表性问题，在实地调研的同时，采取了网上电子问卷获取数据的方式，增强数据的广泛性。

本部分数据来源地区及问卷情况如表 4-21 所示。其中，太行山山前平原生态类型区共实地调研了徐水、清苑、藁城、新乐和赵县 5 个地区，获得了 60 份有效问卷；燕山山麓平原生态类型区共获得了玉田、丰润、迁安 3 个地区的 50 份有效问卷；黑龙港平原生态类型区的玉米生产成本数据主要来自文安、宁晋、巨鹿、景县、河间、大名 6 个地区的 92 份有效问卷。对于原始的成本数据，通过整理得到每个区域的各项分析数据，并以此为基础进行相关的测算和分析。

表 4-21　数据来源地区及问卷数量

单位：份

所属区域	数据来源地区	问卷数量
太行山山前平原	徐水、清苑、藁城、新乐、赵县	60
燕山山麓平原	玉田、丰润、迁安	50
黑龙港平原	文安、宁晋、巨鹿、景县、河间、大名	92

数据来源：由调研数据整理得出。

2. **区域玉米生产成本及构成**　基于以上调研数据，在对河北省不同区域的玉米生产成本进行测算时，所测算区域的玉米亩均生产成本为 C，调研地区数为 N，所调研县（市、区）的玉米亩均生产成本为 $C_1, C_2, C_3, \cdots, C_n$，则该区域的玉米亩均生产成本可表示为：

$$C=\frac{C_1+C_2+C_3+\cdots+C_n}{N}$$

测算结果如表 4-22 所示。

表 4-22　2018 年河北省各区域玉米生产成本测算结果

成本	太行山山前平原		黑龙港平原		燕山山麓平原	
	数额（元/亩）	占比（%）	数额（元/亩）	占比（%）	数额（元/亩）	占比（%）
种子费	43.54	5.76	40.18	5.17	42.60	5.22
化肥费	106.15	14.05	100.30	12.90	126.40	15.48
农药费	39.10	5.18	38.32	4.93	31.07	3.80
灌溉费	47.67	6.31	72.70	9.35	33.95	4.16
机械费用	122.45	16.21	138.31	17.79	149.50	18.31
人工费用	396.54	52.49	387.73	49.87	433.04	53.03
生产成本	755.45	100.00	777.53	100.00	816.56	100.00

数据来源：由调研数据整理所得。

（二）不同区域玉米生产成本差异分析

1. 玉米生产成本总体差异分析　根据对各区域玉米生产成本的测算结果及《河北农村统计年鉴》中河北省平均玉米生产成本数据，得到的河北省及三大区域玉米生产成本情况如图 4－13 所示。

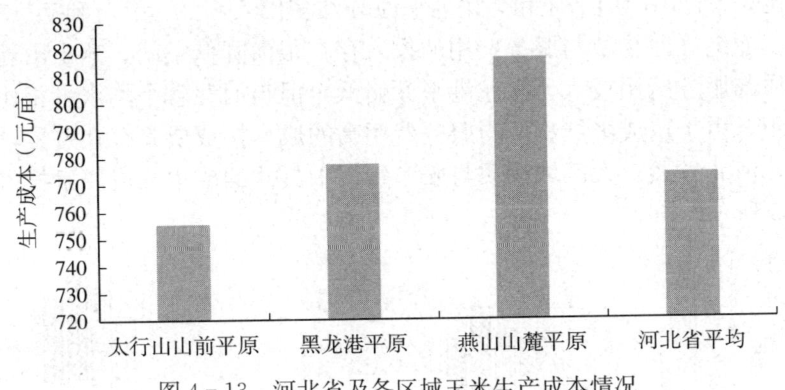

图 4－13　河北省及各区域玉米生产成本情况

由图 4－13 可以看出，河北省及三大生态类型区的玉米生产成本在总体上差异明显，其中生产成本最高的区域为燕山山麓平原区，该区域的亩均玉米生产成本高达 816.56 元，远远超过河北省整体亩均玉米生产成本 773.59 元，两者相差 42.97 元；黑龙港平原区的亩均玉米生产成本为 777.53 元，略高于河北省整体水平，两者差距较小；太行山山前平原区的亩均玉米生产成本无论与其他两大生态类型区相比还是与河北省平均水平相比均最低，为 755.45 元。

2. 玉米生产中的物质与服务费用差异分析　河北省及三大生态类型区在玉米种植过程中投入的物质与服务费用及占生产成本比重情况如图 4－14 所示。

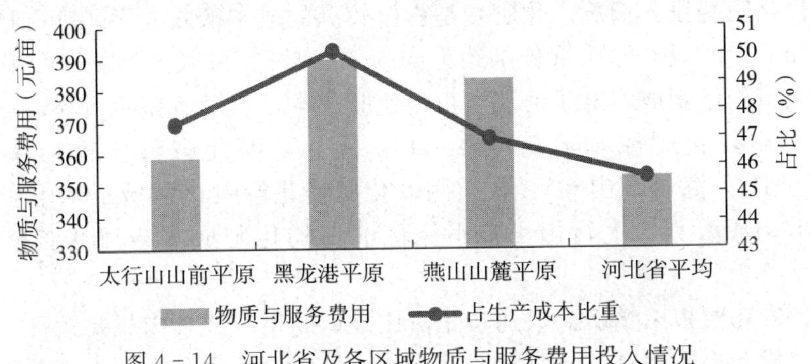

图 4－14　河北省及各区域物质与服务费用投入情况

总体来看，三大生态类型区玉米种植过程中的物质与服务费用及其占生产成本的比重均高于河北省平均水平。其中太行山山前平原的物质与服务费用投入最低，为 358.92 元/亩，其占该区域平均玉米生产成本的比重为 47.51%，而黑龙港平原的物质与服务费用投入最高，为 389.8 元/亩，超过总生产成本的 50%，两者亩均投入相差 30.88 元，与河北省平均每亩物质与服务费用的投入量相比，太行山山前平原和黑龙港平原分别多投入 6.27 元/亩和37.15 元/亩，说明在黑龙港平原物质与服务费用的投入存在很大降低空间。燕山山麓平原的亩均物质与服务费用投入比黑龙港平原略低，但与河北省平均水平相比仍存在较大差距，由于造成区域物质与服务费用高的成本构成要素存在差异，需要具体分析。河北省及三大区域物质与服务费用中具体的成本构成要素投入情况如图 4－15 所示。

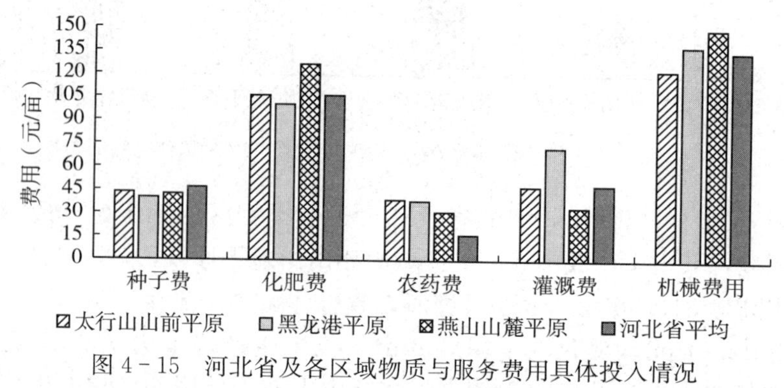

图 4－15　河北省及各区域物质与服务费用具体投入情况

（1）种子费投入情况。种子费是三大区域之间差距最小的成本构成要素且均低于河北省平均水平。其中，太行山山前平原区的亩均种子费最高，为 43.54 元，而黑龙港平原区的亩均种子费最低，为 40.18 元，两者之间亩均种子费仅相差 3.36 元。

（2）化肥费投入情况。化肥费是占比较高的成本构成要素，其占物质与服务费用和总生产成本的比重分别约为 30%和 14%。三大区域中，只有黑龙港平原区的亩均化肥成本低于河北省亩均化肥成本，但两者差距较小，燕山山麓平原区的亩均化肥成本最高，为 126.4 元，与河北省整体亩均化肥成本 106.1 元相比，每亩高出 20.3 元，因此化肥费是影响该区域玉米生产成本的重要成本构成要素，太行山山前平原区的亩均化肥成本与河北省整体水平相当。

（3）农药费投入情况。农药费是占比最低的生产成本构成要素且三大区域之间的差异较小，但这并不意味着该成本构成要素不重要。因为该费用的高低不仅影响着玉米生产成本的高低，更关乎农产品质量及环境的好坏，因此对于农药施用量大、农药费用高的地区仍应重视对该成本构成要素的投入，通过技术手段来降低该费用。在三大区域中，太行山山前平原区和黑龙港平原区的农药费用较高，分别为 39.1 元/亩、38.32 元/亩，与河北省整体水平相比存在较大差距，因此这两大区域在降低亩均农药费方面的任务较重、空间较大。

(4) 灌溉费投入情况。灌溉费占总生产成本的比重虽然不高，但区域之间的差距很明显。其中黑龙港平原区的灌溉费最高，亩均成本达 72.7 元，比河北省整体亩均灌溉费 48.57 元高 24.13 元，这主要是由于该区域水资源缺乏，地下水位下降导致出水量小，灌溉时间长及当地气候所导致的灌溉次数多，因此通过一定的技术改进来降低该费用是降低该区域玉米生产成本的关键。太行山山前平原区的亩均灌溉费与河北省整体水平相当，而燕山山麓平原区该费用低于河北省整体水平。

(5) 机械费用投入情况。机械费用是物质与服务费中占比最高的成本构成要素，其比重约为 35%。河北省整体亩均机械费用为 134.75 元，三大生态类型区中只有太行山山前平原区的机械费用比河北省整体水平低，为 122.45 元/亩，而黑龙港平原区和燕山山麓平原区的亩均玉米机械费用分别为 138.31 元和 149.5 元，与河北省差距较大，因此如何因地制宜解决土地细碎化问题、开展规模化生产，从而降低亩均玉米生产成本是这两大生态类型区应予以重点考虑的问题。

3. 玉米生产中的人工成本差异分析　河北省及三大区域在玉米种植过程中的人工投入情况如图 4－16 所示。

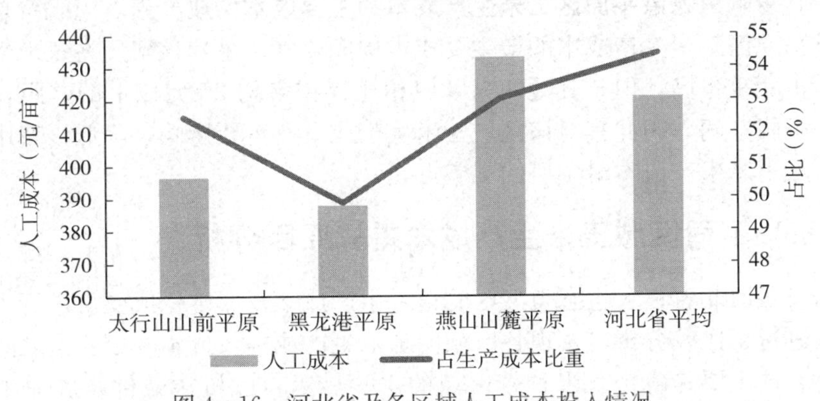

图 4－16　河北省及各区域人工成本投入情况

人工成本是在玉米种植过程中单项投入最大的成本构成要素。从图 4－16 可以看出，在三大区域中，该要素占总生产成本投入的比例基本在 50%以上，因此无论对哪个区域来讲，降低玉米种植过程中的人工成本投入对降低该区域玉米生产成本都具有重要影响。从投入的绝对量来看，该费用的区域差距较大，其中人工成本最高的为燕山山麓平原区，该区域的人工费用达433.04元/亩，而人工成本最低的为黑龙港平原区，其玉米种植过程中的人工成本为387.73元/亩，两者相差45.31元/亩，此外与太行山山前平原区的396.54元/亩相比，燕山山麓平原区也存在较大差距，因此人工成本是抬高燕山山麓平原区玉米生产成本的主要原因。

4. 影响区域玉米生产成本的主要成本构成要素差异分析

（1）影响太行山山前平原区玉米生产成本的主要成本构成要素。通过前文对河北省三大生态类型区玉米生产成本及成本构成要素的对比分析，可以得到太行山山前平原区的玉米生产成本总体最低，但种子费和农药费较高，虽然这两项费用在玉米生产成本中所占比重不大，但对生产出的玉米产品质量及区域环境的好坏有重要影响，因此是该区域重要的成本构成要素。此外，该区域在玉米种植过程中投入的其他几大成本构成要素虽然在三大区域中处于居中水平，但与河北省平均水平相比或者与其他两大区域相比仍有一定的下降空间，如人工成本和灌溉费。

（2）影响燕山山麓平原区玉米生产成本的主要成本构成要素。燕山山麓平原区玉米生产成本最高，这主要是其在玉米种植过程中投入的人工成本、化肥费及机械费用均较高所导致的，燕山山麓平原区的这三大费用在三大区域中均最高且远高于河北省平均水平，因此是影响该区域玉米生产成本的主要成本构成要素，要想降低该区域的玉米生产成本，就必须从这几方面入手。

（3）影响黑龙港平原区玉米生产成本的主要成本构成要素。灌溉费是影响黑龙港平原区玉米生产成本的最主要成本构成要素。虽然该费用在玉米生产成本中所占比重不高，但与其他两大区域相比存在亩均25元以上的差距，具有较大的下降空间，因此其对该区域玉米生产成本有重要影响，降低该费用是降低该区域玉米生产成本最主要的突破点。

（三）不同区域玉米生产成本差异原因分析

前文对河北省三大生态类型区的玉米生产成本及成本构成要素进行了测算并对其进行了比较分析，发现各区域的玉米生产成本及成本构成要素之间具有差异性，这主要是各个玉米种植区域的水、热等自然资源条件及农业生产现状、经济发展水平、玉米种植合作社、家庭农场数量和规模等社会条件的不同所导致的，本部分将在各区域玉米生产成本及成本构成要素测算结果的基础上，从以上几个方面出发，阐述不同区域玉米生产成本产生差异的具体原因。

1. 区域经济发展水平的差异性　河北省玉米种植的三大生态类型区经济发展水平相关指标及玉米种植过程中的人工成本情况如表 4 - 23 所示。

表 4 - 23　区域经济发展水平相关指标及人工成本情况

所属区域	人均地区生产总值（元）	城镇居民人均可支配收入（元）	农村居民人均可支配收入（元）	人工成本（元/亩）
太行山山前平原	38 162.36	26 496.33	13 322.20	396.54
黑龙港平原	28 179.62	26 023.29	11 310.79	387.73
燕山山麓平原	87 550.07	33 741.28	15 366.90	433.04

数据来源：由 2017 年《河北农村统计年鉴》及调研数据整理得到。

由表 4 - 23 可以看出，区域经济发展水平与玉米种植过程中的人工成本呈正相关关系。燕山山麓地区的人均地区生产总值最高，达 87 550.07 元，比太行山山前平原区及黑龙港平原区的人均地区生产总值之和还高，其无论是城镇居民人均可支配收入还是农村居民人均可支配收入均高于其他两大生态类型区。相应地，该区域玉米生产中的人工成本也较高，与其他两大区域相比，燕山山麓地区的人工成本与其他两大区域的差距分别为 36.5 元/亩和 45.31 元/亩，由于人工成本在整个玉米生产成本中的比重较大，因此该差距也是燕山山麓地区整体玉米生产成本较高的原因。

2. 化肥施用量及施用次数的差异性　根据 2017 年河北省统计局发布的数据，河北省三大生态类型区的亩均化肥施用量（按折纯法计算）各不相同，其所对应的玉米生产成本中每亩化肥费也具有差异，具体情况如图 4 - 17 所示。

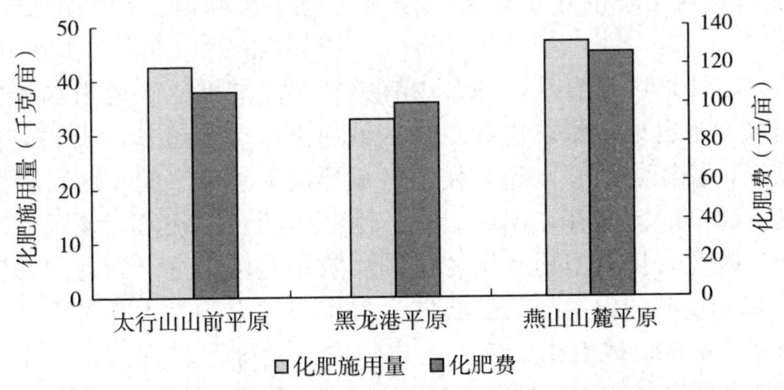

图 4 - 17　三大区域亩均化肥施用量及化肥费情况

由图 4 - 17 可以看出，三大区域的化肥施用量及相应的化肥费具有明显差异。其中，太行山山前平原区化肥施用量为 42.57 千克/亩，黑龙港平原区化肥施用量为 32.84 千克/亩，燕山山麓平原区的化肥施用量相对前两个区域最高，为 47.14 千克/亩，而该三大区域所对应的玉米生产成本中每亩化肥费分别为 106.15 元、100.30 元和 126.40 元，因此，化肥施用量的高低直接影响了玉米种植过程中化肥费的高低。对于燕山山麓平原区亩均化肥施用量较高的问题，通过进行实地走访，得知主要是因为该地区存在部分农户在玉米种植过程中进行追肥，即二次施肥的现象，而在其他两大区域，进行二次追肥的次数很少，一般都是在播种时将化肥作为底肥与种子一起播入，直到玉米收获季节不用再进行追肥。而燕山山麓平原区需要进行二次施肥，与该区域的土质及肥料的利用率有关，从这个方面看，说明该区域化肥利用率有待提高，因此在该区域进行此方面的技术提升是今后的一个方向。

3. 气候条件与水资源的差异性 河北省三大生态类型区玉米种植过程中的灌溉费各不相同且差距较大，其中黑龙港平原区的灌溉费最高，为 72.70 元/亩，而燕山山麓平原区的灌溉费最低，为 33.95 元/亩，两者相差 38.75 元/亩。产生这种差别的原因主要有以下两方面：

第一，与两大生态类型区的气候有关。燕山山麓平原区属于暖温带半湿润季风气候，全年降水量较多，达 500～700 毫米，地表水资源较为丰富，且由于该地区位置比较靠近东北，气温相对南部较低，蒸发量较少，因此在玉米种植过程中对灌溉的需求较小，每季浇水次数为 2 次左右。而黑龙港平原区属于温带大陆性季风气候，降水多集中于夏季且降水量较少，一般为 500 毫米左右，由于该区域地势较低，降水集中，土壤盐渍化严重，因此该区域是海河平原旱涝灾害最频繁的地区，每年在玉米种植过程中需要进行 2～3 次灌溉，在干旱的年份，甚至需要进行 4 次灌溉才能满足玉米的生长需要。

第二，与该地区自身水量的多少有关。黑龙港平原区地表水较少，大部分农业用水均来自地下水，这导致该区域地下水严重超采，成了全省地下水严重超采区，长期的地下水超采使该区域形成了地下水漏斗区，因此在抽取地下水进行灌溉时就会存在出水量小、灌溉时间长的现象，该区域的灌溉费就会提升。因此，提升当地水资源的利用效率是解决这一问题的关键所在。

4. 规模化及产业化生产的差异性 根据河北省三大生态类型区玉米生产成本的测算结果，可以看出，玉米生产成本在总体上呈现出太行山山前平原区<黑龙港平原区<燕山山麓平原区，这与区域玉米生产的规模化及玉米产业化发展水平有关。

根据前文数据，三大区域在玉米种植农业合作社、家庭农场、饲料加工企业及淀粉加工企业方面的情况如表 4－24 所示。

表 4－24　区域玉米种植合作社、家庭农场及玉米生产成本情况

所属区域	所辖县域个数（个）	合作社平均注册资本（万元）	家庭农场个数（个）	饲料加工企业（个）	淀粉加工企业（个）	玉米生产成本（元/亩）
太行山山前平原	30	162.18	49	553	82	755.45
黑龙港平原	45	147.84	74	337	45	777.53
燕山山麓平原	6	119.20	8	84	1	816.56

数据来源：家庭农场数据来源于河北省农业农村厅官网，合作社、饲料加工企业和淀粉加工企业数据来源于万得数据库。

由表 4－24 可以看出，在玉米种植合作社规模方面，虽然注册资本并不能绝对代表合作社的生产能力状况，但能在一定程度上反映出其规模大小，太行山山前平原区平均每个合作社的注册资本为 162.18 万元，在三大区域中最高，这表明在一定程度上该区域合作社规模较其他两个区域大，生产更具规模化，而黑龙港平原区和燕山山麓平原区平均每个合作社的注册资本额较低，生产的规模化较弱。

就家庭农场数量而言，太行山山前平原区与玉米种植有关的家庭农场数量为 49 个，虽然从绝对量上小于黑龙港平原区，但由于黑龙港平原区所辖县域个数比太行山山前平原区多 1/3，因此从这个方面看，太行山山前平原区的家庭农场数量在三大区域中较多，而燕山山麓平原区的家庭农场数量较少。相应地，太行山山前平原区玉米生产总成本在三大区域中最低，为 755.45 元/亩，而燕山山麓平原区的生产成本最高，达 816.56 元/亩。

从区域玉米产业化发展情况看，在所辖范围远远小于黑龙港平原区的情况下，太行山山前平原区的淀粉加工企业数量及饲料加工企业数量分别为 82 家和 553 家，远高于黑龙港区域的 45 家和 337 家，而燕山山麓平原区的淀粉加工企业数量及饲料加工企业数量最少，因此产业化发展对太行山山前平原区玉米生产成本的降低起到了一定的积极作用。

（四）不同区域玉米生产成本构成要素的影响度分析

河北省三大生态类型区的玉米生产成本不仅在数量上存在差异，而且主要成本构成要素的相同变动会对不同区域的玉米生产成本产生不同的影响，这与区域玉米生产成本构成要素的影响度有关。基于此，本部分首先采用灰色关联分析法对河北省三大生态类型区玉米生产成本构成要素对各区域玉米生产成本的影响度进行排序，然后采用双对数线性回归模型对各区域玉米生产成本主要构成要素的影响度进行测算并分析。

1. 区域玉米生产成本构成要素灰色关联分析

（1）分析指标的选取与数据说明。

第一，分析指标的选取。由于本部分主要对玉米生产成本展开研究，因此不考虑土地成本因素。本部分主要从内部因素出发，根据国家发展和改革委员会价格司编撰的《全国农产品成本收益资料汇编》中对我国农产品生产成本项目的统计，并结合玉米生产的实际情况对不重要的成本项目进行部分剔除，如畜力费、管理费、销售费、财务费等费用，最终确定影响玉米生产成本的构成要素作为影响度分析的指标，这些指标可以概括为三个方面的投入，分别为物质资料投入、生产工具投入和劳动力投入。其中，物质资料投入用种子费、化肥费、农药费及灌溉费来代替，生产工具投入用机械费用来代替，劳动力投入用人工成本来代替。

第二，数据说明。由于目前没有河北省历年来各县（市、区）的玉米生产成本的官方数据公布，所以在对河北省三大生态类型区玉米生产成本主要构成要素的影响度进行分析时采用实地调研数据，数据的具体来源及数量情况在前文已详细阐述，在此不再具体介绍。

（2）灰色关联度测算。由于本部分是对河北省三大生态类型区玉米生产成本构成要素的关联度进行测算，其测算过程一致，因此以黑龙港平原区为例计算灰色关联度，计算过程如下：

第一，设置 Y 为参考序列，X_1、X_2、X_3、X_4、X_5、X_6 为比较序列，其中：Y 为生产成本，X_1 为种子费，X_2 为化肥费，X_3 为农药费，X_4 为灌溉费，X_5 为机械费用，X_6 为人工成本。通过采用初值化法将黑龙港平原区的样本数据进行无量纲化处理，得到该区域的初值化矩阵，如表 4-25 所示。

表 4-25　黑龙港平原区初值化矩阵

Y	X_1	X_2	X_3	X_4	X_5	X_6
1.000 0	1.000 0	1.000 0	1.000 0	1.000 0	1.000 0	1.000 0
1.030 0	0.928 1	1.085 1	0.952 8	1.439 3	0.993 1	0.875 4
1.030 6	0.895 1	1.127 7	0.974 8	1.019 3	1.037 0	1.023 2
0.990 3	0.844 4	1.102 8	0.944 9	1.024 4	1.010 2	0.932 0
0.974 5	0.904 2	1.063 8	0.744 9	1.065 4	1.000 4	0.933 5
0.991 1	0.901 3	1.025 3	0.829 6	1.163 7	1.018 0	0.931 1

第二，计算绝对差值序列，由此得到绝对差值矩阵，如表 4-26 所示。

表 4-26　绝对差值矩阵

Δ_1	Δ_2	Δ_3	Δ_4	Δ_5	Δ_6
0.000 0	0.000 0	0.000 0	0.000 0	0.000 0	0.000 0
0.101 9	0.055 1	0.077 3	0.409 2	0.036 9	0.154 6
0.135 5	0.097 0	0.055 8	0.011 4	0.006 3	0.007 4
0.145 9	0.112 5	0.045 4	0.034 1	0.019 9	0.058 3
0.070 3	0.089 3	0.229 6	0.090 8	0.025 9	0.041 0
0.089 7	0.034 3	0.161 5	0.172 7	0.027 0	0.060 0

第三，可以计算出各成本构成要素的灰色关联系数，并根据公式（4-4）将各成本构成要素的影响度进行排序，如表 4-27 所示。

表 4-27　黑龙港平原区各成本构成要素灰色关联分析结果

序号	ξ_1	ξ_2	ξ_3	ξ_4	ξ_5	ξ_6
1	1.000 0	1.000 0	1.000 0	1.000 0	1.000 0	1.000 0
2	0.667 6	0.787 9	0.725 9	0.333 3	0.847 3	0.569 6
3	0.601 6	0.678 3	0.785 6	0.947 3	0.970 1	0.965 0
4	0.583 8	0.645 2	0.818 3	0.857 2	0.911 5	0.778 2
5	0.744 3	0.696 1	0.471 2	0.692 5	0.887 6	0.833 0
6	0.695 1	0.856 5	0.558 9	0.542 3	0.883 4	0.773 4
关联度	0.715 4	0.777 3	0.726 7	0.728 8	0.916 6	0.819 9
关联序	6	3	5	4	1	2

(3) 结果分析。按照同样的处理方法对太行山山前平原区和燕山山麓平原区的玉米生产成本构成要素与生产成本的关联度进行测算并排序，并结合黑龙港平原区的灰色关联测算结果，可以得到河北省三大生态类型区的灰色关联测算结果，如表 4-28 所示。

表 4-28　三大区域各成本构成要素灰色关联分析结果

成本构成要素	太行山山前平原区		黑龙港平原区		燕山山麓平原区	
	关联度（γ）	关联序	关联度（γ）	关联序	关联度（γ）	关联序
种子费（X_1）	0.693 4	5	0.715 4	6	0.729 3	4
化肥费（X_2）	0.720 6	2	0.777 3	3	0.821 2	3
农药费（X_3）	0.606 9	6	0.726 7	5	0.557 4	6

（续）

成本构成要素	太行山山前平原区		黑龙港平原区		燕山山麓平原区	
	关联度（γ）	关联序	关联度（γ）	关联序	关联度（γ）	关联序
灌溉费（X_4）	0.706 2	4	0.728 8	4	0.609 1	5
机械费用（X_5）	0.781 7	1	0.916 6	1	0.881 0	1
人工成本（X_6）	0.713 6	3	0.819 9	2	0.859 0	2

从上述结果可以看出，河北省三大生态类型区的玉米成本构成要素对该区域玉米生产成本的关联度排序具有差异。

第一，太行山山前平原区。除了种子费和农药费的关联度小于0.7外，其他成本构成要素的关联度均在0.7以上，具有强关联。其中机械费用的关联度最高，然后是化肥费、人工成本和灌溉费，最后是种子费和农药费。

第二，黑龙港平原区。该区域所有成本构成要素的灰色关联度均在0.7以上，均属于强关联，特别是机械费用的关联度达到了0.916 6，说明黑龙港平原区玉米生产成本对该成本要素的变动非常敏感。其次是人工成本，该要素的关联度也很高，超过了0.8，最后是化肥费、灌溉费、农药费和种子费，这四项成本构成要素的关联度在0.7～0.8。

第三，燕山山麓平原区。该区域灌溉费和农药费的灰色关联度处于中等水平，说明这两项成本构成要素对该区域玉米生产成本的影响较小，而机械费用、人工成本和化肥费的灰色关联度很高，说明对玉米生产成本的影响很大，因此降低该区域玉米生产成本要从这几方面入手。

2. 区域玉米生产成本构成要素的影响度分析　前文通过灰色关联分析对不同区域玉米生产成本构成要素的影响度进行了排序，但是各成本构成要素对区域玉米生产成本的影响到底有多大，通过关联度并不能进行具体测算。基于此，运用同样的指标和数据，采用双对数线性回归模型对区域玉米生产成本构成要素的影响度进行具体测算，将其影响进一步量化。

（1）模型建立。运用自然对数的双对数线性回归模型对河北省三大生态类型区玉米生产成本构成要素的影响度进行分析，其优势在于可以表示不同区域、各个玉米生产成本构成要素的相对变化所带来的玉米生产总成本的相对变化程度，同时可以在一定程度上避免由于自变量数量级差别较大而影响结果准确性的情况，并在一定程度上解决异方差问题，增强分析结果的实用性和准确性。

设玉米生产成本为与物质资料投入、劳动工具投入、劳动力投入相关的函数，则由此建立的双对数线性回归模型为：

$$\ln Y = b_1 \ln X_1 + b_2 \ln X_2 + b_3 \ln X_3 + b_4 \ln X_4 + b_5 \ln X_5 + b_6 \ln X_6 + \mu$$

其中，Y 表示生产成本，X_1 为种子费，X_2 为化肥费，X_3 为农药费，X_4 为灌溉费，X_5 为机械费用，X_6 为人工成本。

由上式可以看出，该模型是对原始数据生产成本 Y 及主要成本构成要素 X_1、X_2、X_3、X_4、X_5、X_6 进行了取自然对数后建立的方程，即该函数表示的是 $\ln Y$ 与 $\ln X_1$、$\ln X_2$、$\ln X_3$、$\ln X_4$、$\ln X_5$、$\ln X_6$ 之间的关系，也可以理解为将取对数后的变量直接作为因变量和自变量进行研究。经过此处理过程后，该模型所反映的经济含义即可变为生产成本构成要素变化 1%所带来的生产成本变动幅度的大小，即弹性系数。通过对不同区域相同成本构成要素弹性系数的比较，可以找到它们之间的差异并进行分析。

（2）模型分析检验与结论。 利用 Eviews8.0 作为分析工具，通过使用 OLS 对调研得到的截面数据进行回归分析，并将回归结果进行整理，如表 4-29 所示。可以看出，三大生态类型区调整后的拟合优度 R^2 分别为 0.914 1、0.915 3 和 0.986 2，这表明每个区域的解释变量均可以解释超过 90%的被解释变量的变化，模型的拟合优度很高，得到的回归效果较好，且系数的 t 检验结果很显著。

表 4-29 回归分析结果

变量	系数	太行山山前平原区	黑龙港平原区	燕山山麓平原区
常数项	μ	1.961 4**	1.991 3**	1.497 4**
$\ln X_1$	b_1	0.084 2**	0.078 9**	0.091 2**
$\ln X_2$	b_2	0.233 1**	0.193 8**	0.257 0**
$\ln X_3$	b_3	0.056 5**	0.086 9**	0.052 5**
$\ln X_4$	b_4	0.104 5**	0.145 1**	0.062 3**
$\ln X_5$	b_5	0.259 3**	0.236 0**	0.301 2**
$\ln X_6$	b_6	0.210 3**	0.203 5**	0.258 6**
Adjusted R^2		0.914 1	0.915 3	0.986 2
F-statistic		105.705 6	164.963 3	583.579 9

注：表中采用系数标注上标的方式表示显著性水平，其中：** 表示 1%的显著性水平。

此外，由于截面数据相对于时间序列数据更容易产生异方差，而本部分使用的数据为截面数据，所以 White 检验显得尤为重要，因为它除了可以判定异方差是否存在外，还能在多个解释变量同时存在的情况下，准确分析出引起异方差的解释变量。通过 White 检验对该模型进行了异方差检验，用 OLS 估计的残差平方作其对模型的常数项、解释变量、解释变量的平方及其交叉乘积等所构成的辅助回归，利用辅助回归相应的检验统计量 nR^2（其中，n 为样本容量，R^2 为辅助回归的可决系数）与给定显著性水平下自由度为 p（p 为辅助回归中斜率的个数，本部分辅助回归共有 27 个解释变量，所以自由度为 27）的χ^2 分布临界值比较，若检验统计量 $nR^2 > \chi^2$ 分布临界值，则说明模型中存在异方差，否则不存在异方差。在本部分中，通过以上辅助回归得到各区域相应的检验统计量均小于给定显著性水平 $\alpha=0.05$、自由度为 27 下的χ^2 分布临界值 40.113 3，因此不存在异方差。

通过以上回归分析结果可以看出，从区域角度来说，不同区域玉米生产成本构成要素的变动对各区域玉米生产成本变动的影响度各不相同，具体来看：

第一，太行山山前平原区不同成本构成要素的影响度由高到低依次为：机械费用>化肥费>人工成本>灌溉费>种子费>农药费。机械费用、化肥费、人工成本、灌溉费、种子费、农药费每提高 1 个百分点，太行山山前平原区的玉米生产成本提升 0.259 3、0.233 1、0.210 3、0.104 5、0.084 2、0.056 5 个百分点。

第二，黑龙港平原区不同成本构成要素的影响度由高到低依次为：机械费用>人工成本>化肥费>灌溉费>农药费>种子费。机械费用、人工成本、化肥费、灌溉费、农药费、种子费每提高 1 个百分点，黑龙港平原区的玉米生产成本提升 0.236 0、0.203 5、0.193 8、0.145 1、0.086 9、0.078 9 个百分点。

第三，燕山山麓平原区不同成本构成要素的影响度由高到低依次为：机械费用>人工成本>化肥费>种子费>灌溉费>农药费。机械费用、人工成本、化肥费、种子费、灌溉费、农药费每提高 1 个百分点，燕山山麓平原区的玉米生产成本提升 0.301 2、0.258 6、0.257 0、0.091 2、0.062 3、0.052 5 个百分点。

从成本构成要素角度看，玉米生产成本投入要素与生产成本均成正相关关系，具体来看：

第一，机械费用的影响度系数在三大区域中均最高，超过了 0.2。特别是在燕山山麓平原区，该系数达到了 0.301 2。这说明该成本构成要素的变动对三大区域的玉米生产成本具有显著影响，因此适度扩大生产规模从而降低玉米种植过程中的机械费用对降低三大区域的玉米生产成本具有重要作用，从另一个方面讲，提升玉米种植过程中的机械化水平也是降低人工成本的重要途径。

第二，人工成本的影响度系数较高。燕山山麓平原区玉米生产成本对人工成本变动的影响度系数超过了 0.25，且结合成本测算结果可以看出，人工成本较高是导致该区域玉米生产成本高的主要因素，因此应采取一定措施达到控制该项成本的目的。太行山山前平原区和黑龙港平原区该费用的影响度系数则略低，但均超过了0.2，分别为0.210 3、0.203 5，因此在关注其他更具有降低空间的成本构成要素的同时应适当关注人工成本要素，全方位、多角度地降低区域玉米生产成本。

第三，化肥费也是对三大区域玉米生产成本有较大影响的成本构成要素。其中燕山山麓平原区和太行山山前平原区该费用的影响度系数较高，特别是燕山山麓平原区，其系数为0.257 0，即化肥费的小幅降低就可以带来该区域玉米生产成本的大幅降低，且该区域化肥施用量较大，因此通过技术集成来有效提升该区域的化肥利用率是降低当地玉米生产成本的关键。

第四，在三大区域中，黑龙港平原区玉米种植过程中的灌溉费对玉米生产成本变动的影响度系数最高，为0.145 1。且该区域玉米种植过程中的灌溉费远高于其他两大区域及河北省平均水平，这就要求该区域加大科技投入力度，培育耐旱品种，提升水资源利用率，从而达到通过减少灌溉次数来降低灌溉费的目的。

第五，种子费和农药费是六大成本构成要素中对玉米生产成本影响较小的两个要素。其变动所引起的生产成本的变动程度均低于0.1，但是对于农药施用量较大、农药费较高的地区，如黑龙港平原区和太行山山前平原区，降低该费用对降低区域玉米生产成本、提升区域玉米质量、改善区域生态环境具有重要意义。

（五）研究结论与对策建议

1. 研究结论　本部分以河北省三大生态类型区玉米生产成本为研究对象，从区域角度对河北省三大生态类型区玉米生产成本进行测算，比较分析区域之间的差异，揭示产生差异的原因，并进一步对区域玉米生产成本构成要素的影响度进行了分析，主要结论如下：

（1）河北省三大生态类型区的玉米生产成本差异明显、影响因素各异。从总体来看，这三大区域的玉米生产成本呈现出燕山山麓平原区＞黑龙港平原区＞河北省平均水平＞太行山山前平原区的特点。从影响区域玉米生产成本的主要成本构成要素来看，人工成本是导致燕山山麓平原区玉米生产成本高的主要成本构成要素，此外，化肥费和机械费用的降低对该区域玉米生产成本的降低具有重要作用。灌溉费虽然占玉米生产成本的比重不高，但其是影响黑龙港平原区玉米生产成本的主要成本构成要素，该区域的亩均灌溉费与其他两大区域的差距分别为25.03元、38.75元，因此具有很大的成本降低空间，同时适度减少农药施用量及因地制宜扩大地块面积、提升玉米种植的机械化水平，从而降低农药费和机械费用，有利于进一步降低该区域玉米生产成本。太行山山前平原区玉米生产成本最低，但该区域的种子费和农药费较高，通过一定的技术集成降低这两项费用不仅能降低其生产成本，而且对其玉米生产的绿色、安全、提质增效具有重要作用。对于造成区域间玉米生产成本差异的原因，可以概括为以下四点：区域经济发展水平的差异、化肥施用量及施用次数的差异、气候条件与水资源的差异、规模化及产业化生产的差异。

（2）三大生态类型区各成本构成要素对该区域玉米生产成本变动的影响度具有差异。太行山山前平原区不同成本构成要素的影响度系数由高到低依次为：机械费用（0.259 3）＞化肥费（0.233 1）＞人工成本（0.210 3）＞灌溉费（0.104 5）＞种子费（0.084 2）＞农药费（0.056 5）；黑龙港平原区不同成本构成要素的影响度系数由高到低依次为：机械费用（0.236 0）＞人工成本（0.203 5）＞化肥费（0.193 8）＞灌溉费（0.145 1）＞农药费（0.086 9）＞种子费（0.078 9）；燕山山麓平原区不同成本构成要素的影响度系数由高到低依次为：机械费用（0.301 2）＞人工成本（0.258 6）＞化肥费（0.257 0）＞种子费（0.091 2）＞灌溉费（0.062 3）＞农药费（0.052 5）。在对各区域玉米生产成本的降低提供对策建议时，应该根据对各区域玉米生产成本测算的结果及影响区域玉米生产成本的主要成本构成要素，并结合对这些成本构成要素的影响度分析结果综合考虑。

2. 相关对策建议 在对河北省玉米生产的三大生态类型区进行划分的基础上，对三大区域的玉米生产成本进行了测算，通过测算结果比较区域玉米生产成本的差异并进行原因分析。同时，通过对区域玉米生产成本构成要素的影响度分析进一步探寻各区域成本降低的思路。在此基础上，结合各区域的资源禀赋及各成本构成要素对生产成本的影响程度，提出有利于不同区域玉米生产成本降低的对策建议。

（1）太行山山前平原区相关对策建议。

第一，继续发挥并进一步开发该区域玉米生产的规模化及产业化优势，在产业化发展的同时，建立并重视玉米种植户和玉米加工企业之间的联动关系，加强双方间的合作，提升农户种植的产品与加工企业所需的原材料之间的匹配度，完善并延长当地玉米生产的产业链条，从总体上降低该区域的玉米生产成本，增加该区域的玉米种植收益。

第二，加大科技投入力度，提高玉米种植的科技水平。通过实证分析发现该区域种子费和农药费较高，农药施用量较大，同时与其他两大区域相比，该区域的灌溉费存在下降空间，因此应当加大该区域与科研院所、高等院校等在培育优良品种和推广良技等方面的合作力度，通过培育优质、抗旱、低价、抗病虫害的玉米新品种以及推广节水灌溉技术来达到降低玉米生产成本的目的。

第三，继续提高该区域玉米生产的机械化水平，以机械生产替代劳动力投入。与黑龙港平原区相比，该区域的人工成本仍较高，因此应进一步提高区域玉米生产的机械化水平，减少劳动力的投入，从而降低该区域玉米生产过程中的人工成本。

（2）燕山山麓平原区相关对策建议。

第一，充分发挥区域经济发展水平高的优势，开展集约化生产经营，通过发展新型农业经营主体，适度扩大种植规模，提升玉米生产的机械化和专业化水平，降低亩均机械作业成本，同时，机械化水平的提高使得玉米种植过程中的劳动力投入减少，从而达到降低人工成本的目的。

第二，从技术角度入手，针对该区域化肥施用量及施用次数较多的问题，对该区域进行水肥一体化技术集成、测土配方精准施肥技术集成，在提升化肥利用率的同时通过精准施肥减少肥料的浪费及损耗，此外，可以通过技术手段改善当地土壤状况，增强其保肥能力，从而减少化肥施用量，降低玉米种植过程中的化肥费。

第三，由于该区域玉米种植不具有成本优势，且部分地区位于我国玉米政策调减区，因此应结合当地的地形条件并响应国家政策的号召，在“镰刀弯”地区适度调整玉米种植结构，充分发挥当地的优势，发展特色产业，寻找合适的替代作物，这样不仅有利于降低河北省总体玉米生产成本水平，而且有利于增加当地农民的收益。

（3）黑龙港平原区相关对策建议。

第一，加大该区域的土地治理力度，平整土地，降低土地的细碎化程度，建立适合机械化作业的地块，减少机械作业过程中由于地块较小而不方便作业所带来的机械成本的浪费，降低该区域玉米种植过程中的机械作业成本，同时因地制宜提高该区域玉米种植的规模化水平，通过加快土地流转的方式来扩大玉米种植合作社及家庭农场等新型农业经营主体的经营规模，以规模化运营降低亩均玉米物质与服务费投入，实现规模效益。

第二，针对该区域玉米生产成本受农药费变动的影响度较高的问题，应当加大科技投入，集成病虫害综合防控技术并进行推广，降低农药的施用量，从而降低农药费，实现绿色生产。

第三，从灌溉费入手，改变漫灌的传统灌溉方式，结合当地条件推广测墒灌溉技术、贮墒减灌技术及水肥一体化技术，提升该区域玉米种植过程中的水资源利用率，减少灌溉的次数及灌溉量，同时培育适合当地环境的抗旱良种，从而降低灌溉费，这是降低该区域玉米生产成本的关键所在。

第五章

河北省不同规模玉米种植成本效益分析

玉米作为世界上种植面积最大、产量最高的粮食作物，在粮食生产中占据着重要的地位。我国作为玉米生产大国，2018 年种植面积已经达到了 4 213 万公顷，产量也达到了 2.57 亿吨。但是作为一个农业大国，在社会经济快速发展的同时，耕地面积日益减少，人口总量的持续增加也导致了人地矛盾十分尖锐。与此同时给玉米种植带来了一系列的问题：一是玉米种植的生产资料成本持续上升，如玉米种植所必需的种子、化肥等相关生产资料的价格持续走高，给农户的玉米种植带来了很大的压力；二是由于玉米市场价格容易出现剧烈波动，玉米种植的收入十分不稳定，从而也导致了玉米种植的效益下降，使农户种植玉米的积极性开始下降；三是随着我国城镇化水平及工业化水平的提高，大量的农民工选择去城市务工，农村劳动力大量流失，这不仅导致玉米种植的人工成本不断上涨，还使农户种植玉米的积极性不断下降，导致农村出现了大量的荒地；四是自改革开放以后，我国实行农村土地承包责任制，这种制度虽然在以前很长的一段时间为我国农业的快速发展作出了巨大的贡献，但同时使土地零散化、细碎化的问题日益严重，导致我国玉米种植的规模大多以小规模为主，玉米种植的规模效益低下，玉米产业的市场竞争力水平下降。因此如何在资源约束日益严重的大环境下降低玉米种植成本，提高玉米种植效益，促进我国玉米产业的健康发展，已经成为我国玉米产业发展亟待解决的问题。

在改革开放初期，家庭联产承包责任制确立了我国小规模农户经营的制度基础，所带来的激励机制的变化，使农业产出和农业生产力获得了巨大增长。但是，随着改革的深入发展，土地零散化、细碎化的现象日益严重，土地的小规模经营也导致玉米种植成本持续上升，玉米种植农户的效益日益下降，未能发挥玉米种植的规模效益，影响了玉米产业的健康发展。随着我国经济发展和现代化农业发展方向的提出，政府已经采取一系列的措施鼓励农户进行规模化种植，扩大玉米的种植规模，发挥玉米种植的规模效益，但是由于受经济水平和技术水平的限制，玉米种植规模无限制地扩大也会对玉米种植的效益带来一定的影响。

作为我国玉米产业大省，目前河北省玉米种植仍以小规模农户为主，土地规模较小，导致在玉米种植管理方面存在问题，肥料利用率、水资源利用率低下，既造成生产要素的浪费，增加玉米种植农户的种植成本，也会对土地造成污染，影响农业的可持续性发展。因此在我国大力发展现代农业的背景下，推动河北省玉米种植规模生产、发展最优规模种植对促进河北省玉米产业的健康发展具有十分重要的意义。第一，有利于探寻到河北省玉米种植的最优规模。通过对河北省不同规模玉米种植成本效益测算分析，能够发现玉米种植规模与玉米种植效益之间的关系，运用数据包络分析（DEA）方法和对成本利润率测算，得出河北省玉米种植的最优规模，提高河北省玉米种植农户的玉米种植效益。第二，有利于提高农民收入并促进玉米种植业的健康发展。本部分通过探寻河北省玉米种植的最优规模，并且通过对非 DEA 有效规模的投影分析，得出玉米种植投入要素的调整方向，从而有利于降低农户玉米种植成本，提高农户玉米种植效益，对合理种植玉米提供相关的建议，促进玉米种植增产增效。

一、相关概念

（一）玉米种植成本

1. 农产品种植成本　成本是指人们为实现社会经济活动或实现自身设定的目标，所消耗的各项资源的费用。其主要包括资金投入、物质投入以及劳动力投入等。在西方经济学中，生产成本包括了显性成本和隐性成本。其中，显性成本是指生产者为实现生产目标所支付的除生产者自身拥有的生产要素的货币金额，如购买的生产要素费用、人工工资费用等。隐性成本是指生产者为实现生产目标所消耗的生产者自身所拥有的生产要素的总价格，如劳动者自身劳动价值的折算以及劳动者自身拥有的土地价值的折算。

从经济成本的角度来看，农产品种植的显性成本主要包括物质与服务费用、雇工费用及土地流转费用，隐性成本主要包括家庭用工折算费用及自营地折价费用。农产品种植的显性成本大多是通过购买生产要素的实际支出，隐性成本则往往通过折算的方式来反映。

2. 玉米种植成本构成　玉米种植成本主要包括物质与服务费用、人工成本、土地成本三个部分。

其中物质与服务费用主要反映在玉米种植的过程中，玉米从种植、管理到收割所消耗的除人工成本及土地成本外各个生产要素的综合。根据国家统计局相关解释，玉米种植的物质与服务费用主要包括种子费用、化肥费用、农药费用、机械费用及灌溉费用。

人工成本是指在玉米生产过程中所需要的劳动力的投入价值总和，其中包括雇工费用及家庭用工折算费用。

土地成本是指土地作为一项种植玉米所必要的生产要素投入玉米种植中的成本，其主要包括土地流转成本及自营地折算成本。

本部分研究中，由于农户在玉米种植的过程中对于家庭成员的用工部分往往只记录工作的时长，没有其薪资报酬，很难进行准确的计量。因此本部分根据农户家庭成员工作的时长及当地玉米种植单位用工成本，将家庭用工折算成相应的费用来进行成本的测算。土地成本也是如此，自营地折算成本根据当地的单位土地租赁成本进行折算。

（二）玉米种植效益

1. 效益的概念 效益是指劳动者通过商品交换和自身社会劳动的价值结余，是评价社会经济活动效果的综合指标。想要实现更多的效益，就要以尽可能少的耗费来换取尽可能多的价值剩余，或者以相同的耗费来换取更多的价值剩余，实现自身经济活动效益的最大化。在社会经济活动中，如果所投入的各个要素小于所取得的产出成果，则说明该经济活动能够取得正效益；如果所投入的各个要素等于所取得的产出成果，则说明该经济活动能够取得零效益；如果所投入的各个要素大于所取得的产出成果，则说明该经济活动能够取得负效益。在日常生活中，人们所说的效益通常是指经济活动所产生的正效益。

2. 玉米种植效益的概念 玉米种植效益主要是指玉米生产的经济效益。玉米的经济效益是指通过玉米的对外交换所取得的劳动剩余价值。要想使得玉米获得更大的经济效益，就要以尽量少的社会劳动耗费换取相同的玉米生产成果，或者以相同的社会劳动耗费换取更多的玉米生产成果。要使种植的经济效益好，就要以更少的资本和劳动投入换取更多的种植成果。玉米生产的效益好，会给玉米种植者带来更多的收入，而玉米种植者收入的提高，也会带动种植者生产积极性，从而促进玉米产业的发展。

3. 玉米种植效益评价指标 玉米种植效益评价指标应综合反映玉米种植的经济效益，以实现玉米种植的利润为主。本部分所用到的衡量玉米种植效益的相关指标包括每亩净利润及成本利润率。

玉米种植的净利润是指玉米生产产值减去玉米生产过程中所消耗的各项生产要素的费用后的余额，其公式为：

净利润＝产值合计－总成本

玉米种植的成本利润率为玉米种植的剩余价值与全部成本的比率，是反映玉米种植一定时期经济效益的相对指标，其公式为：

成本利润率＝净利润÷总成本×100％

（三）最优种植规模

最优种植规模是在农业生产规模经济的前提下产生的，由于农业生产资源及农户生产水平的限制，并不是农业生产规模越大，农业生产的效益越高，在农业种植规模达到一定程度后，会出现生产要素增加而农业生产产出减少的现象，因此需要探求适合农户生产水平的最优种植规模。最优种植规模是指在一定环境和社会经济条件下，农业生产的各生产资料，如种子、化肥、农药、土地、劳动力等相关生产资料的最优组合，使生产的各个要素的使用效率达到最大，从而取得最优的规模效益，降低农户种植的成本，提高种植效益，稳定种植积极性。在不同的生产水平和资源的约束下，农业最优种植规模的大小也会随之不同。

本部分所探讨的最优种植规模是指在一定的社会生产力条件下，能够使玉米种植的各个生产要素资源达到最优配置，充分使各个生产要素发挥最大的效益，即实现玉米种植最低成本、最高效益的规模。

二、研究样本概况

（一）调查设计

考虑到河北省玉米种植各个地区的不同差异，并结合调研实施的难度，在河北省选取了石家庄市、保定市、邢台市、张家口市等地作为主要调研地。上述四市均为河北省玉米生产重要基地，其玉米种植情况也能够代表河北省玉米种植的特征。结合当地玉米种植的特点，设计了玉米种植情况调查问卷，并进行了实地调研。

1. 样本点的选择　调研地点选择了石家庄市赵县、新乐市、藁城区，保定市清苑区、顺平县、徐水区，邢台市宁晋县及张家口市万全区。具体调研地如表 5－1 所示。

2. 调研问卷涉及的主要内容　共发放问卷 320 份，收回有效问卷 298 份。根据河北省农户玉米种植的特点，调查问卷主要涉及以下几部分：农户家庭基本信息情况、农户玉米种植经营情况、农户玉米种植资金来源情况、农户玉米种植成本效益情况、农户玉米种植政府补贴和农业保险情况。

表 5-1　河北省玉米种植成本效益调研样本来源分布

单位：份

地级市	县（市、区）	村庄	样本数
石家庄市	赵县	徐家寨、西丘庄、南姚子庄、西正村、马庄村、彭家庄村、李家庄村、曹子州村、南轮城村、小马圈村	44
	新乐市	木村	31
	藁城区	秦家庄村、梅花村、南刘村、冯新庄、城元村、北落凌村、大丰化村、北汪村、中姚村	33
保定市	清苑区	西石桥村、北石桥村、南高庄	30
	顺平县	董家庄、东下叔村	32
	徐水区	大庄村、申家庄、丁家庄、高林村、西马家庄	36
张家口市	万全区	南窑村、沙地房村、西柳林村、洗马林村	57
邢台市	宁晋县	尧台村、东马庄、史家嘴	35

农户家庭基本信息情况主要包括农户家庭成员基本情况、受教育情况。其中，农户家庭成员基本情况包括家庭成员人数、性别、年龄等。农户受教育情况主要包括农户的文化程度。

农户玉米种植经营情况主要指农户玉米种植年数、是否有外出打工经历及累计务农时间等情况。

农户玉米种植资金来源情况主要是玉米种植农户购买生产资料、机械设备及支付土地租赁和人工成本的资金来源情况，是农户自筹还是通过其他途径筹集。

农户玉米种植成本效益情况包括种植玉米生产资料投入情况及玉米销售情况等。其中玉米生产资料投入情况包括种子费用、化肥费用、农药费用、灌溉费用等物质与服务费用及人工费用和土地成本等。

农户玉米种植政府补贴和农业保险情况主要指农户是否参加农业保险及是否收到过保险公司理赔相关情况和政府各项补贴的相关情况。但由于本章主要研究不同规模玉米种植成本效益情况，从而寻求玉米种植的最优规模，因此，没有把玉米种植的政府补贴列入玉米种植效益之中。

（二）农户种植不同规模的划分

1. 不同种植规模作为分析视角的原因　由于受到各种生产要素的限制，农户之间种植农作物的规模各不相同，因此，在农户不同的种植规模下，探索最适合玉米种植的规模对提高农户种植玉米的效益有着重要的作用。本部分选择从不同规模的视角来研究农户玉米的成本效益，主要是基于以下两方面原因：

（1）不同规模种植行为的成本效益存在差异。不同的种植规模下，农户在生产要素投入、人工机械投入、种子等相关物资投入及农产品交易方面都会存在差异。同时，种植规模不同，生产者在人工和机械两方面的选择也会不同，这些都会对种植的总成本产生影响。因此，不同的种植规模会对农户的成本效益造成影响。

（2）从不同规模角度研究农户的成本效益也是当前农户生产规模化的现实要求。近年来，随着我国经济的快速发展，越来越多的农村劳动力向城市转移，从事农业生产的劳动力越来越少，从而导致我国土地流转面积正在逐年增加。但据相关部门的统计，我国从事农业生产的劳动者人均耕地面积仅为2.47亩，仍有很多小规模的农户存在，而且这种大规模、中规模、小规模种植规模并存的现象将会在未来相当长的时间内存在。因此从不同规模的角度研究农户种植的成本效益具有重要的现实意义。

2. **不同规模划分依据**　随着我国玉米产业的发展，各地均在鼓励玉米规模化种植，也出现了一批种植规模较大的家庭农场、农村经济合作社及种粮大户，但是小规模玉米种植的农户仍然占据着很大的比重。本部分根据所研究内容的需要，结合2018年河北省玉米种植调研情况，在参考前人的研究成果的前提下，考虑河北省玉米种植的实际面积及玉米种植的投入产出实际情况，将玉米种植的规模分为14组，并对这14组的成本效益情况进行统计，对河北省玉米种植规模进行相应的划分。

（三）样本农户玉米种植基本情况统计性分析

1. **调研农户的基本信息**　从调研农户的性别来看，在298份有效问卷样本中，男性农户有267户，占调研总数的89.60％，女性农户有31户，占调研总数的10.40％。从调研农户的年龄构成来看，从事玉米种植的农户平均年龄较大，大于40岁的农户有241户，占总样本的80.87％。从调研农户的受教育程度来看，农户受教育程度在初中及以下的有172户，占调研总数的57.72％。从上述信息可以看出，目前河北省玉米种植农户老龄化的情况十分严重，在家从事玉米种植的年轻人非常少，大多数的年轻人不愿继续从事农业生产。

2. **玉米种植规模**　调研问卷显示，调研农户玉米种植规模存在很大的差异。调研农户玉米种植规模分布如表5-2所示。在调研的298份问卷中，玉米种植规模最小的为 2 亩，种植规模最大的为 1 500 亩。玉米种植面积在 1～10 亩的农户最多，样本数为 61 份，占比达到了 20.47%。种植面积在 301～500 亩的农户最少，样本数为 6 份，占比为 2.01%。从样本数来看，农户种植玉米的亩数大多集中于 1～50 亩。从表 5-2 可以看出，虽然各地政府都在提倡农业产业规模化发展，促进土地流转，发展现代农业，但是由于土地流转机制还不规范以及农民将土地资源作为安家立命根本的传统意识，不利于促进玉米种植规模的扩大，因此阻碍了农业种植规模向最优规模的发展。调研结果显示，玉米种植规模较大的农户，耕地大多数是通过土地流转而来，其价格也是根据当地土地流转价格由承租人和出租人商议而定。

表 5-2 样本农户种植面积分组情况

规模（亩）	样本数（份）	占比（%）
1～10	61	20.47
11～20	43	14.43
21～30	32	10.74
31～40	25	8.40
41～50	21	7.05
51～60	18	6.04
61～70	16	5.37
71～80	18	6.04
81～90	12	4.03
91～100	9	3.02
101～200	11	3.69
201～300	12	4.03
301～500	6	2.01
超过 500	14	4.68
总计	298	100.00

数据来源：调研统计结果。

3. 玉米种植机械化水平 根据调研结果可知，河北省玉米种植农户之间的机械化水平相差较大，玉米种植规模较小的农户很少有相关的机械设备，即使投入相关资金，也只是购买小型的播种机、拖拉机。与之形成鲜明对比的是玉米种植规模较大的合作社和种植大户，机械化水平较高，拥有喷药机及大型拖拉机、收割机、播种机等机械设备。这些大型机械设备不仅会在玉米种植时为自身玉米种植服务，还会以较高的价格租赁给其他玉米种植的农户，给自身带来经济收入。

4. 玉米种植土地流转情况　调研结果显示，农户玉米种植的耕地，除了自身承包的土地外，种植土地大多数从同村或者亲戚朋友手中流转过来，其中大多数是以口头形式达成协议，很少会以纸质协议或者合同的形式签订，随意性较大。并且土地流转价格普遍在每亩 500～1 000 元，土地流转价格较高，使承租者会承担较大的资金压力，不利于其种植规模的扩大。此外，对于种植规模在 100 亩以下的农户，土地零散化的现象比较严重，会对大型机械设备的使用造成一定的影响，不利于玉米种植管理水平的提高。

5. 玉米种植管理情况　调研结果显示，河北省玉米种植的农户受教育的水平较低，导致其难以学习玉米种植的相关先进技术，尤其是玉米种植规模较小的农户，很少会参加相关种植技术的培训，缺乏玉米科学管理的概念和技术，难以实现对玉米种植的科学管理。

6. 玉米种植资金来源情况　玉米种植规模较大的合作社及家庭农场，其土地流转及购买机械设备需要大量的资金支持，调研结果显示，其大部分的资金来源是通过自家财产的积累或者亲戚朋友之间的拆借，仅仅有小部分是通过金融机构小额贷款获得，资金困难也成为农户扩大种植规模的影响因素之一。

三、河北省不同规模玉米种植成本效益现状

（一）河北省不同规模玉米种植成本分析

1. 河北省不同规模玉米种植总成本　对河北省不同规模玉米种植调研的结果显示，2018 年河北省玉米种植的每亩总成本为 964.31 元，与 2017 年河北省玉米种植的每亩总成本 964.04 元相比仅高出 0.27 元。从表 5－3 可以看出，在 14 个不同玉米种植规模中，有 6 个规模玉米种植的每亩总成本低于 2018 年玉米种植的每亩总成本，有 8 个规模玉米种植的每亩总成本要高于 2018 年玉米种植的每亩总成本。其中，玉米种植规模在 201～300 亩的总成本最低，每亩为 911.57 元，与 2018 年玉米种植总成本相比每亩低 52.74 元。玉米种植规模在 51～60 亩时玉米种植的总成本最高，为每亩 989.06 元，与 2018 年玉米种植总成本相比每亩高 24.75 元。

表 5-3　2018 年河北省不同规模玉米种植每亩总成本统计

规模（亩）	总成本（元/亩）	与 2018 年总成本相比（元/亩）
1～10	957.76	−6.55
11～20	979.83	15.52
21～30	972.74	8.43
31～40	942.63	−21.68
41～50	974.14	9.84
51～60	989.06	24.75
61～70	967.75	3.44
71～80	956.32	−7.99
81～90	975.66	11.35
91～100	973.27	8.96
101～200	951.74	−12.57
201～300	911.57	−52.74
301～500	933.93	−30.38
超过 500	976.98	12.67

数据来源：调研统计结果。

2. 河北省不同规模玉米种植成本构成　2017 年与 2018 年河北省玉米种植各个生产要素占总成本的比例如图 5-1 所示，从图中可以得知，在 2017 年河北省玉米种植总成本中，人工成本占比最高，为 44%，其次是物质与服务费用，占总成本的 37%，最低的是土地成本，占总成本的 20%。在 2018 年玉米种植总成本中，物质与服务费用占比最高，为 42%，其次是人工成本，为 35%，最低的是土地成本，为 23%。

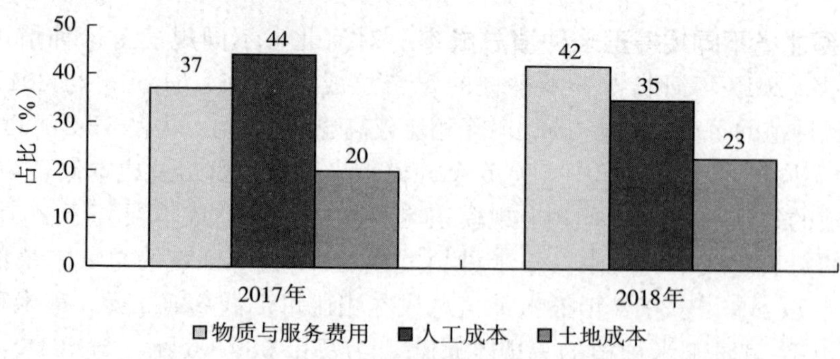

图 5-1　2017 年与 2018 年河北省玉米种植总成本分布

与 2017 年玉米种植各个生产要素占总成本的比例相比，2018 年玉米种植成本中占比最高的是物质与服务费用，从 2017 年的 37%增长到 2018 年的 42%，人工成本的占比则有所下降，从 2017 年的 44%下降到 2018 年的 35%。2017 年与 2018 年各个生产要素占总成本的比例最低的均为土地成本，但土地成本占总成本的比例从 2017 年的 20%增长到 2018 年的 23%。

(1) 物质与服务费用。物质与服务费用是玉米种植成本中主要的组成部分，也是玉米种植成本投入中可控性最大的部分。短期玉米生产成本的变化主要在于物质与服务费用的变化，物质与服务费用的成本控制可以从组成物质与服务费用的各个成本项目入手。

2018 年对河北省不同规模玉米种植调研的结果显示，2018 年玉米种植物质与服务费用为每亩 402.31 元，与 2017 年的每亩 339.26 元相比，每亩高出 63.05 元。从表 5 - 4 可以看出，各个规模的物质与服务费用与 2018 年玉米种植物质与服务费用平均成本中，有 8 个规模的物质与服务费用低于 2018 年平均物质与服务费用，有 6 个规模的物质与服务费用高于 2018 年平均物质与服务费用。其中，种植规模在 51～60 亩时，物质与服务费用最高，每亩为 424.76 元。种植规模在 201～300 亩时，物质与服务费用最低，每亩为 370.34 元。从单项费用上来看，在种子费用方面，2018 年不同规模玉米种植的种子费用最高的是 51～60 亩，为每亩 50.00 元，最低的是 301～500 亩，每亩为 38.13 元。与 2018 年平均每亩种子费用 46.31 元相比，有 7 个规模的种子费用要低于 2018 年的平均每亩种子费用，并且其中 6 个规模均集中在 70 亩以上，可以看出在种子费用方面，玉米种植的规模效益十分明显。在化肥费用方面，2018 年不同规模玉米种植的化肥费用最高的为 51～60 亩，为每亩 125.87 元，最低的是 201～300 亩，为每亩 109.46 元，与 2018 年平均每亩化肥费用 117.82 元相比，有 4 个规模的化肥费用要低于 2018 年平均每亩化肥费用。在农药费用方面，2018 年不同规模玉米种植的农药费用最高的为 500 亩以上的规模，为每亩 52.22 元，最低的是 301～500 亩，为每亩 41.94 元，与 2018 年平均每亩农药费用 47.31 元相比，有 7 个规模的农药费用低于 2018 年平均每亩农药费用。在机械费用方面，2018 年不同规模玉米种植的机械费用最高的为 11～20 亩，为每亩 148.50 元，最低的是 201～300 亩，每亩为 118.46 元，与 2018 年平均每亩机械费用 133.39 元相比，共有 9 个规模的机械费用低于 2018 年平均每亩机械费用。在灌溉费用方面，2018 年不同规模玉米种植的灌溉费用最高的为 41～50 亩，为每亩 61.90 元，最低的是 31～40 亩，为每亩 50.89 元，但与 2018 年玉米种植的平均每亩灌溉费用 57.48 元相比，共有 6 个规模的灌溉费用低于 2018 年平均每亩灌溉费用，这些规模大多集中在小规模，灌溉费用的规模效益不明显。

表 5-4　2018 年河北省不同规模玉米种植物质与服务费用统计

规模（亩）	种子费用（元/亩）	化肥费用（元/亩）	农药费用（元/亩）	机械费用（元/亩）	灌溉费用（元/亩）	总额（元/亩）
1～10	47.45	110.50	47.11	128.63	60.88	394.57
11～20	47.65	120.00	43.32	148.50	55.36	414.83
21～30	47.65	120.50	46.63	143.26	55.10	413.14
31～40	48.52	118.11	47.33	129.89	50.89	394.74
41～50	46.13	122.10	49.50	127.81	61.90	407.44
51～60	50.00	125.87	51.60	138.49	58.80	424.76
61～70	48.75	120.50	51.25	128.75	59.00	408.25
71～80	43.30	115.55	47.75	130.00	56.88	393.48
81～90	42.60	114.50	51.00	123.90	57.50	389.50
91～100	46.59	120.71	46.18	123.82	57.90	395.20
101～200	41.50	120.70	45.60	120.85	57.89	386.54
201～300	39.19	109.46	43.77	118.46	59.46	370.34
301～500	38.13	121.88	41.94	134.69	54.55	391.18
超过 500	43.28	123.65	52.22	139.31	55.96	414.42

数据来源：调研统计结果。

(2) 人工成本及土地成本。2018 年对河北省不同规模玉米种植调研的结果显示，2018 年玉米种植平均每亩的人工成本和土地成本分别为 338.84 元和 223.16 元，与 2017 年玉米种植平均每亩的人工成本和土地成本相比，2018 年玉米种植的平均每亩人工成本要比 2017 年低 82.10 元，土地成本每亩高 32.71 元。从表 5-5 可以得知，在 2018 年河北省不同规模玉米种植人工成本中，最高的是规模为 81～90 亩的人工成本，每亩为 357.20 元，人工成本最低的规模为 201～300 亩，每亩为 323.85 元。与 2018 年玉米种植的平均每亩人工成本相比，有 7 个规模的人工成本要低于 2018 年的平均每亩人工成本。在土地成本方面，2018 年玉米种植的土地成本最高的是 81～90 亩，为每亩 228.96 元，最低的是 31～40 亩，为每亩 212.22 元。与 2018 年玉米种植的平均每亩土地成本相比，有 5 个规模的土地成本要低于 2018 年平均每亩土地成本。

表 5-5　2018 年河北省不同规模玉米种植人工成本及土地成本统计

规模（亩）	人工成本（元/亩）	土地成本（元/亩）
1～10	336.96	226.23
11～20	337.50	227.50
21～30	335.70	223.90
31～40	335.67	212.22
41～50	341.40	225.30
51～60	345.50	218.80
61～70	344.50	215.00
71～80	336.50	226.34
81～90	357.20	228.96
91～100	352.36	225.71
101～200	341.70	223.50
201～300	323.85	217.38
301～500	327.50	215.25
超过 500	339.22	223.33

数据来源：调研统计结果。

（二）河北省不同规模玉米种植效益分析

2018 年对河北省不同规模玉米种植调研的结果显示，2018 年河北省玉米种植平均每亩收入为 994.28 元，与 2017 年每亩 859.14 元相比，每亩增加 135.14 元。2018 年河北省玉米种植平均每亩净利润为 29.97 元，成本利润率为 3.11%。

从表 5-6 可以得知，在玉米收入方面，2018 年河北省玉米种植收入最高的规模为 301～500 亩，每亩收入为 1 052.19 元，收入最低的规模为 11～20 亩，每亩收入为 963.63 元。其中有 11 个规模的每亩收入高于 2018 年玉米种植的平均每亩收入，这 11 个种植规模均大于 30 亩，可以得知，在亩均收入方面，规模效益十分显著。从每亩净利润来看，净利润最高的为 201～300 亩，每亩净利润为 124.74 元，最低的是 11～20 亩，每亩净利润为－16.21 元。其中有 10 个规模的净利润大于 2018 年平均每亩净利润。在成本利润率方面，成本利润率最高的是 201～300 亩，成本利润率为 13.68%，最低的是 11～20 亩，成本利润率为－1.65%。尽管在收入及成本利润率方面，2018 年玉米种植的收入及成本利润率均有所增长，但是玉米种植的收入水平仍然较低，甚至仍有负收益的现象，因此，河北省玉米种植的收益仍亟待提高。

表 5-6 2018 年河北省玉米种植效益统计

规模（亩）	每亩收入（元）	每亩净利润（元）	成本利润率（%）
1～10	964.00	6.24	0.65
11～20	963.63	−16.21	−1.65
21～30	990.25	17.51	1.80
31～40	996.83	54.20	5.75
41～50	1 010.75	36.61	3.76
51～60	1 000.25	11.19	1.13
61～70	1 002.90	35.15	3.63
71～80	1 012.10	55.78	5.83
81～90	1 018.40	42.74	4.38
91～100	1 012.03	38.76	3.98
101～200	1 039.50	87.76	9.22
201～300	1 036.32	124.74	13.68
301～500	1 052.19	118.26	12.66
超过 500	1 031.33	54.35	5.56

数据来源：调研统计结果。

四、基于成本效益的河北省玉米种植最优规模测算

（一）DEA 的基本模型及基本原理

1. DEA 基本模型 数据包络分析方法又称 DEA 方法，它是根据多项投入指标和多项产出指标，利用线性规划的方法，对具有可比性的同类型单位进行相对有效性评价的一种数量分析方法。DEA 方法运用数学规划模型来评价具有多输入，尤其是多输出的相同类型的决策单元（Decision making unit，DMU）间的相对有效性的一种非参数统计方法。DEA 方法致力于对每一个决策单元的优化，能判断决策单元投入的规模是否有效，并能判别非有效决策单元调整投入规模的正确方向和大小程度，投入要素是应该增加还是应该减少，增加或减少的规模。DEA 方法根据假设前提条件的不同可以分为不同的模型，主要包括规模报酬不变的 CCR 模型及规模报酬可变的 BCC 模型。图 5-2 将更加清晰地解释如何判断决策单元的有效性。图中只有 DMU2 处于技术有效

和规模有效状态，其综合效率最佳；DMU1 虽然技术有效，但规模无效，且处于规模效益递增阶段；DMU3 同样处于技术有效、规模无效阶段，但其处于规模效益递减阶段；DMU4 则处于 DEA 无效状态。

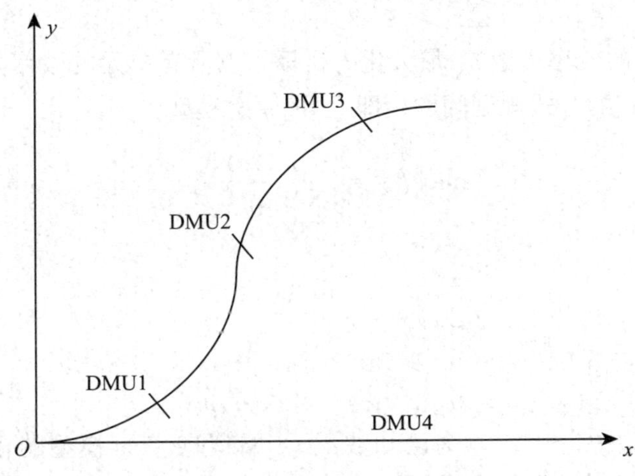

图 5－2　决策单元有效性判断

2. DEA 模型构建原则

（1）CCR 模型。 CCR 模型使用是在规模报酬不变的前提下，利用投入和产出来表示投入向导的效率评价概念。在 CCR 模型中，假设在某个决策系统中存在 n 个决策单元（DMU），每个决策单元中都存在 m 项投入指标及 s 项产出指标，用 x_{ij} 表示第 j 单位的第 i 项投入量，用 y_{rj} 表示第 j 单位的第 r 项产出量，其投入产出情况如表 5－7 所示。

表 5－7　决策单元投入产出项目

决策单元		1	2	…	n
投入项目	1	X_{11}	X_{12}	…	X_{1n}
	2	X_{21}	X_{22}	…	X_{2n}
	⋮	⋮	⋮		⋮
	m	X_{m1}	X_{m2}	…	X_{mn}
产出项目	1	Y_{11}	Y_{12}	…	Y_{1n}
	2	Y_{21}	Y_{22}	…	Y_{2n}
	⋮	⋮	⋮		⋮
	s	Y_{s1}	Y_{s2}	…	Y_{sn}

若以 v_i 表示第 i 项投入的权重，u_r 表示第 r 项产出的权重，则定义第 j_0 个决策单元的效率指数 h_{j_0} 为：

$$h_{j_0}=\frac{\sum_1^s u_r y_{rj_0}}{\sum_1^m v_i x_{rj_0}}\leqslant 1,\quad j=1,2,\cdots,n$$

以 DMU_{j_0} 的效率指数 h_{j_0} 最大化为目标，以所有单元的效率指标 $h_j\leqslant 1$ 为约束，构成下式的分式规划问题，即 CCR 原始模型。

$$\max h_{j_0}=\frac{\sum_1^s v_r y_{rj_0}}{\sum_1^m v_i x_{rj_0}}$$

$$\text{s. t.}\qquad \frac{\sum_1^s u_r y_{rj}}{\sum_1^m v_i x_{ij}}\leqslant 1,\quad j=1,2,\cdots,n$$

$$u_r\geqslant 0;r=1,2,\cdots,s$$

$$v_i\geqslant 0;i=1,2,\cdots,m$$

在上述模型中，x_{ij}、y_{rj} 为已知数，v_i、u_r 为变量。模型的含义是以权重系数 v_i、u_r 为变量，以所有 DMU 的效率指数为目标，即评价第 j_0 个 DMU 的生产效率是否相对于其他所有 DMU 有效。

（2）BCC 模型。BCC 模型在规模报酬可变的假设下，把技术效率分解为纯技术效率（PTE）和规模效率（SE），引入松弛变量 s^- 和 s^+ 的 BCC 模型为：

$$\min E_{j_0}=\theta_v-\varepsilon\left(\sum_1^s s_r^+ +\sum_1^m s_i^-\right)$$

$$\text{s. t.}\qquad \sum_1^n \delta_j x_{ij}+s_i^-=\theta_v x_{ij_0}$$

$$\sum_1^n \delta_j y_{rj}-s_r^+=y_{ij_0}$$

$$\sum_1^n \delta_j=1;i=1,2,\cdots,m;j=1,2,\cdots,n;r=1,2,\cdots,s$$

上式中，BCC 模型比 CCR 模型多了一个权重 δ_j 的限制式，可确保生产效率前沿凸向原点。对于 BCC 模型而言，它可以取得与 CCR 模型相同的结论，设其最优解为 δ^*、s_r^{+*}、s_i^{-*}，则 θ_v^* 有：若 $\theta_v^*=1$，$s_r^{+*}\neq 0$ 或 $s_i^{-*}\neq 0$，则 DMU_{j_0} 为弱 DEA 有效；若 $\theta_v^*=1$，且 $s_r^{+*}=0$，$s_i^{-*}=0$，则 DMU_{j_0} 为 DEA 有效；若 $\theta_v^*<0$，则 DMU_{j_0} 为非 DEA 有效。

3. 运用 DEA 方法的优势分析　首先，DEA 方法可用于评价多投入、多产出的决策单位之生产（经营）绩效。本章对玉米种子费用、化肥费用、农药费用、机械费用、灌溉费用、人工成本、土地成本 7 个投入要素及每亩收入产出指标进行分析，适合使用 DEA 方法进行分析。

其次，DEA 模型的权重由数学规划数据产生，不需要事前设定投入与产出的权重，因此不受人为主观因素的影响，从而减少误差，提高结论的科学性。

第三，DEA 可以进行目标值与实际值的比较分析、敏感度分析和效率分析。可以进一步了解决策单位资源使用的情况，可以为管理者的经营决策提供参考。本部分运用 DEA 模型可以对非 DEA 有效决策单元进行投影分析，为其他规模农户提供改进方向。

本部分采用 DEA 方法对玉米的多项投入和产出进行分析，符合 DEA 模型的特点。并且 DEA 模型的权重根据数据产生，不会根据样本量的多少产生变化，使其分析可以有效避免人为主观因素的影响，能够减少误差。DEA 方法也可以对非有效决策单元进行投影分析，可以为非有效决策单元的改进提供方向。

（二）投入产出指标选取及 DEA 结果分析

1. 投入产出指标选取 根据成本效益理论，农户种植玉米的效益取决于玉米的最终销售收入及为种植玉米所投入生产要素成本的多少。投入变量与产出变量的选取也是利用 DEA 模型进行分析的关键步骤。根据农户种植玉米的不同规模，将每一个玉米种植规模作为一个决策单元，并且根据调研结果，统计玉米种植农户玉米种植的各项投入成本及玉米的货币收入，在充分考虑各个投入要素重要性的基础上，将投入指标设定为每亩种子费用、每亩化肥费用、每亩农药费用、每亩机械费用、每亩灌溉费用、每亩人工成本和每亩土地成本 7 个投入指标。其中农户种植玉米的人工成本包括雇工费用及自家用工折算费用。土地成本包括为种植玉米所租赁的每亩土地费用及自家土地折算费用。在产出指标方面，将农户种植玉米的每亩收入作为产出指标（表 5－8）。并根据 7 个投入指标及 1 项产出指标构建了基于产出角度的规模可变报酬的 DEA 模型。

表 5－8 河北省不同规模玉米种植投入与产出明细

单位：元/亩

规模（亩）	种子费用	化肥费用	农药费用	机械费用	灌溉费用	人工成本	土地成本	每亩收入
1～10	47.45	110.50	47.11	128.63	60.88	336.96	226.23	964.00
11～20	47.65	120.00	43.32	148.50	55.36	337.50	227.50	963.63
21～30	47.65	120.50	46.63	143.26	55.10	335.70	223.90	990.25

（续）

规模（亩）	种子费用	化肥费用	农药费用	机械费用	灌溉费用	人工成本	土地成本	每亩收入
31～40	48.52	118.11	47.33	129.89	50.89	335.67	212.22	996.83
41～50	46.13	122.10	49.50	127.81	61.90	341.40	225.30	1 010.75
51～60	50.00	125.87	51.60	138.49	58.80	345.50	218.80	1 000.25
61～70	48.75	120.50	51.25	128.75	59.00	344.50	215.00	1 002.90
71～80	43.30	115.55	47.75	130.00	56.88	336.50	226.34	1 012.10
81～90	42.60	114.50	51.00	123.90	57.50	357.20	228.96	1 018.40
91～100	46.59	120.71	46.18	123.82	57.90	352.36	225.71	1 012.03
101～200	41.50	120.70	45.60	120.85	57.89	341.70	223.50	1 039.50
201～300	39.19	109.46	43.77	118.46	59.46	323.85	217.38	1 036.32
301～500	38.13	121.88	41.94	134.69	54.55	327.50	215.25	1 052.19
超过 500	43.28	123.65	52.22	139.31	55.96	339.22	223.33	1 031.33

数据来源：调研统计结果。

2. DEA 模型结果分析 将河北省不同规模玉米种植的投入产出指标代入 DEA 模型之中，并运用 DEA2.1 软件对相关数据进行计量分析，通过规模报酬可变的 BCC 模型，运算得到不同规模玉米种植农户的综合技术效率、纯技术效率及规模效率（表 5－9）。

(1) 从综合技术效率、纯技术效率、规模效率角度分析最优规模。根据 14 组不同规模玉米种植的 DEA 模型评价结果可知，处于 DEA 有效的规模有 4 个，占总数的 28.57%，处于非 DEA 有效的规模有 10 个，占总数的 71.43%。其中，1～40 亩、101～200 亩、201～300 亩、301～500 亩的玉米种植规模处于 DEA 有效的状态，其综合技术效率、纯技术效率及规模效率均为 1.000，这 4 个规模的玉米种植均处于规模报酬不变的阶段。由此说明，对这 4 个规模玉米种植农户来说，玉米种植的各个生产要素的效益均得到了充分发挥，没有出现玉米生产要素浪费的现象，各个生产要素投入比例协调，此时的种植规模便是这些玉米种植农户的最优规模，不需要对各个生产要素的投入进行调整。

表 5－9 不同规模玉米种植的效率评价值

规模（亩）	综合技术效率	纯技术效率	规模效率	规模效率阶段	综合效率有效性
1～10	0.921	0.991	0.930	irs	非 DEA 有效
11～20	0.917	0.993	0.924	irs	非 DEA 有效

（续）

规模（亩）	综合技术效率	纯技术效率	规模效率	规模效率阶段	综合效率有效性
21～30	0.943	0.982	0.960	irs	非 DEA 有效
31～40	1.000	1.000	1.000	—	DEA 有效
41～50	0.934	0.958	0.975	irs	非 DEA 有效
51～60	0.935	0.971	0.963	drs	非 DEA 有效
61～70	0.962	0.992	0.970	irs	非 DEA 有效
71～80	0.971	0.983	0.987	drs	非 DEA 有效
81～90	0.980	0.987	0.993	drs	非 DEA 有效
91～100	0.965	0.984	0.981	irs	非 DEA 有效
101～200	1.000	1.000	1.000	—	DEA 有效
201～300	1.000	1.000	1.000	—	DEA 有效
301～500	1.000	1.000	1.000	—	DEA 有效
超过 500	0.961	0.969	0.992	drs	非 DEA 有效

注：表中“—”表示规模报酬不变，“irs”表示规模报酬递增，“drs”表示规模报酬递减。

其余 10 个规模均处于非 DEA 有效，其综合技术效率、纯技术效率及规模效率均小于 1。这说明剩余的 10 个规模均不是河北省玉米种植的最优规模，这 10 个规模的玉米种植生产要素投入没有发挥其最大的价值，出现了生产要素浪费或者生产要素投入不足的现象，需要对各个生产要素的投入进行调整。从规模效率阶段来看，1～10 亩、11～20 亩、21～30 亩、41～50 亩、61～70 亩、91～100 亩 6 个规模均处于规模报酬递增阶段，说明这 6 个规模的玉米种植农户应该适当扩大玉米种植规模，加大对玉米种植各个生产要素的投入，提高生产要素的使用效率，并且可以继续扩大玉米种植规模到最优规模，提高玉米种植的规模效益，实现玉米种植的最佳效果。51～60 亩、71～80 亩、81～90 亩及超过 500 亩 4 个非 DEA 有效规模处于规模报酬递减阶段，说明在这 4 个规模之中，玉米种植农户投入的生产要素过多，而玉米收入较少。对于这些玉米种植规模的农户来说，应该适当地缩减玉米种植规模，加强对玉米种植的管理，避免出现生产要素浪费的现象，提高玉米种植的效益。

（2）非 DEA 有效决策单元的投影分析。对于非 DEA 有效的决策单元来说，这些不同规模的综合技术效率、纯技术效率及规模效率均小于 1，说明这些规模在玉米种植方面或多或少均存在一些问题。通过使用 DEA 模型进行测算，将非 DEA 有效单元在有效单元平面上进行投影，测算出非 DEA 有效决策单元与 DEA 有效单元的差距，从而对玉米种植的各个投入要素进行调整，为非 DEA 有效决策单元提供修改的方向和建议，使其达到DEA有效决策单元（表5-10）。

表5-10　非DEA有效规模投入产出投影分析结果

单位：元/亩

规模（亩）	指标	每亩收入	种子费用	化肥费用	农药费用	机械费用	灌溉费用	人工成本	土地成本
1～10	调查值	964.00	47.45	110.50	47.11	128.63	60.88	336.96	226.23
	目标值	1 036.32	39.19	109.46	43.77	118.46	59.46	323.85	217.38
	产出差距	72.32	0	0	0	0	0	0	0
	投入差距	0	8.26	1.04	3.34	10.17	1.42	13.11	8.85
11～20	调查值	963.63	47.65	120.00	43.32	148.50	55.36	337.50	227.50
	目标值	1 041.84	39.72	119.11	43.00	131.09	54.95	327.94	215.23
	产出差距	78.21	0	0	0	0	0	0	0
	投入差距	0	7.93	0.89	0.32	17.41	0.41	9.56	12.27
21～30	调查值	990.25	47.65	120.50	46.63	143.26	55.10	335.70	223.90
	目标值	1 029.85	41.99	118.36	44.17	130.14	54.12	329.74	214.56
	产出差距	39.60	0	0	0	0	0	0	0
	投入差距	0	5.66	2.14	2.46	13.12	0.98	5.96	9.34
41～50	调查值	1 010.75	46.13	122.10	49.50	127.81	61.90	341.40	225.30
	目标值	1 027.08	41.55	112.51	44.58	122.48	56.92	327.16	215.90
	产出差距	16.33	0	0	0	0	0	0	0
	投入差距	0	4.58	9.59	4.92	5.33	4.98	14.24	9.40
51～60	调查值	1 000.25	50.00	125.87	51.60	138.49	58.80	345.50	218.80
	目标值	1 000.25	47.88	118.34	47.00	130.19	51.12	335.17	212.41
	产出差距	0	0	0	0	0	0	0	0
	投入差距	0	2.12	7.53	4.60	8.30	7.68	10.33	6.39
61～70	调查值	1 002.90	48.75	120.50	51.25	128.75	59.00	344.50	215.00
	目标值	1 004.46	46.72	116.44	46.64	127.68	52.55	333.39	213.22
	产出差距	1.56	0	0	0	0	0	0	0
	投入差距	0	2.03	4.06	4.61	1.07	6.45	11.11	1.78
71～80	调查值	1 012.10	43.30	115.55	47.75	130.00	56.88	336.50	226.34
	目标值	1 022.88	42.57	113.59	44.95	123.91	55.92	328.50	215.31
	产出差距	10.78	0	0	0	0	0	0	0
	投入差距	0	0.73	1.96	2.80	6.09	0.96	8.00	11.03

（续）

规模（亩）	指标	每亩收入	种子费用	化肥费用	农药费用	机械费用	灌溉费用	人工成本	土地成本
81～90	调查值	1 018.40	42.60	114.50	51.00	123.90	57.50	357.20	228.96
	目标值	1 024.48	42.04	112.34	44.83	122.26	56.74	327.55	215.76
	产出差距	6.08	0	0	0	0	0	0	0
	投入差距	0	0.56	2.16	6.17	1.64	0.76	29.65	13.20
91～100	调查值	1 012.03	46.59	120.71	46.18	123.82	57.90	352.36	225.71
	目标值	1 024.78	41.92	111.99	44.81	121.80	56.96	327.30	215.87
	产出差距	12.75	0	0	0	0	0	0	0
	投入差距	0	4.67	8.72	1.37	2.02	0.94	25.06	9.84
超过500	调查值	1 031.33	43.28	123.65	52.22	139.31	55.96	339.22	223.33
	目标值	1 038.95	40.43	119.88	43.26	132.10	54.25	328.87	214.82
	产出差距	7.62	0	0	0	0	0	0	0
	投入差距	0	2.85	3.77	8.96	7.21	1.71	10.35	8.51

根据表5-10给出的非DEA有效规模投入产出分析结果，通过DEA模型，对非DEA有效规模的种子费用、化肥费用、农药费用、机械费用、灌溉费用、人工成本和土地成本7个投入指标及每亩收入1个产出指标均作了调整，从表5-10可以看出，人工成本在各项投入指标中需要调整的金额最大，其余是土地成本、机械费用、化肥费用、农药费用、种子费用及灌溉费用。农户在种植玉米时投入生产要素过多，从而导致玉米种植各个要素之间配置比例失调，没有充分发挥各个生产要素的作用，导致了生产要素的浪费及玉米种植成本的增加。例如，玉米种植投入要素冗余最多的81～90亩，玉米种植投入要素共冗余54.14元，根据DEA测算结果可知，要想实现目标收入每亩1 024.48元，种植玉米的种子费用需要每亩减少0.56元，每亩化肥费用减少2.16元，每亩农药费用减少6.17元，每亩机械费用减少1.64元，每亩灌溉费用减少0.76元，每亩人工成本减少29.65元，每亩土地成本减少13.20元。其余玉米种植规模要想达到目标产值，也应该根据相应的测算结果对玉米种植要素投入量进行相应的调整。

在现实中，河北省玉米种植存在投入生产要素浪费的现象，从而也导致了玉米种植成本的增加，使玉米种植的效益没有达到更高的水平。通过DEA模型的测算，非DEA有效规模投入产出投影分析结果为玉米种植投入产出要素的调整指明了方向。

（三）玉米种植最优规模的测算

根据DEA测算可知，共有4个规模属于玉米种植的DEA有效规模，为了进一步确定玉米种植的最优规模，本部分在前文的基础上，对这4个规模的成本效益进行测算，确定这4个规模的成本利润率，通过这一指标对这4个规模进行比较，从而确定一个最优规模。

从表5-11来看，4个最优规模的成本利润率依次是5.75%、9.22%、13.68%、12.66%，其中玉米种植规模在201～300亩时成本利润率最高。由此可见，在成本利润率这一指标上种植规模在201～300亩时最具优势，因此201～300亩这一规模是河北省玉米种植的最优规模。

表5-11　效率最优规模区域成本利润率

指标	31～40亩	101～200亩	201～300亩	301～500亩
净利润（元/亩）	54.20	87.76	124.74	118.26
成本利润率（%）	5.75	9.22	13.68	12.66

综上所述，通过DEA方法对不同规模玉米种植成本效益进行测算，得出31～40亩、101～200亩、201～300亩、301～500亩的玉米种植规模处于DEA有效的状态。再通过对这4个规模进行成本利润率的测算，得出201～300亩这一规模为河北省玉米种植的最优规模，但是玉米种植农户由于受人、财、物等因素的影响，农户的种植规模承载能力不同，因此，对于玉米种植承载力水平较低的农户来说，玉米种植在31～40亩为宜，对于财力物力较为雄厚的农户来讲，201～300亩为玉米种植的最优规模。

（四）玉米种植最优规模农户特征

根据DEA方法及通过对不同规模成本利润率的测算，确定了201～300亩的规模为河北省玉米种植的最优规模。对河北省不同规模玉米种植的调研显示，种植规模201～300亩的农户普遍具有以下特征：

1. 在农户形式上，主要以农民专业合作社和种植大户为主　玉米种植规模在201～300亩的样本共12个，其中包括4个农民专业合作社及8个玉米种植大户。这些农民专业合作社和种植大户在玉米种植方面积累了大量的经验，熟悉玉米种植的相关技术，为扩大玉米种植的规模打下良好的基础。并且这些合作社和种植大户通过自身拥有的资金及通过相关的金融机构贷款获取资金，通过土地租赁的方式，租赁其他农户零散的土地，扩大自身的玉米种植面积，从而实现玉米规模化种植。

2. 注重玉米种植成本管理，充分发挥玉米种植规模效益　农民专业合作社由于种植规模较大，自身种植玉米的生产物资需求量较大，因此在购买玉米种植物资时，更加具备主动地位，按市场最低价格统一购买种子、化肥等玉米种植相关的生产资料。并且通过对玉米种植的科学管理，统一根据玉米生长的现实情况，对玉米进行统一的浇水、施肥等相关作业，减少不必要的浪费，从而实现对种植的玉米进行统一的管理。

3. 机械化水平高，注重对固定资产投资　通过调研发现，这些合作社和种粮大户通过资金的筹集及国家对农机的补贴政策，注重对农业生产的固定资产的投资，因此使其得以实现现代机械化作业。例如，收割机、播种机、喷雾机的购置，可以使其在玉米种植方面实现全程机械化的操作，这不仅可以降低人工成本和机械的租赁费用，而且可以大大提高玉米种植的效率，并且可以对外租赁的形式，提高自身的收益。

4. 注重自身农业种植水平提高，不断提升自身技术　这些合作社及种植大户十分重视自身玉米种植技术的提升，积极参与种植技术的培训和讲座，向高校专家请教，邀请高校专家对合作社成员进行培训，并且积极引进新的玉米种植技术。

五、主要结论与政策建议

（一）主要结论

通过对河北省不同规模玉米种植成本效益进行实地调研，根据实地调研数据整理的结果，以及参考前人对不同规模玉米种植的研究，把河北省玉米种植规模划分为 14 个不同的种植规模，并且对这 14 个规模的成本效益进行分析。从玉米种植成本的角度来看，种植规模在 301～500 亩时种植总成本最低。从玉米种植效益的角度来看，种植规模在 201～300 亩时效益最高，同时，该规模的成本利润率在 14 个规模中处于最高的地位。

通过使用 DEA 方法对河北省不同规模玉米种植成本效益进行测算，根据测算结果得知，玉米种植规模与玉米种植效率之间并不是简单的正向或者负向的关系，在 14 个不同规模之中，31～40 亩、101～200 亩、201～300 亩、301～500 亩的 4 个规模综合技术效率、纯技术效率及规模效率均为 1，这 4 个规模的玉米种植均处于规模报酬不变的阶段，为 DEA 有效阶段，有 10 个规模处于非 DEA 有效阶段。再通过对 4 个最优规模的成本利润率进行计算，得出种植规模在 201～300 亩时成本利润率最高，因此，将 201～300 亩的种植规模确认为河北省玉米种植的最优规模。

(二)在适度规模下降低玉米种植成本

根据分析可知，不同规模玉米种植的成本效益各不相同，同时导致玉米投入产出效率的不同，因此，根据前文的研究结果，对河北省玉米种植提供相关的政策建议。

1. 完善土地流转制度，降低土地流转成本 土地是玉米种植最重要的资源，土地费用也是玉米种植成本中的重要组成部分。而当前我国土地成本的核算内容为流转土地租金及自营土地折算的费用，因此降低土地成本需要政府进一步创新规范土地流转的机制，农户可以自愿通过转包、租赁、互换并地及入股等形式进行土地流转，从而满足农户的用地需要，促进土地集中化、规模化种植，从而抑制土地费用的快速增长，达到玉米种植节本增效的效果。

而目前河北省土地流转价格偏高，政府应采取宏观调控的手段降低土地流转价格。一方面，政府可以加大对土地流转的补贴，完善土地流转制度，可以制定一系列的相关政策，鼓励农户进行最优规模种植，规范农户之间的土地流转程序，从而减轻土地承包方的负担，推动农户之间的土地流转。另一方面，加快社会城镇化进程，完善农村社会保障体系，保障农村老年人的生活收入，使其更加愿意将土地流转出来，扩大土地要素的供给量。

2. 完善金融服务体系，降低规模化融资成本 玉米最优规模种植，必然需要大量的资金进行支持，一个完善的金融服务体系对河北省玉米最优规模种植有着十分重要的作用。因此，政府要积极探索和完善金融服务制度，完善对农业的小额贷款机制和信用担保机制，形成行业内的长效激励机制，同时各地应积极推进农村信用体系建设和以政府为支撑的担保基金或是担保组织建设，为玉米最优规模种植提供资金支持。同时要对金融服务进行创新，简化农业贷款的审批机制和审批手续，提高政府的办事效率。

3. 优化资源配置，降低玉米种植成本 通过非 DEA 有效决策单元的投影分析，可以得知不同规模玉米种植投入要素的调整方向。对于种子、化肥、农药、灌溉等物质资料，可以根据非 DEA 有效决策单元的投影分析数据进行调整，避免玉米种植生产要素的浪费。在玉米种植时，选取优质种子，这不仅可以提高玉米发芽率，还可以提高玉米的产量，带来更高的玉米效益。在对玉米进行施肥时，也要根据玉米的生产规律，树立科学施肥的意识，实现以最小的投入换取最好的效果。对玉米的灌溉也是如此，可以利用滴灌、喷灌等现代化灌溉技术，提升水资源的利用效率，避免水资源的浪费。

4. 提高玉米种植机械化水平，降低人工成本 随着河北省农业机械化的快速发展，河北省在玉米种植方面的机械化水平越来越高。但是随着我国社会经济的持续发展，人工费用也变得越来越高。同时由于河北省小规模农户仍占据着主体地位，人工成本也成为影响玉米种植成本的最主要的因素，因此进行玉米最优规模种植，势必要提高玉米种植的机械化水平，用机械来替代人工，尤其是在玉米播种、玉米施肥、玉米收割等方面，减少每亩人工的用工量，既可以减少玉米种植的人工成本，又可以提高玉米种植、管理及收割的效率。在提高机械化水平的同时，要采用科学的作业方式，提高种植机械的使用效率，减少不必要的浪费。

（三）在适度规模下提高玉米种植效益

1. 鼓励农户规模种植，提高玉米种植效率　根据研究分析可知，规模在31～40亩、101～200亩、201～300亩、301～500亩时玉米种植的规模效率最高，在对成本利润率进行分析后，发现201～300亩的玉米种植成本利润率最高。因此，在充分考虑当地社会经济条件及资源条件下，使玉米种植规模向玉米种植最优规模靠拢，可以在现有农业扶持政策的基础上，提高农田补贴的标准，加大粮食直接补贴、良种补贴及农机具购买补贴的力度，从而调动农户玉米种植的积极性，扩大玉米种植规模。

2. 推广玉米种植科学技术，培育高素质农民　提高玉米种植的效益，进行玉米最优规模种植，科学技术是十分重要的因素。当前我国耕地资源及水资源在不断减少，加大科技投入是提高玉米产量、保障玉米品质的主要途径。玉米规模化种植效益受自然灾害及病虫害的影响较大，所以应不断增加抗灾减灾的投入资金，及时利用先进的科学手段对自然灾害及病虫害进行预测，从而让农户做好充分的准备，来应对自然灾害的发生，把损失降到最低。同时相关部门及组织要发挥导向作用，形成规范的培训体系，对农户进行种植生产等技术的培训，提高农户素质，提高农户种植玉米的积极性。

第六章

河北省新型农业经营主体玉米种植经济效益差异分析

改革开放后，我国农业发展快速，逐渐由传统农业向现代农业转化，现代农业发展的主力军新型农业经营主体开始登上历史舞台，专业大户、家庭农场、农民专业合作社和龙头企业层出不穷，多种经营模式、经营主体并存的局面逐渐形成。截至 2018 年，在工商部门注册的家庭农场达到 3.5 万个，农民合作社 11.7 万个，龙头企业经营数量达到 2 529 个，其中从事玉米种植的合作社2 140 家，玉米淀粉企业 257 个，饲料加工企业 1 888 个。新型农业经营主体作为农业生产的领头羊，极大地推动了我国的新农村建设，也成为落实乡村振兴等一系列重要政策、措施的基础和保障。自 2012 年“新型职业农民”首次出现在中央 1 号文件之后，连续 8 年中央 1 号文件都将新型农业经营主体作为重点关注内容（表 6 - 1），新型农业经营主体成为国家重点扶持的农业主体类型。

表 6 - 1　2012—2019 年中央 1 号文件关于新型农业经营主体政策汇总

年份	有关新型农业经营主体内容汇总
2012	首次提出“大力培育新型职业农民，促进现代农业发展”的重要部署
2013	新增补贴向新型农业经营主体倾斜，首次鼓励散户向家庭农场、专业合作社等转变
2014	构建新型农业经营体系
2015	加快构建新型农业经营体系，发展适度规模经营
2016	首次提出推进农业供给侧结构性改革，加快培育新型职业农民
2017	大力培育新型农业经营主体和服务主体的创新举措
2018	大力培育新型职业农民，实施新型职业农民培育工程
2019	实施新型职业农民培育工程

数据来源：根据 2012—2019 年中央 1 号文件整理。

为响应中央 1 号文件精神，河北省委省政府也制定了一系列政策支持新型农业经营主体发展。如 2017 年河北省委 1 号文件《关于深入推进农业供给侧结构性改革加快培育农业农村发展新动能的实施意见》、2018 年省委 1 号文件《中共河北省委河北省人民政府关于实施乡村振兴战略的意见》等均强调河北省加快转变农业经营方式的重要性，全省要大力推动新型农业经营主体发展壮大，培育新型农业经营主体带头人，加快河北省现代化农业进程。

通过实际调研及文献梳理发现，不同新型农业经营主体在经济效益上存在差异。在成本投入上，合作社玉米种植的物质与服务费、土地成本均大于种粮大户和传统农户，仅人工成本占优势，产出效益低于种粮大户。通过对调研数据进行分析，合作社物质与服务费、土地成本均高于专业大户和家庭农场，而对于人工成本，家庭农场最具有优势，其次是合作社，相反，专业大户人工成本最高。产出和亩均收益上，农民专业合作社最优，合作社不仅产量高，平均售价也是经营主体中最高者，农民专业合作社亩均净收益达 114 元，家庭农场次之，专业大户最低。

无论从食用价值还是饲用、工用价值考虑，玉米都至关重要，因此研究种植玉米的经济效益很有实用价值。而新型农业经营主体作为现代农业的领头羊、主力军，人们对其从事玉米种植投入产出如何、经济效益如何，不同经营主体之间投入产出、经济效益是否存在差异、差异如何，影响经营主体玉米种植经济效益的因素及影响程度如何等问题不是很了解，因此通过对这些问题的研究，不仅有助于河北省新型农业经营主体发展壮大，对种植结构调整、稳定玉米种植面积、确保口粮绝对安全也有一定的借鉴。在此背景下，以不同新型农业经营主体玉米种植为研究对象，分析不同新型农业经营主体玉米种植的特点、现状和经济效益差异，并对不同新型农业经营主体之间的玉米种植经济效益差异进行分析，找出导致差异的决定性因素，新型农业经营主体可以清晰地知道在玉米种植过程中面临的阻碍、自身存在哪些问题及优势，新型农业经营主体可以针对性地采取措施，取长补短，提高自身玉米种植效益。通过对河北省新型农业经营主体玉米种植经济效益差异进行研究，能够了解河北省整体新型农业经营主体玉米种植情况和收益现状，可以有针对性地对新型农业经营主体提出优化建议，使河北省不同新型农业经营主体的玉米种植经济效益达到最优。

一、相关概念

（一）新型农业经营主体

我国政府于 2012 年底正式提出要培育新型农业经营主体，其作为现代农业发展的支柱，对乡村振兴战略的实施有着不可或缺的作用。新型农业经营主体是指能够规模经营，相关物质资产和管理理念均比较先进，有较高的生产效率、资源配置率，将产品商品化作为主要目的，其主要形式既包含从事生产环节又包括为生产环节提供服务的农业经营组织。本章所研究的对象主要是进行玉米种植的新型农业经营主体。

（二）新型农业经营主体类型

1. 专业大户 对于专业大户的定义，学者们从不同方面对其进行研究，基本达成了一致意见，但是在其规模界定上众说纷纭，武小惠等（2002）、黄祖辉等（2010）认为应该考虑各地区经济发展、地理环境、自然气候等因素。黄祖辉等（2010）将10亩作为标准来划分，也有学者将规模20亩以上的划分为大户。

2016年河北省第三次农业普查时，对于种植规模50亩及以上的种植主体进行了统计，普通农户、规模户、农业生产经营单位在内的所有生产经营主体均在普查之列，且50亩及以上的种植户达到了50 791户，在此基础上结合众多学者的研究成果及相关理论，分别咨询河北省农业厅有关专家、高校相关领域的教授，结合有关农业部门的政策等，综合考虑，本章对于专业大户玉米种植规模的界定为50亩及以上。

2. 家庭农场 2013年中央1号文件首次提出“家庭农场”，之后农业部对家庭农场的定义为：主要依靠家庭成员作为劳动力，进行土地流转，以达到规模化、集约化和商品化生产，并且农业经营所得收入是家庭收入的主要部分的新型农业经营主体。

随着经营主体的发展，学者对家庭农场的研究逐渐丰富，对其界定标准各异，结合河北省情况，在赵金国（2018）研究的基础上，将家庭农场定义为：在工商部门进行注册，以家庭成员作为主要劳动力进行农业生产，收入主要来自农业活动，有一定的资源配置，先进的管理理念，达到规模经营的现代农业经营主体。

3. 农民专业合作社 国际上对合作社的权威定义是1995年国际合作社联盟（ICA）的定义，其中心思想为：自愿联合是合作社存在的前提，合作社统一管理拥有的资源，以满足社员的不同需求。

我国对农民专业合作社比较权威的定义是2007年7月1日实施的《中华人民共和国农民专业合作社法》。该法认为合作社是家庭承包制发展的产物，进行同种农产品生产、经营或提供同类型服务的农户在自愿的前提下，结合在一起进行民主管理的经济组织，其主要目的是满足社员对生产资料、销售渠道、储存、信息等需求。本章所研究的农民专业合作社界定借鉴《中华人民共和国农民专业合作社法》中对合作社的定义。

4. 农业产业化龙头企业　“农业产业化”由美国哈佛大学的 John. H. Davis 教授和助手 Roy. A. Goldberg 提出，他们认为农业生产环节中由产、供、销连接的，能够有机结合的链条就是农业产业化。随后，学者 Ronald D Knudson（1983）在“Agricultural and Food Policy”中对农业产业化也进行了定义，提出美国主要有农业工业结合企业、一体化经营和一体化合作三种模式。

学者王一雯（2018）认为农业产业化龙头企业是市场中的一个结点，一头牵农户，一头接市场，在与农户的接触中，运用自身特点将某种或几种农产品生产、加工和流通联系起来，建立“风险共担、利益共享”的联结机制，在接触市场时，利用自身优势，促进农产品生产、加工、销售的有机结合，提升产品附加值，并在规模经营上起到带头示范作用。国家针对国家级、省级、市级不同级别的龙头企业，结合规模和经济示范带动能力有不同的优惠政策。

在调研中，涉及玉米的农业产业化龙头企业主要集中在玉米加工销售环节，如生产饲料、酒精、淀粉等，对前期的生产投入及管理比较少，虽然少数龙头企业有自己的生产基地，但多数生产鲜食玉米，考虑到样本数量及可比性，本章主要研究专业大户、家庭农场和农民专业合作社玉米种植的经济效益及其差异，不对农业产业化龙头企业进行研究。

（三）经济效益

“经济效益”这个概念并未在西方经济学中出现，首次被提出是 1987 年国务院的政府工作报告。目前被广泛应用的概念是谢明干在《实用经济辞典》中的定义，认为经济效益是经济活动中实际取得的符合社会需要的产出成果大小与活劳动和物化劳动消耗或占用大小的比较。经济效益是资金占用、成本支出与有用生产成果之间的比较，可以用公式表达为：经济效益＝产出/投入＝劳动成果总量/劳动消耗或劳动占用总量。其主要宗旨就是以尽可能少的消耗获得尽可能多的成果，或同等消耗下，所取得的成果达到最多。

二、河北省新型农业经营主体玉米种植特征比较分析

2016 年，河北省对普通农户、规模户、农业生产经营单位在内的所有生产经营主体进行了第三次普查，结果显示河北省农业经营户达到 1 347.94 万户，农业专业合作社比例最高，并且在农资供应、技术应用、经营方法和前沿信息上能够做到统一，实现“1＋1＞2”的效应。对于经营规模，第三次普查显示，规模经营户数为 13.79 万户，仅为经营户的 1%，规模化比例较小。目前关于新型农业经营主体的统计数据多为汇总数，没有单独针对玉米种植的统

计数据，因此本章在分析新型农业经营主体玉米种植概况时，采用调研数据。

（一）数据来源和调查内容

1. 调研对象 目前河北省从事玉米种植的新型经营主体主要包括专业大户、农场、合作社和龙头企业。出于前文阐述的关于龙头企业特殊性的考虑，本部分的研究范围不包括龙头企业，仅包括其他三类经营主体。

2. 调研方法及内容

（1）调研方法。主要采用抽样调查的方法，通过入户调查、会议座谈、电子问卷、电话访谈等方式对河北省新型农业经营主体玉米种植情况进行调研，对相关数据进行搜集、整理，分析河北省新型农业经营主体玉米种植的特征，为经济效益差异分析奠定基础。

（2）调研内容。为了更好、更全面了解经营主体玉米种植投入及效益，结合前期的文献梳理，在涉及调研问卷时主要从经营者特征、经营投资、政府支持和科技投入四个方面，从定性及定量方面进行全方位了解，具体调研指标如表 6－2 所示。

表 6－2 调研内容

产出指标	经营者特征	经营投资	政策支持	科技投入
单位亩产	性别	固定资产投资	政府补贴	新品种
平均售价	年龄	注册品牌	信贷支持	新技术
	文化水平	生产投资	农业保险	新模式
	务农时间			培训
	非农工作经历			

（3）调研地区及样本数量。为了使研究更具有代表性，调研地点的选择主要考虑了自然及区域等因素，选择河北省农业经济规模较大的廊坊、唐山、保定、沧州、石家庄、邢台、邯郸等地，共调查 15 个县（市、区），获得有效问卷 196 份，其中，专业大户 58 份、家庭农场 61 份、农民专业合作社 77 份。

（二）新型农业经营主体玉米种植特征比较

1. 种植面积 不同新型农业经营主体玉米种植面积有所不同（表 6－3），将每类新型农业经营主体玉米的种植面积进行平均后，合作社的平均种植面积最大，主要表现为：合作社＞家庭农场＞专业大户。三类新型农业经营主体的玉米种植均具有一定的规模，也达到规模经营条件，但是从土地集中度来看，种植规模为

1 000 亩以上的土地较为集中，多为 4～5 块，平均每块面积达到 150～200 亩，利于大规模机械作业，但是种植面积在 200 亩左右的经营者，地块数多者达到 20 块，平均每块面积仅 6～10 亩，对于机械作业来说，效率比较低。

表 6-3　河北省不同新型经营主体玉米种植规模

单位：亩

类型	专业大户	家庭农场	农民专业合作社
平均种植规模	211	420	684

数据来源：根据调研数据整理。

2. 经营模式及作业方式　各新型农业经营主体在发展中探索出了适合自身发展的模式（表 6-4）。专业大户主要是农机结合和纯种植型，农机结合型专业大户主要是平均种植规模为 200 亩及以上的大户，多购置了大型农机具，以实现玉米种植的机械化作业；纯种植型的大户主要种植规模在 50～200 亩，主要劳动力来自家庭用工和雇工，一般采用租赁机械来完成农业生产。家庭农场的经营模式主要分为循环农业和示范农业，循环农业主要是种养结合，循环利用；示范农业主要是河北省根据“生产规模、产品有标准、经营有记录、设施有配套、管理有制度”标准评选的示范家庭农场的经营模式，2018 年，省级示范家庭农场 300 家。农民专业合作社主要有农民自主成立的合作社和与龙头企业合作成立的合作社。

表 6-4　河北省不同农业经营主体主要经营模式

类型	专业大户	家庭农场	农民专业合作社
经营模式	农机结合型 纯种植型	循环农业模式 家庭农场示范模式	自主型专业合作社 依附型合作社

注：根据卫荣（2018）《基于经营主体视角下的粮食生产适度规模研究——以黄淮海地区为例》及调研整理。

农民专业合作社综合能力比较强，不仅能够提供种子、化肥等生产资料，采购初级服务，而且部分合作社开始向前和向后不断延伸，纵向一体化逐渐加深，开始逐渐提供田间作业服务、农机服务、销售服务、品牌注册服务（表 6-5）。合作社主要是统一购买生产资料、技术服务及销售初级农产品，三者占比达到 81%，也是当前合作社主要提供的服务，因此也导致合作社在灌溉、喷药、收获等田间作业上主要是统一作业，仅有 20%是社员自行作业，而相比之下，专业大户和家庭农场有 50%以上在田间作业方式上采用临时雇人。由于家庭农场中有长期雇工，因此专业大户临时雇人人次高于家庭农场。

表 6－5　合作社提供服务类型及比例

单位：%

服务类型	统一购买农药化肥等生产资料	提供生产技术服务	统一销售初级农产品	测土配方	其他
比例	30	26	25	9	10

注：根据赵慧峰（2018）《河北省农民专业合作社发展现状的调查》及调研整理。

3. 固定资产投资

（1）固定资产投资比例及金额。河北省不断完善对农机的补贴政策和加大补贴力度，2016 年河北省农机总动力达 7 402.0 万千瓦，位居全国第三，耕、播、收三个环节的机械作业率均达到 60%以上，全省的综合机械化水平为 76%。虽然取得一定成就，但是调研发现不同经营主体在固定资产投资上还存在一些差异。

如图 6－1，在固定资产投资比例上，受调查的农民专业合作社中，有 98%进行了固定资产投资，是三类新型农业经营主体中投资比例最大的，其次是家庭农场，有 90%进行了固定资产投资，专业大户在固定资产投资比例上较小，调查的样本中，有 78%的专业大户进行了固定资产投资。在固定资产投资金额上，三类经营主体差别较大，专业大户平均固定资产投资金额为 30 万元，而家庭农场和农民专业合作社的固定资产投资分别为 70 万元、100 万元，是专业大户的 2～3 倍。

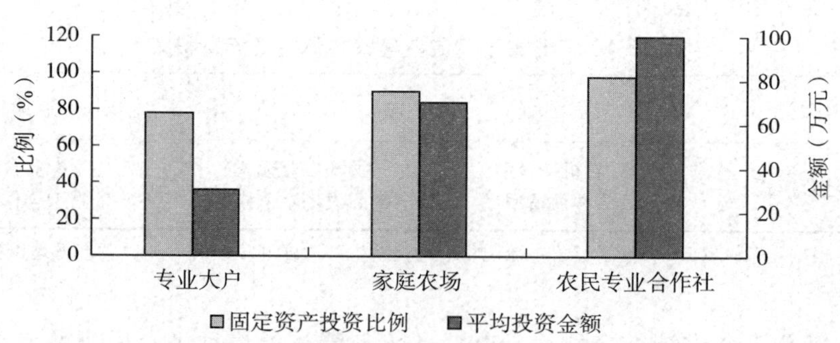

图 6－1　经营主体固定资产投资比例及金额

（2）固定资产投资类别。新型农业经营主体对固定资产投资金额差异主要是由于固定资产投资种类、数量及组合不同（表 6－6），新型农业经营主体耕、播、防、浇、收、晾、存的设备投资组合多样。调研的新型农业经营主体中，92%的新型农业经营主体均投资了多功能拖拉机（含耕地机、播种机），平均每套设备 7 万元，该设备也是很多新型农业经营主体首次购买农机具的选择。随着规模的扩大，新型农业经营主体会逐渐投资大型喷药机或喷药飞机、收割机、滴灌或喷灌等设备，按每样设备买1台，平均投资金额达到20万元。调研中，有61%的新型农业经营主体同时购买多功能拖拉机、喷药机和收割机，对于喷药机和收割机的投资，新型农业经营主体更倾向于收割机。玉米收获后的晾晒和存储设备则投资比例较小，仅为33%，主要以合作社为主。

表6-6　机器设备投入情况

投资种类	比例（%）	平均投资（万元）
多功能拖拉机（含耕地、播种）	92	7
多功能拖拉机（含耕地、播种）＋喷药机	76	12
多功能拖拉机（含耕地、播种）＋收割机	85	15
多功能拖拉机（含耕地、播种）＋喷药机＋收割机	61	20
多功能拖拉机（含耕地、播种）＋喷药机＋收割机＋存储烘干设备	33	35

数据来源：根据调研整理。

4. 经营者特征　经营者特征分析主要从经营者性别、年龄、文化程度等方面进行分析，比较不同新型农业经营主体在经营主体特征方面的差异（图6-2），三类新型农业经营主体特征既有相似又有差别。

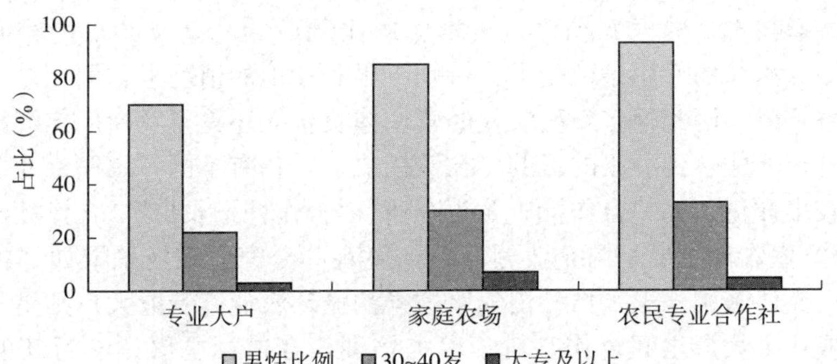

图6-2　不同经营主体的经营者特征

（1）性别。性别上，三类新型农业经营主体中男性比例占绝对优势，专业大户男性比例虽然在三类主体中最低，但也达到了70%，合作社男性比例最高，达到90%以上。

（2）年龄。在大力培育高素质农民、支持青年返乡创业等政策的引导下，新型农业经营主体负责人开始逐渐趋于年轻化，30～40岁年龄段的比例很高，达到20%以上，其中农民专业合作社最为显著，该年龄段比例达到33%。但是目前，新型农业经营主体负责人年龄主要还是以41～50岁为主，调研显示，三类经营主体中，该年龄段的人数均达到了50%以上。41～50岁年龄段中，专业大户达到了67%，约是30～40岁年龄段的3倍，家庭农场、农民专业合作社该年龄段比例分别是30～40岁年龄段的1.8倍、1.9倍，可见，专业大户之间整体年龄差距比较大，相比之下，家庭农场和农民专业合作社人员整体偏于年轻，且经营主体内部间年龄差距小。

(3) 文化程度。第三次农业普查显示，河北省农业经营人员的文化程度还是初中阶段居多，达到60.2%，是高中或中专文化程度的7倍，而大专及以上文化程度的仅为1.1%，文化程度普遍较低。本研究调研结果也表明，新型农业经营主体整体呈现出较低的文化水平，最高学历为大专及以上的仅为5.5%，学历层次主要以高中为主，占比51%。从新型农业经营主体来看，高中或中专学历中，专业大户的比例最低，仅为25%，而农民专业合作社达到了58%，是专业大户的2.32倍；大专及以上学历中，三类新型农业经营主体比例均比较低，家庭农场中大专及以上学历比例最高，为7%，专业大户和农民专业合作则差别不大，分别为3%、4.5%。

5. 经营者科技投入 经营者对科技的投入主要是新品种、新技术、新模式和培训，从表6-7可以看出，各新型农业经营主体科技投入参差不齐，合作社各方面投入均优于其他两类新型农业经营主体。在新技术应用上，主要是喷灌、滴灌技术，家庭农场对该技术应用比例最低，仅为17%，经调研，是因为喷灌、滴灌的使用条件受限，特别干旱和沙地的情况下采用该技术反而会导致收益下降，因此很多新型农业经营主体负责人还是愿意使用传统漫灌，认为只有这样才能达到灌溉的目的。在新模式上，各有不同，农民专业合作社的模式比较多样化，如“合作社＋龙头企业”“合作社＋农户”“合作社＋专业大户”，而家庭农场主要是与企业签订单，还有部分家庭农场采取如“种植玉米—养殖—粪便施肥—玉米秸秆沼气”这样的循环农业，专业大户则是与合作社合作，或几个大户之间合作。对于参加培训，合作社更愿意学习新的管理理念、技术等，因此参加5次培训以上的比例达到22%。

表6-7 经营主体科技投入情况

单位：%

科技投入	专业大户	家庭农场	农民专业合作社
新品种	27	31	55
新技术	50	17	56
新模式	17	33	50
培训次数	11	8	22

注：培训次数是按参加5次以上的比例。

6. 品牌建设　根据《2018年河北知名品牌（产品）价目表》及相关文献，发现河北省多是针对蔬菜、瓜果、食用菌、花椒、核桃、生猪等进行品牌建设，涉及玉米品牌的建设仅限于玉米种子、玉米淀粉和鲜食玉米，而本章主要研究籽粒玉米种植，不涉及加工领域。调研中，新型农业经营主体对玉米仅是种植、收获、出售，没有后续加工，因此几乎没有品牌建立。

调研发现新型农业经营主体虽不会针对玉米注册品牌，但经营组织作为整体会注册品牌或商标，如“金玉硕果”“碧连天”等。专业大户作为整体注册品牌较少，但是部分专业大户会长期与当地饲料厂、淀粉加工厂合作，玉米品质也会得到一定保证。为研究品牌对新型农业经营主体玉米种植经济效益的影响，本研究认为上述情况均算品牌的替代，具体情况如表6-8所示，农民专业合作社注册品牌比例最大，为13%，专业大户比例最小，仅为5%。

表6-8　经营主体注册品牌情况

单位：%

类别	专业大户	家庭农场	农民专业合作社
注册品牌比例	5	8.5	13

数据来源：根据调研整理。

7. 政策支持　本章所研究的政策支持包括政府补贴、信贷支持和农业保险。调研发现，目前种植补贴多是针对土地承包者发放的土地综合直接补贴，土地经营者无权领取。除综合直接补贴外，对于新型农业经营主体的其他补贴，如种粮大户奖励、种子补贴、新技术应用补贴、农机购买补贴等较少，受调研的新型农业经营主体享受除综合直接补贴之外的补贴比例分别为8.6%、18%、10.4%，半数以上的受访者希望补贴更多针对种植者。对于金融支持，无论是贷款额度还是贷款利率，新型农业经营主体享受优惠的比例较低，仅为12.2%，一般而言还是正常贷款甚至更高利率的贷款。对于农业保险，新型农业经营主体入保率达到96%，调研的家庭农场和农民专业合作社全部参加了农业保险，专业大户入保率也达到了90%。

根据调研数据对河北省玉米种植专业大户、家庭农场和农民专业合作社进行分析，比较三类新型农业经营主体，发现三类新型农业经营主体参加农业保险的比例均比较高，除此之外，不同新型农业经营主体在玉米种植上特点各异。

专业大户：种植规模最小；经营者41～50岁为主，年龄偏大；文化程度低；固定资产投资较少、类别单一；科技应用欠缺。

家庭农场：种植规模适中；经营者41～50岁、30～40岁比例差距较小；

文化程度在三者中最高；固定资产投资适中；注重科技应用。

农民专业合作社：种植规模最大；经营者 30～40 岁比例最高，趋于年轻；文化程度在三者中居中；固定资产投资较多，类别丰富；科技应用比例最大。

三、河北省新型农业经营主体玉米种植投入产出差异分析

本部分所研究的投入主要是新型农业经营主体玉米种植的生产成本投入，主要包括物质与服务费用、人工成本和土地成本三方面，产出指标根据前文梳理的文献和经济效益的定义，主要选择玉米的亩产量和每亩净收益。本部分通过与河北省玉米种植的平均成本和产出进行比较，运用对比分析的方法对河北省新型农业经营主体玉米种植的经济效益进行研究。

（一）物质与服务费用差异

本章测算的物质与服务费用包括种子费、化肥费、农药费、灌溉费和机械费。将三类新型农业经营主体各项成本费用与河北省均值比较，发现新型农业经营主体的种子费、化肥费基本在河北省均值上下徘徊，而农药费、机械费和灌溉费与河北省均值相差较大，与河北省均值相比，新型农业经营主体在种子费、化肥费和机械费上具有比较优势（表 6－9）。

表 6－9　生产资料投入情况

单位：元/亩

项目	河北省均值	专业大户	家庭农场	农民专业合作社
种子费	46.85	38.72	38.64	36.83
化肥费	106.1	106.6	97.42	104.4
农药费	16.38	44.72	41	35.78
机械费	113.63	84.83	80.79	78.1
灌溉费	28.12	51.42	59.39	100

数据来源：根据《全国农产品收益资料汇编》和调研整理。

1. 种子费　三类新型农业经营主体的种子费均低于河北省均值 46.85 元/亩，其中专业大户和家庭农场种子费基本一样，约 39 元/亩，农民专业合作社种子费最低，每亩 36.83 元。三类新型农业经营主体种子费与河北省均值差异较小，种子费基本能够达到规模经济。

2. **化肥费**　三类新型农业经营主体化肥费在106.1元/亩上下徘徊，与河北省均值相比差异较小，其中专业大户化肥费为106.6元/亩，与河北省均值相差不大；家庭农场化肥费最低，为97.42元/亩，农民专业合作社化肥费虽不是三类新型农业经营主体中最低者，但是与河北省均值相比差异较小。

3. **农药费**　新型农业经营主体农药费均高于河北省均值16.38元/亩。专业大户农药费最高，每亩达到44.72元，是河北省均值的2.7倍，虽然农民专业合作社在三类经营主体中费用最低，每亩35.78元，但仍是河北省均值的2倍以上。可见在农药费上，新型农业经营主体比河北省整体种植者投入要多。

4. **机械费**　在机械费上，河北省采用统计数据，新型农业经营主体的机械费测算分为两种：一是有固定资产投资的新型农业经营主体，主要是折旧费、维修费和油费，对于折旧的计算，按平均年限法折旧，对于折旧年限，参考现行有关政策、结合农机具使用的季节性，本部分按20年进行折旧，计算之后，平均机械费为55元/亩；二是没有固定资产投资的新型农业经营主体，机械费按每亩市场价值计算，市场价播种20元/亩、收割160～180元/亩，合计平均机械成本为180～200元/亩。按该方法计算之后，机械费河北省均值为113.63元/亩，三类新型农业经营主体机械费均低于河北省均值，具有比较优势，农民专业合作社的机械费最低，为河北省均值的68.7%。

5. **灌溉费**　新型农业经营主体灌溉费均高于河北省均值，农民合作社灌溉费最高，平均为100元/亩，是河北省均值的3.6倍，灌溉费最低的专业大户每亩也达到51.42元，是河北省均值的1.8倍，新型农业经营主体在灌溉费上异常可能由多种因素所致，如地区差异、土壤条件、资源限制等。

通过将各项成本费用与河北省均值相比，新型农业经营主体有优势也有劣势，各项成本汇总之后（图6-3），成本高低各异。

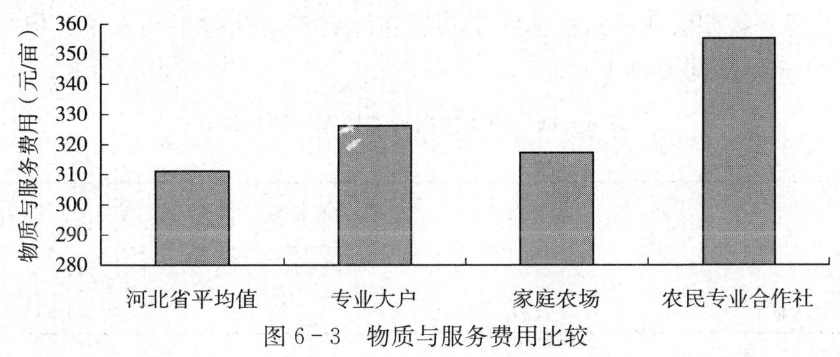

图6-3　物质与服务费用比较

新型农业经营主体的物质与服务费用均高于河北省均值，家庭农场与河北省均值基本持平，但是专业大户和农民专业合作社物质与服务费用远远高于河北省平均水平，农民专业合作社物质与服务费用为355.11元/亩，是新型农业经营主体中费用最高者，比河北省平均值高出了14%。

（二）人工成本差异

在人工成本计算上，统计数据和调研数据计算标准不一致，统计数据计算家庭用工折价时（表6-10），按从事玉米生产需要4.97天，每天83.1元，家庭用工成本413.01元/亩，雇工成本7.93元/亩，因此统计数据总人工成本为420.9元/亩。

表6-10　统计数据人工成本计算标准

项目	家庭用工天数（日）	劳动日工价（元/日）	小计（元/亩）
家庭用工折价	4.97	83.1	413.01
雇工费用	0.09	88.13	7.93
合计	—	—	420.9

数据来源：根据《全国农产品收益资料汇编》整理。

根据调研数据对人工成本进行计算时，分为长期雇工和短期雇工（表6-11），不同新型农业经营主体在雇工上，无论长期雇工还是短期雇工，雇工总费用农民专业合作社>家庭农场>专业大户，平均分摊到每亩上，专业大户、家庭农场、农民专业合作社的人工成本分别为178.67元/亩、170元/亩、172.55元/亩，新型农业经营主体雇工成本远远高于统计数据7.93元/亩，是河北省均值的20倍以上。调研发现，主要原因是新型农业经营主体在播种、收割时雇佣机手，雇佣一个机手费用为300～350元/天，除雇佣机手外，平均种植规模在1 000亩的新型农业经营主体，一年的人工费用可达到30万元。新型农业经营主体雇工费用整体高于河北省平均水平，但是新型农业经营主体之间差别不大。

表6-11　调研数据人工成本计算标准

单位：元/年

项目	专业大户	家庭农场	农民专业合作社
长期雇工	36 202	77 414	114 208
短期雇工	2 255	3 178	4 580

数据来源：调研整理。

（三）土地成本差异

根据统计数据发现，河北省土地成本整体为190.45元/亩，但是调研的新型农业经营主体中，普遍反映土地流转成本较高。

从图6-4可以看出，新型农业经营主体土地成本整体高于河北省均值，专业大户在土地成本上最具有优势，玉米一季平均土地成本为323元/亩，比河北省均值高出132.55元。农民专业合作社的土地成本最高，为362元/亩。造成新型农业经营主体之间土地成本差异的原因为，农民专业合作社多是经营成熟的组织，主要是获取规模经济，在投入上会考虑土地的地理位置、灌溉环境，选择优质土地。而专业大户土地主要集中在自己村庄，村里不愿意种地的农户会找到大户，将土地流转出去，因此大户在土地的选择上没有太严要求。新型农业经营主体与河北省整体差异的原因是土地流转市场不成熟，土地流转困难，存在卖方市场，土地成本较高。

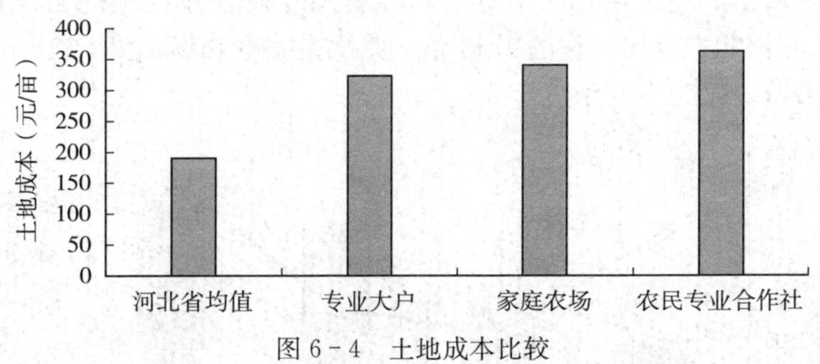

图6-4　土地成本比较

（四）总成本差异

通过与河北省玉米种植的物质与服务费用、人工成本和土地成本进行比较，新型农业经营主体玉米种植的各项成本有优势，也存在劣势。

图6-5表明，河北省平均玉米种植总成本最高，平均每亩为922元。新型农业经营主体中，专业大户和家庭农场的玉米种植总成本均为830元/亩，为河北省平均值的90%；而农民专业合作社的玉米种植总成本最高，为889元/亩。河北省玉米平均种植总成本高于新型农业经营主体的主要原因是人工成本差异，从统计数据可以看出，河北省玉米种植的人工成本占总成本的45%，而新型农业经营主体中，人工成本主要是雇工费用，几乎不存在家庭用工，三类新型农业经营主体玉米种植中所需人工成本约占总成本的20%左右，如专业大户21%、家庭农场20%、农民专业合作社19%。

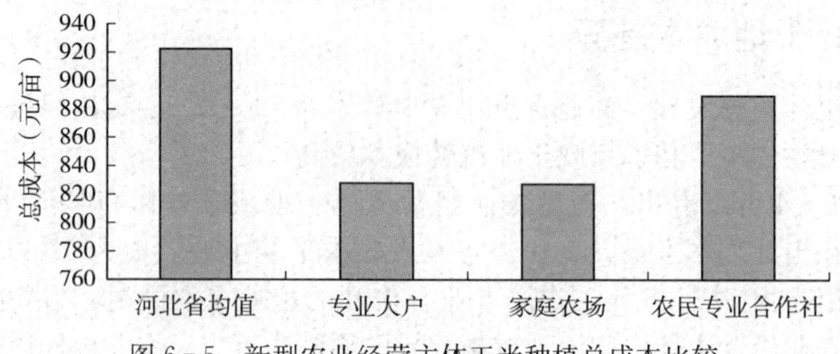

图 6-5　新型农业经营主体玉米种植总成本比较

（五）产出差异

1. **亩产值**　如图 6-6 所示，通过与河北省平均产量比较，三类新型农业经营主体平均亩产量均高于河北省均值 498.1 千克。三类新型农业经营主体中，玉米平均亩产均达到 500 千克，其中农民专业合作社平均亩产最高，为 593 千克，是河北省亩均产量的 1.19 倍，其次是家庭农场，为 579 千克，专业大户亩产最低，仅为 536 千克。

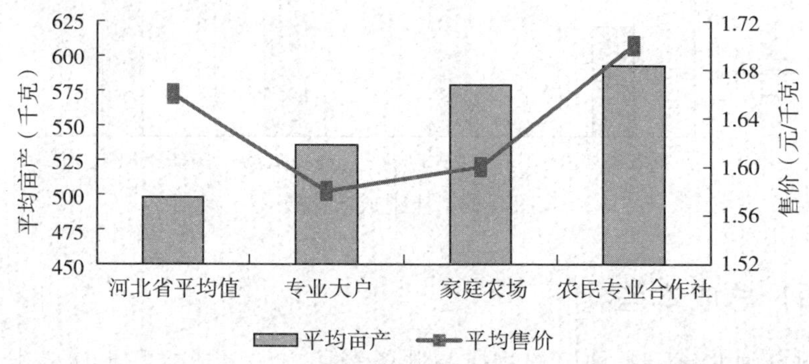

图 6-6　新型农业经营主体平均亩产及售价

相比平均亩产，平均售价方面，仅农民专业合作社售价高于河北省平均售价1.66 元/千克，农民专业合作社平均售价达到 1.70 元/千克。而专业大户和家庭农场平均售价均低于河北省均值，专业大户平均售价最低，仅为 1.58 元/千克。

2. **亩净利润**　通过上文的成本、产出、售价综合分析之后，新型农业经营主体亩均总收入与河北省均值差异较小，如图 6-7 所示，专业大户亩均总收入与河北省均值基本一样，家庭农场和农民专业合作社总收入略高于河北省均值。但是比较亩均净收益时，新型农业经营主体的亩均净收益远远高于河北省平均水平，河北省亩均净收益为－10元，而新型农业经营主体亩均净收益达到了100元左右，比河北省平均水平高出110元/亩。

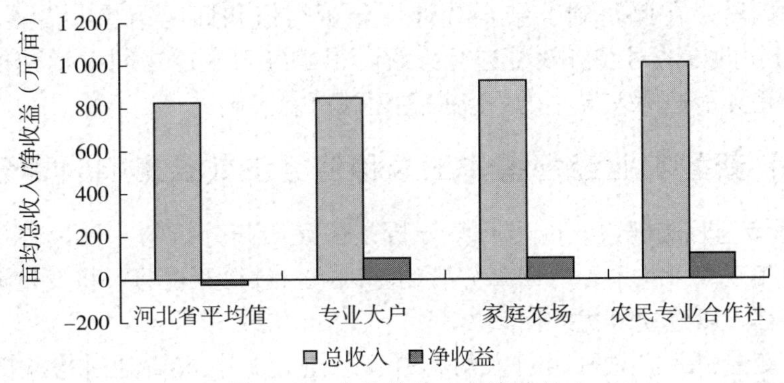

图6－7　亩均总收入与净收益

新型农业经营主体之间相比，农民专业合作社亩均净收益最高，为114元/亩，调研的样本中有65%的合作社亩均净收益在均值以上。专业大户与家庭农场之间亩均净收益差别不大，分别为100元/亩、103元/亩，但是50%的大户亩均净收益在100元以上，而家庭农场中仅有40%的经营者亩均净收益超过均值，可见家庭农场内部之间收益差距大于专业大户。

通过与河北省整体玉米种植相比，新型农业经营主体有优势也有劣势。

物质与服务费用：种子费、化肥费和机械费方面新型农业经营主体与河北省均值相比，有比较优势，而灌溉费和农药费方面新型农业经营主体费用远远高于河北省平均水平。

人工成本：按家庭用工河北省整体水平一样，不存在差异，单比较雇工费用，新型农业经营主体雇工费用远远高于河北省平均水平，新型农业经营主体雇工成本是河北省均值的20倍以上。

土地成本：新型农业经营主体整体流转的土地成本高于河北省平均水平，新型农业经营主体中，农民专业合作社土地成本最高，相比之下专业大户土地成本最具有优势。

产出效益：平均亩产量、亩均总收入、亩均净收益上新型农业经营主体均优于河北省均值，但是平均售价上，专业大户和家庭农场低于河北省平均水平。

四、河北省新型农业经营主体玉米种植经济效益影响因素差异分析

本部分是在统计性分析的基础上，结合文献梳理，选取自变量和因变量，

对数据进行处理，构建逐步回归模型，运用逐步回归法对新型农业经营主体玉米种植的经济效益进行影响因素分析，得出影响新型农业经营主体玉米种植经济效益的因素。在此基础上结合统计性分析均值和回归结果，借鉴 Blinder-Oaxaca 分解的方法对经济效益进行分解，得出经营主体之间玉米种植经济效益的特征差异和边际差异，为后续提供建议奠定基础。

（一）新型农业经营主体玉米种植经济效益影响因素分析

1. 逐步回归法概述 逐步回归分析是多元回归分析的一种，主要研究变量之间的相互依赖关系，在回归分析的基础下，进行双检验，将变量逐个引入或剔除方程，以建立最优的回归方程。

（1）变量引入。对每次引入的解释变量进行 F 检验，通过检验的变量再进行 t 检验，均显著者，引入方程，否则剔除。

（2）变量剔除。若引入回归模型的自变量其偏回归平方和最小且 F 检验不通过者，剔除。

（3）终止。通过不断引入与剔除之后，直到没有显著的解释变量再引入回归方程或从中剔除时终止。

2. 模型设计及数据处理 逐步回归模型是只包含对因变量 Y 有显著影响的自变量回归模型，为确保结果的合理性，在回归之前，对变量进行设计和剔除。对自变量的选择主要依据第三章、第四章的分析并结合文献进行选取。因变量 Y 为亩净收益，自变量主要从经营者特征、经营投资、政策支持和科技投入及种植面积进行选取，并结合文献和常识将自变量对因变量的影响进行预期。

（1）影响不明变量。年龄、性别：玉米种植现在多为机械化，对于种植玉米来说，性别没有明显优势，而随着新型农业经营主体的崛起，年龄与种植玉米相关性逐渐削弱，因此这两个变量对亩净收益的影响不明确。

（2）影响为正变量。文化程度：文化程度高，对于新技术、新知识的接收能力比较强。

务农时间：时间越长，经验越丰富。

非农工作经历：非农工作经历多，见识不同，对新的理念看法不同，会影响种植效果。

固定资产投资：有固定资产投资，会提高玉米种植效率，降低人工成本。

注册品牌：由于品牌效应的作用，注册品牌使得产品质量有保障，有利于提高玉米种植效益。

政府补贴、信贷支持：相关政策的支持，有助于提高经营主体玉米种植的积极性，提高玉米种植经济效益。

新品种、新技术、新模式和培训次数：玉米种植中采用新品种、新技术、新模式有助于改善当前玉米种植的现状，而参与培训有助于提高种植者的技术水平。

基于上述每个变量的原因，本研究预测其对玉米种植的经济效益有正影响。

（3）影响为负变量。生产资料投资：生产资料投资主要包括种子费、化肥费、农药费等生产成本，作为生产成本，对净利润的影响为负。

农业保险：作为支出项目，对净利润的影响为负。

通过对上述变量的预期与整理，具体变量的设计及结果如表 6-12 所示。

表 6-12　变量处理

变量名称	变量符号	变量定义	预期方向
亩净收益	Y	连续变量，亩收益－亩成本	
年龄	X_1	哑变量，40 岁（含）以上＝1，40 岁以下＝0	不明
性别	X_2	哑变量，男性＝1，女性＝0	不明
文化程度	X_3	哑变量，大专及以上＝1，其他＝0	正向
务农时间	X_4	连续变量，从事玉米种植年限	正向
非农工作经历	X_5	哑变量，有非农工作经历＝1，没有＝0	正向
固定资产投资	X_6	连续变量，购买固定资产的花费	正向
注册品牌	X_7	哑变量，注册品牌＝1，没有＝0	正向
生产资料投资	X_8	连续变量，种子、化肥等生产投入花费	负向
政府补贴	X_9	哑变量，有政府补贴＝1，没有＝0	正向
信贷支持	X_{10}	哑变量，有优惠贷款或享受优惠利率＝1，没有＝0	正向
农业保险	X_{11}	连续变量，参加农业保险的费用	负向
新品种	X_{12}	哑变量，连续 3 年使用新品种＝1，没有＝0	正向
新技术	X_{13}	哑变量，连续 3 年使用新技术＝1，没有＝0	正向
新模式	X_{14}	哑变量，连续 3 年采用新模式＝1，没有＝0	正向
培训次数	X_{15}	哑变量，一年培训 5 次（含）＝1，没有＝0	正向

注：①由于良种补贴是国家统一政策，此处政府补贴指除良种补贴之外的，如新技术应用补贴或种粮大户奖励等；②生产投资是指玉米种植过程中物质与服务费用、人工成本、间接成本与土地成本；③新品种、新技术、新模式是指连续 3 年以上使用的。

通过变量的设计，构建模型如下：

$$Y=a_1X_1+a_2X_2+a_3X_3+\cdots+a_{14}X_{14}+a_{15}X_{15}+C$$

其中 Y 表示单位面积净收益（连续变量）；$X_1 \sim X_{15}$ 为自变量，C 为常数项。

3. **总体回归结果分析** 为使分类型回归结果有可参考性和一致性，本部分先对总体样本进行逐步回归，以及了解新型农业经营主体发展中影响经济效益的因素，从整体上找出影响河北省新型农业经营主体玉米种植经济效益的因素，再逐个分析影响不同新型农业经营主体玉米种植经济效益的因素。本部分主要使用的分析软件为 SPSS 19.0。

(1) 模型检验。拟合优度检验：总样本回归模型 $R^2=0.6$，调整后的 $R^2=0.52$，整体回归显著，方差膨胀因子 $0<VIF<10$，不存在多重共线性。

显著性检验：为使回归结果更可靠，对模型进行回归系数显著性检验，分为 F 检验和 t 检验。F 值为 31.551，P 值为 0.00，整体显著性较高。

(2) 回归结果。如表 6-13 所示，在逐步回归中，解释变量新模式（X_{14}）被剔除方程，其他变量全部引入回归模型，但是解释变量 X_2、X_5、X_{12}、X_{13} 虽在逐步回归中引入模型，但没有在可容忍的置信水平下达到显著。新技术（X_{13}）与预期结果相反，对玉米种植经济效益的提高没有帮助，反而会使效益降低，可能的原因是新型农业经营主体没有熟练掌握要领，没有使得新技术发挥真正的效应。

表 6-13 总样本回归系数、显著性及相关检验

变量	系数	t 值	P 值	方差膨胀因子（VIF）
X_1	(0.051)	(2.085)**	0.042	1.008
X_2	0.434	1.857	0.109	1.023
X_3	0.266	1.838*	0.071	1.000
X_4	(0.222)	(1.673)*	0.100	1.166
X_5	(0.352)	(1.610)	0.113	1.005
X_6	0.266	1.987**	0.029	1.502
X_7	1.368	4.436***	0.000	1.010
X_8	(0.724)	(6.622)***	0.000	1.001
X_9	0.585	3.098***	0.003	1.016
X_{10}	0.406	2.111**	0.039	1.038
X_{11}	(1.434)	(2.868)***	0.006	1.029
X_{12}	0.277	1.343	0.185	1.067
X_{13}	(0.213)	(0.968)	0.337	1.002
X_{15}	(0.426)	(3.294)***	0.002	1.025
C	7.839	5.785***	0.000	1.008

注：*、**、*** 分别表示在10%、5%、1%的水平下显著。“()”代表此变量的作用为负。

在1%的显著水平下，注册品牌（X_7）、政府补贴（X_9）对新型农业经营主体玉米种植经济效益有显著正影响，与预期结果一致，而且注册品牌对经济效益的影响程度大于政府补贴，可见对新型农业经营主体玉米种植经济效益影响大的还是自身产品质量。而生产资料投资（X_8）、农业保险（X_{11}）和培训次数（X_{15}）对新型农业经营主体玉米种植经济效益有显著负影响，其中培训次数（X_{15}）与预期结果相反。这与王志斌（2018）对苏州市新型农业经营主体玉米种植经济效益的研究结果一致，发现参加农业保险不利于提高新型农业经营主体玉米种植经济效益。培训次数对经济效益有负影响，可能原因是新型农业经营主体参与的技能培训不是系统性的，前后没有形成知识体系，在生产实践中没有很好地运用理论指导实践，对玉米种植经济效益的提高没有帮助。

在5%的显著水平下，固定资产投资（X_6）、信贷支持（X_{10}）对新型农业经营主体玉米种植经济效益有显著正影响，与预期结果一致。而信贷支持对经济效益的影响程度大于固定资产投资，可见在从事玉米种植中，大规模的生产由于前期投入成本较大，缺乏资金，还是需要及时获得资金以及时进行生产，避免前期生产投入不足，导致后期效益低下，从而陷入恶性循环。

4. 分类型回归结果分析　分类型回归主要是将总样本分为三类，即专业大户、家庭农场和合作社，分别对三类新型农业经营主体运用逐步回归法，探究不同主体中影响经济效益的因素，以更好地分析三类新型农业经营主体玉米种植经济效益的差异。

(1) 模型检验。拟合优度检验的分类型回归结果如表6-14所示，专业大户和农民专业合作社的R^2均为0.93，调整后的R^2分别为0.89、0.88，达到了显著，家庭农场的R^2虽然较低，但达到了0.6，拟合优度较好，三类经营主体的方差膨胀因子均为0<VIF<10，不存在多重共线性。

表6-14　分类型回归结果及检验

变量	专业大户			家庭农场			农民专业合作社		
	系数	t值	P值	系数	t值	P值	系数	t值	P值
X_1	0.068	6.299***	0.000	(0.047)	(2.010)*	0.099	(0.060)	(2.280)**	0.046
X_3	0.388	2.240**	0.042				0.342	2.278	0.038
X_4	1.000	5.599***	0.000	0.328	1.831*	0.081			
X_6	(0.193)	(1.642)	0.135	0.103	1.200	0.243	1.305	7.692	0.000
X_7				0.800	1.906*	0.070	2.088	5.688***	0.000

（续）

变量	专业大户			家庭农场			农民专业合作社		
	系数	t 值	P 值	系数	t 值	P 值	系数	t 值	P 值
X_8	(0.520)	(2.232)**	0.010	(0.714)	(4.378)***	0.000	(0.688)	(5.301)***	0.000
X_9	0.489	2.119**	0.012	0.347	2.439*	0.051	1.220	3.807**	0.003
X_{10}	0.515	3.393	0.004**	0.354	1.386	0.180	0.985	2.741**	0.021
X_{11}	(0.874)	(3.488)*	0.095						
X_{13}				0.261	2.299**	0.027			
X_{14}							(0.521)	(1.979)*	0.076
X_{15}				(0.214)	(2.120)*	0.073	(0.852)	(3.522)**	0.006
R^2		0.93			0.6			0.93	
调整后 R^2		0.89			0.55			0.88	
F 值		10.004			18.777			14.981	

注：*、**、*** 分别表示在10%、5%、1%的水平下显著。“()”代表此变量的作用为负。

显著性检验：分类回归的 F 值，专业大户、家庭农场和农民专业合作社分别达到了10.004、18.777、14.981，整体显著性较高。

（2）回归结果。与总样本回归结果比较一致的是，性别（X_2）、非农工作经历（X_5）和新品种（X_{12}）在分类回归中也没有在给定的置信区间达到显著，说明在当前环境下，性别、非农工作经历已经不是影响农业经济效益的主要因素，而新品种对经济效益没有显著影响，可能是由于新品种种植要领还未熟练掌握。与总体回归结果一致的还体现在农业保险（X_{11}）在分类型回归中也表现为对经济效益有负影响，但是仅在专业大户中显著，在对家庭农场和农民专业合作社进行逐步回归中，由于变量的原因，被剔除在模型之外。

在分类型回归中，除去与总体回归结果一致的不显著变量外，年龄（X_1）在专业大户、家庭农场和农民专业合作社中分别在1%、10%和5%的水平下达到了显著，但是值得一提的是，年龄对专业大户经济效益有正影响，而在其他新型农业经营主体中有负影响（表6-15）。这可能是因为专业大户主要还是中年人为主，外出务工也没有好的选择，因此自己种地，而家庭农场和农民专业合作社更多地需要发展新模式、接订单，因此年轻一些有利于组织发展。

表 6-15　回归结果及影响程度

变量	总体回归结果	影响方向			影响程度
		专业大户	家庭农场	农民专业合作社	
X_1	负	正	负	负	专业大户＞农民专业合作社＞家庭农场
X_6	正	负	正	正	农民专业合作社＞专业大户＞家庭农场
X_7	正		正	正	农民专业合作社＞家庭农场＞专业大户
X_8	负	负	负	负	家庭农场＞农民专业合作社＞专业大户
X_9	正	正	正	正	农民专业合作社＞专业大户＞家庭农场
X_{10}	正	正	正	正	农民专业合作社＞专业大户＞家庭农场
X_{15}	负		负	负	农民专业合作社＞家庭农场

固定资产投资（X_6）和注册品牌（X_7）这两个解释变量在农民专业合作社及家庭农场中对经济效益的影响和总体回归一致，均对提高玉米种植经济效益有正作用，而在专业大户中固定资产投资对经济效益的作用为负，可能的原因是专业大户种植规模不如其他两个新型农业经营主体，固定资产投资的规模经济尚未体现出来。注册品牌在专业大户中影响不显著。

生产资料投资（X_8）、政府补贴（X_9）和信贷支持（X_{10}）分类型回归结果与总体回归一致，且对经济效益的影响方向一致，虽然这三个变量在不同新型农业经营主体中对经济效益的影响程度不同，但是可以说明的是，在新型农业经营主体从事玉米种植中，无论是从总体样本分析还是单独分析某一类新型农业经营主体，这三个变量对经济效益的提高和影响至关重要。

（二）基于影响因素的经济效益差异 Blinder-Oaxaca 分解

通过实证分析，发现三类主体中，农民专业合作社的经济效益最优，而不同的因素对新型农业经营主体玉米种植经济效益的影响程度和方向也不同，并且存在同一种因素在不同新型农业经营主体之间对经济效益的影响程度、影响方向有差别，而且虽然农民专业合作社的经济效益最优，但并不是所有因素对其经济效益的影响均优于其他两类新型农业经营主体。因此，本部分在前文的研究基础上，运用 Blinder-Oaxaca 分解方法（Blinder，1973；Oaxaca，1973）对不同新型农业经营主体玉米种植经济效益的影响因素进行分解，以期可以找出导致不同新型农业经营主体之间存在差异的因素，并分析差异存在的程度。

1. Blinder-Oaxaca 分解方法　Blinder-Oaxaca 分解方法是 Oaxaca 和 Blinder 研究男女工资之间差异的方法，后经过学者的拓展，多应用于农户微观的实证差异分析，其主要原理是将差异分解为生产率因素可以解释的部分

（特征差异）和不能解释的部分（边际差异）。其数学模型为：

$$W_m = X_m\beta_m + \mu_m \quad (6-1)$$

$$W_f = X_f\beta_f + \mu_f \quad (6-2)$$

W_m 指工资，X_m 指教育、经验控制变量，β_m 为各自变量的回归系数，μ_m 指残差项；$I=(m, f)$，因为 $\overline{\mu}_m=0$，$\overline{\mu}_f=0$，男女的平均工资可以进一步变为：

$$W_m = X_m\beta_m \quad (6-3)$$

$$W_f = X_f\beta_f \quad (6-4)$$

因此可以分解为：

$$\overline{W}_m - \overline{W}_f = \overline{X}_m\beta_m - \overline{X}_f\beta_f = (\overline{X}_m - \overline{X}_f)\beta_m + \overline{X}_f(\beta_m - \beta_f) \quad (6-5)$$

式（6-5）中，$(\overline{X}_m - \overline{X}_f)\beta_m$ 表示男女工资差异中可以用生产率解释的部分，而 $\overline{X}_f(\beta_m - \beta_f)$ 是不能解释的部分，一般情况下，将该部分解释为歧视造成。对于式（6-5）的分解方法还有另一种：

$$\overline{W}_m - \overline{W}_f = \overline{X}_m\beta_m - \overline{X}_f\beta_f = (\overline{X}_m - \overline{X}_f)\beta_f + \overline{X}_m(\beta_m - \beta_f) \quad (6-6)$$

式（6-5）和式（6-6）的不同分解方法，对分解的结果也存在差异，为消除指数基准问题，Neumark 进行了优化：

$$\overline{W}_m - \overline{W}_f = (\overline{X}_m - \overline{X}_f)\beta + \overline{X}_m(\beta_m - \beta) + \overline{X}_f(\beta_m - \beta_f) \quad (6-7)$$

$$\beta = \Omega\beta_m + (1-\Omega)\beta_f$$

$$\Omega = (X^{?}X)^{-1}(X_m^{?}X_m) \quad (6-8)$$

2. **模型设计**　基于 Blinder-Oaxaca 分解的数学模型，本研究借鉴其分解方法，对不同新型农业经营主体玉米种植经济效益差异的因素进行分解，依据逐步回归模型，将经济效益差异分解为：

$$\overline{Y}_A - \overline{Y}_B = (C_0^A - C_0^B) + \sum\nolimits_{i=0}^{n}(\overline{X}_i^A - \overline{X}_i^B) \times C_i^A + \sum\nolimits_{i=0}^{n}\overline{X}_i^B \times (C_i^A - C_i^B)$$

其中，C_i 代表估计参数值，A、B 分别代表不同等级的农户，$\overline{Y}_A$ 和 $\overline{X}_i^A$ 分别代表因变量和自变量观察值的均值，$\overline{Y}_A - \overline{Y}_B$ 代表新型农业经营主体产出差异，$\sum\nolimits_{i=0}^{n}(\overline{X}_i^A - \overline{X}_i^B) \times C_i^A$ 为特征值可以解释的差异（特征差异），$\sum\nolimits_{i=0}^{n}\overline{X}_i^B \times (C_i^A - C_i^B)$ 是特征值不能解释的差异，由回归参数造成的差异（边际差异），$C_0^A - C_0^B$ 是不能解释的差异。

3. **分解结果**

（1）数据处理。利用上述数学模型，可以得到新型农业经营主体玉米种植经济效益相关影响因素对经济差异的影响所占的比重。在进行分解之前，对变量进行了如下处理：

①对于在总体回归和分类型回归均不显著的变量性别、非农工作经历和新品种在经济效益差异分解时进行剔除。

②由于年龄和务农时间是固定不可改变的，即使对新型农业经营主体玉米种植经济效益有影响，但是无法对此进行改进，因此在进行经济效益差异分解时也予以剔除。

（2）结果分析。剔除部分解释变量之后，对剩余变量结合前文的相关分析进行 Blinder-Oaxaca 分解，分解结果见表 6－16。

表 6－16　不同新型农业经营主体玉米种植经济效益影响因素分解

变量	农民专业合作社与专业大户		农民专业合作社与家庭农场	
	特征差异	边际差异	特征差异	边际差异
文化程度（X_3）	0.005	−0.001	−0.009	−0.001
固定资产投资（X_6）	0.261	1.168	0.104	1.082
注册品牌（X_7）	0.355	0.081	0.282	0.109
生产资料投资（X_8）	−0.076	−0.471	−0.055	−0.589
政府补贴（X_9）	0.220	0.490	0.085	0.681
信贷支持（X_{10}）	0.177	0.103	0.069	0.208
新技术（X_{13}）	0.007	0.037	0.065	−0.025
新模式（X_{14}）	0.172	0.074	0.089	0.078
培训次数（X_{15}）	−0.094	−0.120	−0.119	−0.085
绝对差异	1.03	1.36	0.51	1.46
总差异	2.39		1.97	

注：负号代表方向为负。

①农民专业合作社与专业大户。按分解的变量，从表 6－16 中可以看出，农民专业合作社和专业大户总差异为 2.39，特征差异和边际差异相差不大，分别为 1.03、1.36，边际差异是由资源禀赋的差异导致，表明两者在玉米生产中投入要素的质量上存在差别，而特征差异是生产中投入要素的数量差异，两者在生产要素投入数量上也存在差距。这与实证结果一致，农民专业合作社在生产中对品牌、固定资产投资、生产资料的投入均高于专业大户。从分解结果可以看出，导致合作社经济效益高于专业大户的主要因素是固定资产投资和政府补贴，注册品牌也是合作社玉米种植经济效益高于专业大户的原因，虽然新型农业经营主体对玉米没有直接注册品牌，但是品牌带来的效应使得合作社的玉米可以卖出高价，且其玉米的品质有保证。而培训次数和生产投资对两者之间经济效益差距的缩小起到了作用。因此，专业大户要想缩小与农民专业合

作社的差距，应该认识到品牌的作用，进行品牌建设或进行产品质量认证。增加固定资产投资虽然可以提高经济效益，但是现阶段两者对该因素差异主要是资源禀赋导致，专业大户可以按种植规模适当增加对农机具的配置，缩小数量上的差异。

②农民专业合作社与家庭农场。农民专业合作社和家庭农场的总差异为1.97，其中特征差异水平为0.51，边际差异水平为1.46，特征差异和边际差异分别占总差异的26%、74%，说明两者的数量差距较小，边际差异决定了两者之间存在的差异。边际差异中，主要是固定资产投资和政府补贴，两者在质量上存在差异；而对于数量差异，拉大两者差距的主要是注册品牌、固定资产投资、新模式、信贷支持等。培训次数和文化程度、生产资料投资缩小了两者之间的差距。家庭农场要提升自身玉米种植的经济效益，缩小与合作社之间的差距，可以从新模式入手。

③农民专业合作社。从表6-16中还可以看出，专业大户和家庭农场提高生产投资数量和质量都有助于缩小与合作社的差距，这表明农民专业合作社在玉米生产中，对种子、化肥、农药、灌溉、土地、人工等方面的投入数量超过其他两个新型农业经营主体，但是高投入，却没有带来高收益。生产资料投资质量的差异、培训次数的差异导致合作社效益降低，使其他主体缩小了与自己的差距，可以看出，农民专业合作社在对农业生产的新技术或新科技方面还是有好奇之心，愿意尝试新鲜事物，探索新的生产、管理方式，提高效益，培训次数多，但是没有很好地、系统地连贯，在实际生产中没有很好地指导实践，对于采用高质量的种子、化肥或采用新技术灌溉、喷防，或全程采用新技术，没有很好地应用，没有使新科技或高质量的投入带来正效益。

对总体样本及分类型的逐步回归，发现性别、非农工作经历和新品种对新型农业经营主体玉米种植的经济效益没有影响；生产资料投资、政府补贴和信贷支持对新型农业经营主体玉米种植的经济效益有不同程度的影响，影响方向与预期一致；通过回归，还发现新技术、新模式和培训次数对新型农业经营主体玉米种植的经济效益有负影响并且与预期结果相反，且对不同的新型农业经营主体玉米种植的经济效益有影响，农业保险对新型农业经营主体玉米种植经济效益有负影响，和学者王志斌研究一致。新技术、新模式和培训次数对玉米种植经济效益的提高没有帮助，猜想的原因主要有两点，一是经营者对新技术、新模式的应用要领没有掌握，经营者需要磨合，二是新技术、新模式刚用于农业生产，还处于孕育期，没有达到成熟，经济效益还没有凸显。

通过经济效益差异的分解，造成不同新型农业经营主体差异的原因和提升方法各有不同。通过逐步回归和分解结果发现，新型农业经营主体虽然没有直接对玉米注册品牌，但是新型农业经营主体作为一个组织进行注册品牌，其带来的效应对玉米种植的经济效益存在显著的影响。

专业大户：与农民专业合作社的差异中，特征差异和边际差异均是导致专业大户和合作社存在差异的原因。固定资产投资和政府补贴因素使得合作社效益高于专业大户，也是产生差异的主要因素。

家庭农场：与农民专业合作社的差异主要是边际差异导致。边际差异中主要是固定资产投资和政府补贴。在数量差异上，拉大两者差距的主要是固定资产投资、新模式、信贷支持等。

农民专业合作社：在与专业大户和家庭农场比较中，均发现生产资料投资、培训次数在数量和质量上都使其他主体缩小了与合作社的差距。

五、研究结论和建议

本章通过对河北省新型农业经营主体玉米种植现状的梳理，从经营者特征、经营投资、政府支持和科技投入四方面进行调研，结合实际情况，以专业大户、家庭农场和农民专业合作社为研究对象，分析影响新型农业经营主体玉米种植经济效益的因素，并进行了实证分析，在总结以上各研究结论的基础上，提出目前提高河北省新型农业经营主体玉米种植经济效益的政策建议。

（一）研究结论

1. 新型农业经营主体玉米种植效益存在差异　通过对河北省新型农业经营主体调研、分析，发现现阶段河北省新型农业经营主体玉米种植经济效益比较低，平均亩净收益 120 元，整体呈现出农民专业合作社＞家庭农场＞专业大户的特点。农民专业合作土地成本、物质与服务费用高于专业大户和家庭农场，但农民专业合作社经济效益也高于其他主体，一方面是因为注册品牌对其带来的效益，另一方面是因为合作社多投资烘干存储设备，玉米可以很好地烘干，两者结合平均售价为 1.70 元/千克，不仅可以弥补成本高的缺陷，反而使得净收益高于其他新型农业经营主体。结合当前亩收益，家庭平均劳动力 2～4 人，新型农业经营主体种植规模达到 300～500 亩，年均收入达到20 万～40 万元，才能达到规模经济。

2. 影响玉米种植效益的因素及程度不同　通过对总体样本和分类型回归的实证分析可知，影响新型农业经营主体玉米种植经济效益的因素有一致也有不同。①性别、非农工作经历和新品种对玉米种植经济效益没有显著作用，虽然新型农业经营主体负责人男性比例占绝对优势，但对经济效益的提高没有显著性。②注册品牌对新型农业经营主体玉米种植经济效益有显著正影响，且影响程度最大。其次是政府支持和信贷支持，三类新型农业经营主体在此方面表现出高度一致。③不同新型农业经营主体在分类型逐步回归中，影响玉米种植经济效益的因素也存在差异。对专业大户而言，影响其经济效益的因素主要是经营者务农时间，对经济效益有正影响，对于家庭农场和农民专业合作社，经济效益的主要影响因素是注册品牌，其有助于提高玉米种植经济效益。④无论是逐步回归还是Blinder-Oaxaca分解，可以看出种子、化肥等生产资料的投入对经济效益有影响，也达到显著，但是与注册品牌、固定资产投资、政府支持相比，影响程度还是略微小一些，说明目前规模经营基本能够实现降低种植成本，现阶段应转向关注生产质量的发展。

3. 新型农业经营主体提升玉米种植经济效益的路径不同 由Blinder-Oaxaca分解的结果可知，不同新型农业经营主体对于现阶段的玉米种植经济效益提升侧重点各有不同。

对于专业大户，更重要的是加强品牌建设，提升产品质量，其次是在固定资产投资方面，可以加大投入，以达到当前规模的最优配置，对于生产中的模式可以考虑采用订单或与合作社合作的方式，合作共赢，以提升经济效益。

对于家庭农场来说，加强注册品牌也是提升经济效益的关键，其次家庭农场作为种植规模较大的新型农业经营主体，也应该多采用一些新技术、新模式，以提高自身效益。

农民专业合作社作为经济效益最优的新型农业经营主体，其可以在生产资料的投入上做到精准适量，避免浪费，以减少成本，提高效益，而对于新技术和新模式，合作社在应用中还不是很熟练，应该多学、多问，让科技真正带来效益，惠及农业。

（二）相关政策建议

1. 政府层面

（1）玉米品牌的建设可以向前端延伸。市场上以玉米为原料的产品品牌众多，但是根据《2018年河北知名品牌（产品）价目表》获悉，河北省目前关于玉米前端品牌的建设仅限于玉米品种和鲜食玉米。玉米作为初始原材料，即使品种不同，但是产出的玉米同质化严重，质量参差不齐。虽然对于新型农业经营主体生产玉米，建立自己的品牌可能性较小，但是政府可以引导相关技术部门，培育不同用途的种子，加快玉米功能细分化，针对不同需求，生产不同品质、不同种类的玉米，使得玉米品质有所差异，提升玉米价值。

对于新型农业经营主体，整体品牌建设比较薄弱，实证分析发现注册品牌对于新型农业经营主体玉米种植经济效益有显著正影响，且影响比重比较大，也是农民专业合作社经济效益高于专业大户和家庭农场的主要因素。政府可以多鼓励、宣传、引导新型农业经营主体进行品牌管理与建设，提升农产品质量。

（2）对新型农业经营主体的政策支持要具体、实用。现行的农业补贴政策主要是补给土地承包者，而流转土地经营的新型农业经营主体享受不到政策。现在针对新型农业经营主体的补贴形式多是以奖代补，站在种植者角度，更愿意是实实在在的资金，如同投资上的“两鸟在林，不如一鸟在手”，因此针对新型农业经营主体的补贴可以细化、实用，如养地轮作补贴，达到标准如何补贴；新型农业经营主体应用新品种、新技术等，能够实现增产、节约成本、提高效率且具有稳定性，如何进行补贴；新型农业经营主体在自己的区域，带动了新技术的应用和推广，如何进行补贴等。这样不仅能够充分发挥政策的激励作用，对于新型农业经营主体生产积极性的提高也有助益。

新型农业经营主体在生产过程中会遇到资金短缺的情况，但由于新型农业经营主体缺乏可抵押的资产，一般很难获得银行等金融机构的信贷支持。而农业生产前期投入比较大，如果缺乏资金导致前期投入困难，则也会导致后续收益较低，更加缺乏资金，从而陷入恶性循环。因此，政府应多鼓励、引导、支持当地银行增加涉农贷款业务量，倡导商业银行信贷走向农村、走向农户。对于贷款资质的审核，政府可以作为担保人，根据种植规模、品牌建设、是否在工商部门进行注册等差异，在贷款的金额、优惠贷款利率等方面适当有所调整，让每一个农业生产者解决生产中对资金的需求问题。

（3）新技术应用及推广要方便、实用、易学。现阶段，农业新品种、种植新技术和新模式很多，但是如何很实用、高效地推广到田间地头，新型农业经营主体可以熟练掌握并长期使用是关键，这样才能真正给农业带来实惠。从实证分析中也可以看出，新品种对新型农业经营主体玉米种植的经济效益没有显著性影响，新技术仅在家庭农场中显著，而新模式对合作社带来负影响，有可能新品种、新技术和新模式在实际应用中操作失误或存在偏差，这就有赖于农业科技推广服务，在对新型农业经营主体进行培训时，注重系统性和连贯性，确保后续跟踪，建立同新型农业经营主体沟通的平台，随时、随地进行指导，切实保障农民收益不受损失。

2. **新型农业经营主体层面**

（1）专业大户。专业大户整体科技投入比例较低，也是与农民专业合作社经济效益拉开差距的因素之一，因此专业大户可以改变传统观念，尝试接收新技术、新理念，用更科学的方法进行农业生产，提高经济效益。专业大户玉米平均售价也是最低，一方面是没有合理的储存方法，另一方面是许多大户在玉米收获后，直接在地里出售，对于此，专业大户可以向家庭农场和合作社学习，选择适当的储存方法，待价格合适时再出售，以提高玉米产后价值。

通过逐步回归，发现固定资产投资对专业大户玉米种植的经济效益提高没有帮助，但是在经济效益分解时，固定资产投资数量和质量的差异确实是拉大专业大户与农民专业合作社经济效益的原因，说明目前专业大户的固定资产投资在数量和质量上没有达到已有规模的最优配置，导致人工成本高于其他新型农业经营主体，因此专业大户在现有规模下，应扩大对固定资产的投资，以提高玉米种植的经济效益。

(2) 家庭农场。统计性分析结果表明，家庭农场物质与服务费用在新型农业经营主体中最具有优势，亩均净收益在新型农业经营主体中居于第二，但是内部之间整体差距较大，仅有40%的农场净收益在均值之上，主要原因是机械成本差距大，影响因素分解结果也表明家庭农场在固定资产投资上还有提升空间，因此家庭农场应该增加固定资产投资，达到单位亩机械配置最优，降低租赁机械作业成本，以提高自身玉米种植的经济效益。

通过逐步回归，品牌对家庭农场玉米种植经济效益的提升有显著正影响，但是与农民专业合作社相比，影响程度远远不足，因素分解结果也表明，品牌质量与数量差异也是家庭农场与合作社差异存在的原因之一，因此家庭农场在今后的发展中，应该注重品牌的建设，认识到品牌效应。

(3) 农民专业合作社。无论是通过统计性分析与河北省玉米种植各项成本投入均值比较，还是对影响因素的差异分解，农民专业合作社物质与服务费用、人工成本和土地成本不仅高于河北省平均水平，也是新型农业经营主体中最高者。农民专业合作社在对种子、化肥、农药等生产资料的投入上存在过量问题，因此合作社要进一步提高玉米种植经济效益，应该对生产资料的使用做到精准、适量，以减少成本。

统计性分析可以看出农民专业合作社愿意尝试新的生产、管理方式，尝试新技术，是新型农业经营主体中科技投入比例最高的新型农业经营主体，但是通过逐步回归发现，科技投入对合作社玉米种植经济效益的提高没有显著作用，甚至是负影响。因此农民专业合作社要注重对新技术学习的连贯性与系统性，做到学以致用，在对玉米新技术、新科技的应用上，应问、看、学、做结合，实验与反馈循环往复，小面积实验，真正掌握技术时，大面积应用，提高玉米种植效益，真正发挥技术的作用。

第七章

河北省小麦—玉米技术集成与示范项目社会效益评价

设立国家“粮食丰产增效科技创新”重点专项重要目的之一是发挥农业科技综合效益，如何衡量和评价这类项目的综合效益也本课题研究的重要目的之一。农业项目社会效益评价一直是理论和实践中的难点问题，评价指标不规范、评价方法随意性强是农业项目社会效益评价中普遍存在的问题，科学评价农业技术集成与示范类项目的社会效益，不仅是提高这类项目综合效益评价质量的要求，而且是提高财政资金使用绩效的客观要求，同时是国家有关部门制定该类重点专项“十四五”规划目标和相关政策的重要依据。

一、相关概念和项目特点

（一）相关概念

1. 社会效益 关于社会效益的界定目前国内外学者尚未形成统一认识，从社会效益涵盖的范围来看，主要有三个层面的解释。第一层覆盖范围最广，认为社会效益是社会活动所带来的一切影响，具备整体性与全面性的特点，又因为其涵盖政治、经济、资源、环境、福利等各个方面内容，所以也具备综合性的特点。如李江涛认为，只要是人类活动所带来的具有积极意义的影响，都能被称为社会效益，因而是一种综合性的系统效益；《投资大词典》中基于项目投资的角度，将社会效益定义为项目的建设和经营给社会带来的得益，包括有形和无形的方式对社会产生积极影响或消极影响。第二层范围相对缩小，认为社会效益是间接经济效益，即社会效益与经济效益相对，即把一切非经济的效益都理解为社会效益。王洋在评价地铁交通的综合效益时，将综合效益按照影响方式的不同，分类为直接与间接效益两个层面，并将社会效益、防灾效益归类为间接经济效益。陈林认为社会效益是项目对增加就业、提高收入、改善生活等社会福利方面所作各种贡献的总称，属于间接经济效益。第三层是最狭义的社会效益，其不仅与经济效益相对，而且还与政治效益、生态环境效益等相区分。刘琼峰基于时空变异的角度对湖南省耕地利用效益进行研究时，认为耕地利用对社会环境系统产生的影响及宏观社会效应都属于社会效益，要素投入所获得的直接收益属于经济效益，生态环境造成的影响属于生态效益。

概括来说，效益是某项活动的运行所带来的影响，包括效果和利益两部分。一般认为效益由直接效益与间接效益构成，其中，直接效益也就是我们所熟悉的经济效益，是该项活动本身得到的收益性成果，具有局部性的特点，主要用于对生产经营类项目进行财务评价或者国民经济评价；间接效益包括社会效益和生态（环境）效益，其中的社会效益是从社会领域的角度来考察效益，具有全局性的特点，即某项活动、行为或项目等对生活方式、价值观念、产业进步、城乡发展、社会稳定等方面带来的影响，在非生产经营类项目尤其在政府主导型项目、公益性项目中应用更多。生态（环境）效益和社会效益的侧重点又有所不同，其中生态（环境）效益侧重对自然资源、自然环境等造成的影响，如防止土地沙漠化、调节生态稳定性，社会效益则侧重对人、行业等人类社会发挥的主要作用。

社会效益与经济效益相辅相成，经济效益属于社会效益的重要组成部分，社会效益则是经济效益表现方式的重要风向标。从广义角度来说，社会效益泛指所有方面的效益；以相对宽泛的衡量标准来看，经济效益应排除在社会效益的含义之外。从更加具体的狭义角度分析，社会、经济与生态效益应属于不同的范畴。本章将从狭义的社会效益入手作进一步研究，即区分出经济效益、生态效益和社会效益的作用范畴与表现途径。

2. **农业项目与农业科技项目** 农业项目是指在农业领域投入一定的资金和资源而形成生产、服务能力，以期能够及时、经济地促进农业发展的活动。农业项目所涵盖的范围较为广泛，例如退耕还林、综合开发、农产品加工与中低产田改造等项目。从农业项目资金的来源和主要用途来看，农业项目主要有农业科技项目和农业投资项目。

农业科技项目与其他农业项目最显著的不同是它具有创新性，是将资金、人才等要素投入与农业科技相关的研制、推广、采用之中。根据组织实施部门不同，可以分为政府、行业和企业等不同类型的科技项目。政府实施的农业科技项目是国家科技体系发展不可或缺的重要组成，具有周期长、范围广与投资规模大的特有属性。以研究性质作为依据，可按照基础型、应用型与技术推广型等类型进行归类。基础型研究项目以发现为目的，为应用研究提供理论指导；应用型研究项目以发明为目的，注重对产业发展的关键技术进行研究，将农业技术水平的改善提高作为主要目标；技术推广型项目的重要作用点是在应用项目的基础上，将先进的科技成果通过社会实践等转化为真正的生产力。

3. **农业技术集成与示范项目** 农业技术集成与示范项目属于技术推广类项目，可以看作是先进的农业技术研发成功后进行转化应用的过程，实质上就是对要素进行整合和优化的过程。它主要可以分为两个阶段，第一阶段是集成，基于已有的理论与关键技术，以单一独立的农业技术为研究对象，将其进一步梳理归类，并在此次基础上，整合成为综合性的技术体系，即科学融合，使新品种、新技术与新设备相互适配，最终充分发挥“1+1>2”的技术整合在应用科学中的作用；第二阶段是示范推广，通过将集成的技术体系在具体单位进行应用，对外推广先进技术的生产过程和结果，起到示范辐射效应。通过以上两个阶段，串联技术研发、示范推广与生产实践等不同环节，使得其作用路径能够有机顺畅衔接，并将物质、信息与人才等要素投入效率最大化，最终实现要素的自由流动与积极反馈等必要调节。农业技术集成和示范项目是由政府主导的，通过整合配套先进理论与技术，并在广大农村地区进行示范推广的，能够对农民、农业发展在经济、文化、技术等方面产生深远影响的项目。

（二）项目特点

1. **农业技术集成与示范类项目的特点** 农业技术集成与示范类项目作为一类重在提高农业科研成果转化应用效果的农业科技项目，具有广泛的社会效益。与一般项目相比，该类项目的特点主要表现为：

（1）综合性强。农业技术集成与示范类项目涵盖农业生产的整个周期，包括品种培育、播种施肥、病虫害防控、产后减损、资源高效利用等各个环节，涉及面广。此外，该类项目不同于其他农业项目具有单一目标任务，如扶贫项目、“粮改饲”项目、“秸秆综合利用”项目等，这些项目往往只围绕一个核心任务进行设计，而技术集成与示范项目要综合多种农业生产技术，并进行示范，且针对不同区域自然经济社会特征，集成不同的农业技术，示范的核心技术也有所区别，即项目的综合性强。

（2）参与主体多。该类项目通常由科研院校承担，同时联合农业部门、企业、新型经营主体等多个部门共同完成；参与人员多，政府、科研院所、企业、产业链各环节的新型经营主体等都会参与到项目中，共同推动新技术新成果的应用。

（3）目标多样性。农业技术集成与示范类项目在实施过程中，不仅是为了解决农业生产中某个环节的问题，更多的是为了将科技转化为生产力，促进农业可持续化、生态化发展，从而实现农民增收，社会稳定发展的目标。

2. **河北省技术集成与示范项目的特点** 河北省实施的是小麦、玉米节水丰产增效技术集成与示范项目，该项目具有以下特点：

（1）以农业新型经营主体为引领。河北省人多地少，新型经营主体占比较小，且规模不大，农户的组织化程度不高，种植仍以普通农户为主，在一定程度上制约了先进农业科学技术的推广应用。以家庭农场、合作社和农业企业为代表的新型农业经营主体不仅具有生产功能，还具有服务功能，其社会化服务功能的有效发挥有助于技术集成的推广与示范。与传统散户种植相比，规模化生产的新型经营主体更符合农业现代化发展的要求，更容易接受和采用新品种、新技术和新方法，是使各种先进生产要素更加有效的载体。

河北省实施的小麦、玉米节水丰产增效技术集成与示范项目主要是在河北省不同生态类型区，通过培育小麦和玉米种植家庭农场、农民专业合作社、农业企业等新型经营主体，利用粮食丰产增效科技创新平台，推动项目区冬小麦—夏玉米周年两熟作物水肥高效、绿色轻简、全程机械化等新技术、新模式推广应用，旨在延长产业链，提升小麦、玉米品种水平，示范引领区域种植户，改变传统的生产、经营模式，提高水热光资源利用率、降低生产成本，提升农业可持续生产能力，实现节水、丰产、增效。

（2）以技术集成和示范为核心。发展现代农业，转变农业生产方式，实现农业生产的节水、丰产、增效，仅依靠单一技术的突破是远远不够的，需要整合科技资源，选择对农业发展关联度大、带动能力强的多项农业技术进行联合攻关。该项目针对河北省不同生态类型区水热资源限制条件和特有的小麦、玉米两熟种植模式，重点对以下技术进行集成和示范：

一是河北平原区冬小麦、夏玉米优选品种提质增效技术集成体系。其主要是针对河北平原小麦、玉米两熟种植制度下光热水资源紧缺、水肥利用效率较低、品质潜力挖掘不足、综合效益有待提高等问题，以前期小麦、玉米品种优选和两季作物品种优化成果为基础，依托“一控、两减”技术、农艺—农资—农机融合技术和减药保质、降耗增质、综合增效技术体系，明确不同生态区小麦和玉米优选品种抗病抗逆、水肥高效、高产优质生物学机制，集成适应河北不同生态区和不同生产要求的优质稳产、抗旱节水、抗病耐虫小麦—玉米优选组合模式。

二是河北平原区冬小麦—夏玉米重要灾害统防统治技术集成体系。其主要是针对河北平原区小麦生育前中期土传病害及中后期气传病害发生规律和生产限制，以布局抗性品种为基础、增施多功能菌剂为重点，结合高效药剂种子包衣和飞防植保，建立河北平原区冬小麦提高防效、节约成本、减轻病害的高效绿色防控技术体系。针对根腐病频发的问题，项目组利用高效低毒药剂，对小麦种子进行处理，建立河北省黑龙港低平原区小麦根腐病统防统治技术体系等。

三是太行山山前平原小麦—玉米节水高产增效栽培技术集成体系。其主要是针对太行山山前平原水资源利用效率不高问题，集成小麦精准调亏补肥关键技术和冬小麦春季水肥高效运筹技术；针对太行山山前平原中部生态区域土壤耕层结构紧实、限制根系发育和植株水肥利用效率不高问题，集成适合该生态区域的耕层调理技术；针对冬小麦—夏玉米周年水肥利用效率不高问题，利用丰产、抗逆、中早熟玉米品种，开展玉米缩短农耗、早播配合平衡施肥提高玉米光热资源利用效率关键技术集成等。

四是黑龙港中南部平原小麦—玉米两熟丰产光温高效轻简技术集成体系。其主要是针对黑龙港低平原区中南部耕层犁底层限制作物根体发育的问题，实施土壤耕层调控及培肥技术；针对项目示范田土壤水分和养分的空间分布比较不均衡而限制冬小麦、夏玉米根体发育和水肥利用效率问题，利用分层施肥精播机，测土结合平衡施肥、精播技术；针对黑龙港中南部夏玉米籽粒机收的生产实际需求，集成优良品种早熟、籽粒脱水快、均衡养分实施、绿色病虫草防治、适配玉米籽粒机收的轻简技术等。

五是黑龙港东北部平原小麦—玉米丰产水热高效轻简化技术集成体系。其主要是针对黑龙港东北部浅井灌溉区冬小麦—夏玉米周年两熟劳动生产效率有待提升的需求，集成与示范周年作物丰产水热高效轻简化技术；针对黑龙港深井灌溉区灌溉周期长而不能保证及时播种，造成作物生产光热资源浪费和灌溉成本高限制问题，集成微喷灌水肥一体化技术和浅层微咸水补灌关键技术；针对东北部水资源严重匮乏问题，集成冬小麦贮熵灌溉为核心的水热轻简化关键技术体系。

六是燕山山麓平原小麦、玉米丰产与资源高效利用种植技术集成体系。其主要是针对燕山山麓平原冬小麦穗数少、穗层不整齐限制小麦产量潜力问题，集成植株早发增穗丰产节水技术体系；针对燕山山麓平原北部冬小麦—夏玉米周年两熟热量资源限制，集成两年三熟春玉米节水、丰产、增效技术；针对夏玉米种植中存在接茬时间紧张，播种密度较低等问题，集成增密丰产技术体系。

七是河北项目区冬小麦储粮关键技术集成体系。其主要针对河北平原区冬小麦、夏玉米储粮技术不完善、贮粮损耗等问题，集成新型储粮装具及储粮技术体系。

二、项目社会效益评价的理论基础

1. 利益相关者理论　弗里曼是最早提出“利益相关者”一词的学者，《战略管理：利益相关者管理的分析方法》一书在 1984 年首次出版，标志着利益相关者理论明确提出。利益相关者理论是以公司发展所涉及的全部利益相关者为主体视角，将企业的整体利益作为最终目标，而不仅仅关注企业主体利益，企业价值的最大化无疑是通过综合利益相关者的各方需求而达到的。利益相关者理论虽然起源于企业管理，但随着时代进步与发展，该理论已经被应用于项目分析与评价等方面，比如世界银行明文要求在评价国家的贷款项目时，必须在项目决策阶段进行项目利益相关者分析工作，我国的《投资项目可行性研究指南》中社会评价部分也对项目利益相关者评价提出了相关要求。

21 世纪初，国内外广大学者利用不同的专业研究视角，提出了利益相关者的不同定义。概念虽然存在差异，但仍可提炼出一些共同点：一是识别并界定利益相关者范畴，二是描述组织战略与利益相关者之间的交互影响关系。弗里曼的观点具有相对全面的代表性，他认为利益相关者既是受到组织影响，又能够对组织施加一定程度影响的一类群体，作用的交互性是其主要的特征识别点。

本章参照弗里曼对利益相关者的定义，认为农业技术集成与示范项目的利益相关者是在该项目实现的过程中，受到项目目标影响的个人或群体，同时，这些个人或群体的活动也影响到项目的推进。

2. 项目的利益相关者及社会效益形成机理 农业技术集成与示范项目所涉及的利益相关者众多，主要有各级政府部门、科研院所、高校、各类新型经营主体、农户、上下游相关企业等。综合来看，农业技术集成与示范类项目的利益相关者可以分为四类：以国家目标为导向的政府管理部门（各级政府部门和农业技术推广人员）、以科研成果为导向的科研部门（科研院所、高校）、以市场利益为导向的单位组织（新型经营主体、上下游企业等）、以民众利益为导向的群体（农户）。各利益主体之间的关系如图 7-1 所示。

以国家目标为导向的政府管理部门是项目的发起者。政府作为国家的管理者，注重项目运行对农业基础地位的巩固作用，对农业综合生产能力的提高作用，对农业可持续发展的促进作用，对国家粮食安全的保障作用，最终应当实现和谐社会健康发展。在农业技术集成与示范类项目的实施过程中，政府主要承担支持和引导作用，通过整合各类优势资源，为农业技术的集成与推广提供以下五个方面的支持：第一，为科研部门提供人才、设施、技术、资金等资源和支持条件，加快科研部门实现新技术、新品种集成的步伐；第二，与项目区及国内领先的种业、农资公司合作，有效提升农资供应质量，从而优化技术示范和辐射效果；第三，加大对农民合作社、家庭农场等新型农业经营主体的财政支持与信贷支持力度，并增强他们与科研部门之间的技术交流；第四，与行业内知名的加工企业、养殖企业达成技术协议，进行集成技术大规模的示范推广，促进农业产业链延伸，推动农业综合产业发展；第五，依托政府技术宣传

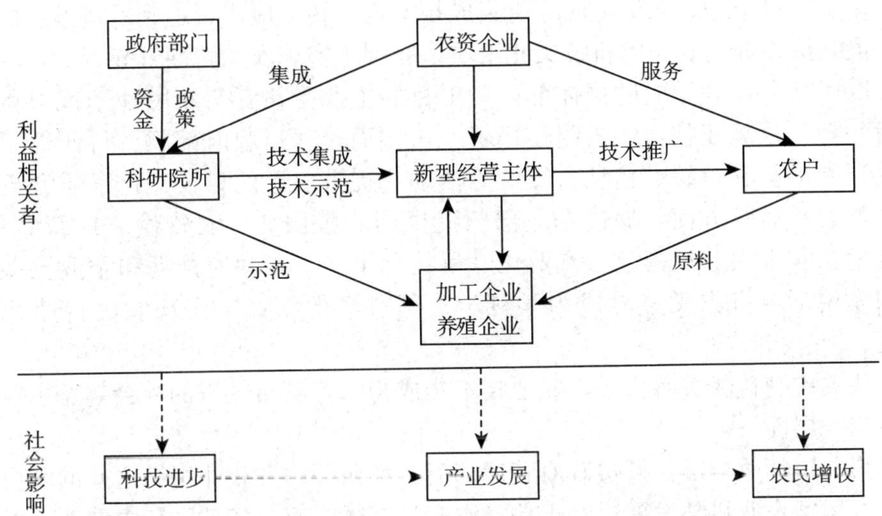

图 7-1　农业技术集成与示范类项目的利益相关者及社会效益形成机理

培训、技术网络等相关平台，广泛组织集成技术现场观摩、技术指导、技术讲座和技术培训，为农村经营主体骨干人员、高素质农民等提供技术培训。

以科研成果为导向的科研部门是项目的供给者。在农业技术集成与示范类项目的实施过程中，科研部门是科研成果的主要源头，在项目推行过程中起着关键作用。高等院校拥有雄厚的科教资源优势，是科技力量的核心：一是它通过建立农业试验基地、科技示范基地等，开展教育培训以及科技咨询服务；二是它以项目为纽带，吸纳众多科研人员组成专家团队，并建立了规范有序的组织管理与考评机制；三是通过扶持项目区新型农业经营主体发展，结合区域资源状况，为农业生产提供针对性、持续性的技术培训和指导，一方面有助于解决我国当前农业生产中存在的农户分散经营的问题，另一方面有助于科研成果与实践需求紧密结合。科研院所除拥有科研成果外，还具备一支经验丰富的推广队伍，是技术研发和推广中的基础力量。在项目目标的指引下，高等院校与科研院所通力合作，充分发挥各自优势，对涉及品种培育、栽培方式、施肥方法、灾害防治、产后减损等各个环节的新品种、新技术、新成果等资源进行整合并共同开展技术推广工作，形成了促进技术创新与推广的合力，对于推进现代农业技术体系建设、促进农业领域科学技术进步意义重大。

以市场利益为导向的企业组织是项目的主要参与者。农资、加工、养殖企业和新型农业经营主体与农户联系最为紧密，分布农业生产的各个环节，是技术推广的重要载体，在项目推行过程中起到中介作用。在政府的引导和支持下，他们一方面与科研部门达成合作，学习先进的集成技术，另一方面通过向农户提供农机服务、农资供应等将集成技术进行转化应用，达到示范推广的目的，最终可以提高农民的科技文化素质，有利于实现农业转型升级。

以民众利益为导向的群体部门是项目的主要受益者。农民处于该项目的最后一环，是集成技术的最终使用者。一方面，通过政府部门、科研部门对农民开展动员、组织、培训、支持等活动，提升农民的科技文化素质和自我发展能力；另一方面，通过企业部门提供的农技服务、农资供应等新品种、新技术，实现农业规模化、专业化、科技化生产。在政府推动和企业支持的共同作用下，将农民培养成为学科学、用科学的农民，实现农民持续稳定增收。

从关键利益相关者入手，农业技术集成与示范项目带来的社会效益主要表现在三个层面：

第一，行业层面。通过政府管理部门、科研部门和企业组织之间的联合与协作，引领农业科技发展，对于保障农产品有效供应、实现区域内农业转型升级意义重大。

第二，农户层面。通过开展实用技术培训，组织农民学习掌握先进的科技知识，营造浓厚的学习氛围，农民走上科技致富之路。

第三，技术层面。在政府管理部门的支持下，科研部门和企业组织以各自的科技资源和优势为依托，实现技术研发与推广的有效对接，将实用、易掌握的先进技术迅速扩散、传播到广大农村地区，加速技术的转化应用过程。

三、项目社会效益评价指标体系构建

（一）项目社会效益评价指标构建的原则

农业技术集成与示范类项目社会效益指标体系具有系统性、整体性特点，它由一系列相互联系、相互影响的指标组成。构建农业技术集成与示范项目的社会效益评价指标体系时，需遵循以下原则：

1. 聚焦农业技术集成与示范类项目的目标 丰产增效、环境友好是现代农业发展的目标，也是体现农业技术集成与示范类项目社会效益的重要方面，评价该类项目社会效益时应遵循以下方面内容：一是在保证农业增产的前提下，推动绿色生产，提高农产品的质量水平；二是推动建立现代化农业产业体系、生产体系、经营体系，全面提升自身素质和竞争力；三是强化科技支撑，通过科技的进步发展带动农业生产的稳步增长及整个产业链的健康发展。

2. 体现农业技术集成与示范类项目的特点 首先，它与一般的研究性活动不同，应将评价的重点聚焦在科技成果的转化应用情况以及对产业发展带来的实质性贡献，不应该以研究产出（如论文）的科学价值作为评价的重点。其次，作为一项科技项目，它带来的社会效益包含有形和无形成果两个方面，除了表现形成一系列的论文、专利、技术体系等学术成果外，还能通过该项目提升参与人员的科学文化水平，从而为后续相关活动奠定基础。

3. **突出重点，简繁得当**　指标体系的构建不仅应兼顾评价主体的目标、评价客体的特征，还应保证评价指标的可操作性，指标数据的可获得性。因此，在构建指标时，力求凝练，聚焦关键要素，凝练出明确性与代表性并存且方便获取的评价指标。

（二）项目社会效益评价指标体系

1. **项目社会效益评价指标的筛选**　采用文献分析法对农业科技项目社会效益评价指标进行筛选，发现近年来学者有关农业科技项目社会效益评价的指标主要包括三方面：一是项目对保障农业基础地位作用影响方面的指标，如单位面积产量、农产品品质状况、农业生产组织水平、农业产业化经营水平、人均粮食占有量、劳均粮食产量、商品率等；二是项目对自然资源保护与利用影响方面的指标，如水资源节约状况、化肥减施状况、农药减量状况、土壤养分改善状况等；三是项目对农业科技进步影响方面的指标，如农业技术先进水平、成果推广率、技术推广程度、良种覆盖率、信息化水平以及劳动力素质提升等。通过对汇总出的农业科技项目社会效益评价指标进行同质化梳理，即对大体内容相似的指标进行合并、替换处理，并结合农业技术集成与示范项目特点，最后筛选出 3 个二级指标和 9 个三级指标，如表 7－1 所示。

表 7－1　农业科技项目社会效益评价指标体系

一级指标	二级指标	三级指标
社会效益	项目对保障农业基础地位作用的影响	单位面积产量
		农产品品质
		农业产业化经营水平
	项目对自然资源保护与利用的影响	节水灌溉面积比
		化肥使用量
		农药使用量
	项目对促进农业科技进步的影响	机械化率
		信息化水平
		劳动力素质

2. 项目社会效益评价指标分析

（1）项目对保障农业基础地位作用的影响。项目对保障农业基础地位作用的影响主要是项目的实施对区域农业生产能力的提升所发挥的推动作用。农业作为我国基础产业，在确保经济健康发展、社会大局稳定、生态环境宜居等方面发挥着重要作用。项目对保障农业基础地位作用的主要体现就是确保粮食安全，不仅是有足够的粮食，还要确保粮食的品质，只有在能保障人们衣食无忧的条件下，才能保障人类和经济社会的可持续和高质量发展。农业产业化经营是提高农业竞争力的重要举措，也是实现农民增收的主要渠道。发展农业产业化经营，可以促进农业和农村经济结构战略性调整向广度和深度进军，有效延长农业产业链条，增加农业附加值，使农业的整体效益得到显著提高，可以促进小城镇的发展，创造更多的就业岗位，转移农村剩余劳力，增加农民的非农业收入；可以通过农业产业化经营组织与农民建立利益联结机制，使参与产业化经营的农民不但从种、养产业中获利，还可分享加工、销售环节的利润，增加收入。因此，项目的实施对保障农业基础地位的作用可以从以下三方面体现出来：

一是粮食丰产能力是否增强。农业科技项目重要的目标之一就是通过实施先进的农业科学技术，提高粮食在单位土地面积上的产出，增加粮食的社会供给量是农业基础地位的重要体现。因此，将增强粮食丰产能力作为评价指标能够反映农业科技项目的特点和目标。河北省小麦、玉米节水丰产增效技术集成与示范项目的重要任务是通过对河北省不同生态类型区农业技术的集成和示范，增加小麦、玉米的单产和总产，提高河北省粮食生产能力。因此，单位面积产量指标能够反映项目对农业基础地位的支撑作用。

二是农产品品质是否得到提升。粮食质量安全关乎人民群众的切身利益，保障粮食质量安全，提高粮食品质，对维护社会大众身体健康、维持社会稳定有着重要作用。农业科技项目通常是通过先进的技术应用，改善现有农产品品质，使其品质得到不断提升。河北省小麦、玉米节水丰产增效技术集成与示范项目的任务之一是通过在不同生态类型区品种的选育、病虫害的绿色综合防治等技术的集成和示范，提升小麦、玉米的品质。因此，农产品品质指标能够反映项目对农业基础地位作用的影响。

三是农业产业化经营水平是否有提高。农业产业化经营是提高农业竞争力的重要举措，提高农业产业化经营水平有利于将农业生产、加工、销售环节联结起来，全面增强农业的市场竞争力。河北省小麦、玉米节水丰产增效技术集成与示范项目的建设目标是通过打造平台，推动农业生产组织和农户延长产业链，实现各农业生产环节的有机结合，提升农业产业化经营水平。因此，农业产业化经营水平指标能够反映项目对农业产业发展的影响。

(2）项目对自然资源保护与利用的影响。随着化肥、农药等化学合成物质作用于农业，农业生产能力得到了极大提升，然而不合理地利用这些外部资源，带来了资源的高消耗，也带来了高污染。通过科学技术的推广及示范，可以提高生产资料的利用率，减少资源和能源的消耗，降低生产成本，提高农户的可支配收入。因此，项目的实施对耕地等自然资源保护的作用可以从以下三方面体现出来：

一是节水灌溉能力是否有所提升。节水灌溉技术的推广示范不仅能够提高水资源的利用效率、缓解水资源危机，还能减少化肥、农药及人力的投入量，在改善生产条件和提高产量方面发挥作用，既带来了经济效益，又提高了社会效益。河北省小麦、玉米节水丰产增效技术集成与示范项目重点目标是解决河北省水热资源不足对小麦、玉米生产影响的问题，特别是河北省是水资源极度匮乏的地区，减少小麦、玉米灌溉用水，提高水资源利用率是该项目的重要目标之一，因此，节水灌溉面积之比可以在一定程度上反映出项目对水资源保护利用的效果。

二是化肥使用量是否有所减少。化肥使用量过大、使用效率不高等问题已经成为影响我国农业生产健康发展的重要问题，减少化肥使用量，不仅能降低成本，也能减少污染，对改善生态环境，促进农业可持续发展，实现良好的经济效益、社会效益和生态效益都有积极的作用。河北省小麦、玉米节水丰产增效技术集成与示范项目要解决精准施肥、平衡用肥、提高肥料利用率等问题，通过技术集成和示范实现小麦、玉米的节本增效目标，用化肥使用量指标可以在一定程度上反映项目对土地资源保护利用情况。

三是农药使用量是否有所降低。使用绿色生态防控技术体系代替传统农药，是持续控制病虫为害、保障农业生产安全的重要手段，提升农产品质量安全水平的必然要求。实施绿色防控不仅具有巨大的经济效益，还直接关乎社会公众的健康和农户的增产增收，具有显著的社会效益和生态效益。河北省小麦、玉米节水丰产增效技术集成与示范项目要解决病虫害绿色防控问题，通过技术集成和示范实现小麦、玉米的节本增效目标，用农药使用量指标可以在一定程度上反映项目对土壤和环境资源保护利用方面所发挥的作用。

(3）项目对促进农业科技进步的影响。农业项目对促进农业科技进步的影响主要是通过农业技术的推广应用，提高农业机械化水平和信息化水平，提升农业劳动力素质。项目实施对促进农业科技进步的作用可以从以下三方面体现出来：

一是机械化水平是否有所提高。提高农业机械化水平，可以实现精细生产，减少农业面源污染，可以提高农民的经济收益，对促进农业现代化发展和可持续发展有着重要意义。河北省小麦、玉米节水丰产增效技术集成与示范项目的目标是要通过农业技术的集成和示范，提高农业的机械化水平，因此，农业机械化率指标可以在一定程度上反映项目对促进农业科技进步所发挥的作用。

二是信息化水平是否有所提高。通过现代信息技术对传统农业进行升级改造，加快农业信息化平台建设是提高农业综合生产能力的重要手段，农业信息化平台的建设不仅可以带来良好的经济效益，还能产生良好的社会效益。要搭建农业信息化平台，将集成的先进农业技术推广和传播出去，因此，信息化水平指标可以在一定程度上反映项目对促进农业科技进步所发挥的作用。

三是劳动力素质是否得到提升。提高劳动力素质水平，是保证农业科学技术发展的必要条件，是实现农业现代化的必由之路，也是体现农业项目是否具有良好社会效益的重要方面。河北省小麦、玉米节水丰产增效技术集成与示范项目的任务之一是要依托政府技术宣传培训、技术网络、高效组织相关平台，广泛组织项目区先进技术现场观摩、现场技术指导、技术讲座和技术培训，提高农民的科学素质和科学种田水平，同时为提升技术示范、辐射规模及效果提供有力支撑。因此，劳动力素质提升可以反映项目对促进农业科技进步所发挥的作用。

四、项目社会效益总体评价

（一）项目对保障农业基础地位作用的评价

1. 提升了河北省粮食生产能力 河北省小麦、玉米节水丰产增效技术集成与示范项目的目标之一是促进粮食丰产，粮食产量的变化是评价项目实施效果的重要指标。项目实施县的产量实测数据显示，2018 年和 2019 年小麦、玉米在示范区和辐射区的产量都有不同程度的增加，项目实施前后小麦和玉米单产变化如表 7-2、表 7-3 所示。

表 7-2 项目实施前后小麦单产对比

单位：千克

项目区	小麦示范区			小麦辐射区		
	2018 年	2019 年	变动比例（%）	2018 年	2019 年	变动比例（%）
太行山山前平原区	533.5	572.2	7.25	516.6	533.32	3.24
黑龙港平原区	510.1	538.8	5.63	491.4	511.47	4.08
燕山山麓平原区	480.8	508.6	5.78	450.3	473.55	5.16
平均			6.22			4.16

数据来源：项目区所在县实测单产报告。

表 7-3　项目实施前后玉米单产对比

单位：千克

项目区	玉米示范区			玉米辐射区		
	2018 年	2019 年	变动比例（%）	2018 年	2019 年	变动比例（%）
太行山山前平原区	630.5	666.6	5.73	635	658.89	3.76
黑龙港平原区	608.8	637.2	4.66	616.1	638.2	3.59
燕山山麓平原区	567.6	590.5	4.03	582.4	608.88	4.55
平均			4.81			3.97

数据来源：项目区所在县实测单产报告。

从表 7-2 可以看出，项目实施后在示范区和辐射区小麦单产都有所增加，示范区 2019 年比 2018 年的小麦平均单产增长了 6.22%，辐射区的小麦平均单产增长了 4.16%，示范区比辐射区的小麦单产增幅高 2.06 个百分点。从三大生态类型区来看，太行山山前平原区的示范区小麦单产增幅最大，为 7.25%；黑龙港平原区的示范区小麦单产增幅最小，也达到增幅 5.63%的水平；燕山山麓平原区的示范区和辐射区小麦单产增幅分别为 5.78%和 5.16%，相差不大。

从表 7-3 可以看出，项目实施后在示范区和辐射区玉米单产都有所增加，示范区 2019 年比 2018 年的玉米平均单产增长了 4.81%，辐射区的玉米平均单产增长了 3.97%，示范区比辐射区的小麦单产增幅高 0.84 个百分点，示范区和辐射区玉米单产增幅差别不大。从三大生态类型区来看，太行山山前平原区的示范区玉米单产增幅最大，为 5.73%，黑龙港平原区的辐射区玉米单产增幅最小，为 3.59%；燕山山麓平原区的示范区和辐射区小麦单产增幅分别为 4.03%和 4.55%，相差也不大。

由上述数据可以看出，项目在三个生态类型区的示范区和辐射区，小麦和玉米的产量均有了明显的提升。虽然项目技术辐射区的产量提升效果不如技术示范区明显，但由于辐射面积广，带来的产量提升效果也是非常显著的。粮食作物单产水平的提升是保障粮食总产量提升的关键，特别是在调整产业结构，小麦、玉米种植面积都在逐年压减的条件下，实现粮食单产的提高对于保障粮食安全具有重要意义。由此可见，项目的实施产生了良好的社会效益。

2. 提高了河北省小麦、玉米的品质　保障小麦和玉米丰产的基础上提升其品质是粮丰项目的重要目标之一。国家粮食和物资储备局每年都组织专家对主产省新获小麦、玉米的品质进行抽查，评价产品质量的主要标准有容重、等级等。通过新获小麦、玉米品质指标在项目实施前后的对比变化，可以在一定程度上反映出项目实施对小麦、玉米品质的影响。

(1) 项目实施前后小麦品质变化。容重作为小麦外观质量的重要指标，是收购确定小麦等级的主要依据。在一定范围内，容重越大，小麦越饱满，加工出粉率越高。根据2017—2020年国家粮食和物资储备局组织的小麦质量抽查报告，河北省和全国小麦容重平均值、一等品率数据及变化如图7-2、图7-3所示。

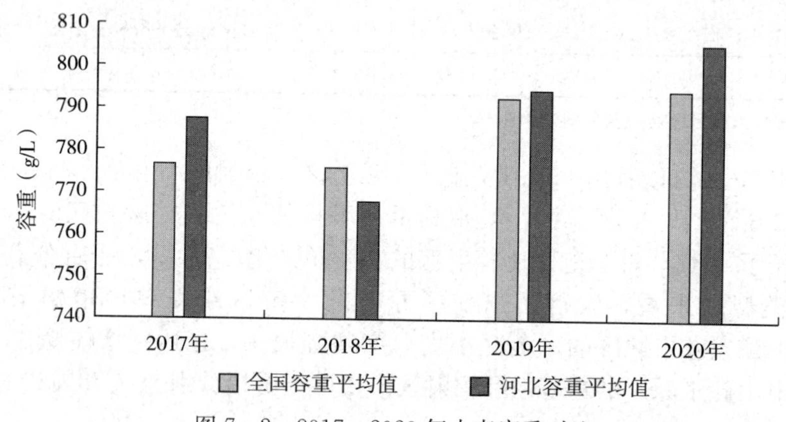

图7-2 2017—2020年小麦容重对比

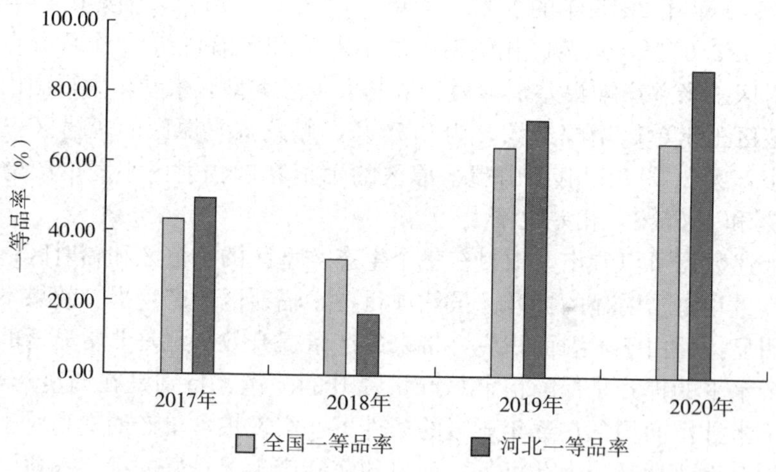

图7-3 2017—2020年小麦一等品率对比

由图可知，2017—2020年，除2018年外，河北省小麦容重和一等品率平均值都高于全国小麦主产省平均水平，反映出河北省小麦品质在主产省中具有竞争优势。从各年数据来看，除了2018年河北省遭遇极端天气和气候变化，对小麦质量产生了不利影响外，其他年份河北省小麦品质均高于全国平均水平。2020年河北省小麦容重和一等品率平均值创造了历史新高，在一定程度上反映了项目的实施带来了小麦整体质量的提升。

（2）项目实施前后玉米品质变化。河北省新获玉米容重2020年较2014年提升了1.49%，项目实施的第一年（2018年）较项目实施前三年（2015—2017年）平均水平提高了1.47%（图7-4）。2019年受自然条件的影响，除了河南玉米容重略有增加外，其他8个玉米主产省的玉米容重全部低于2018年，尽管如此，河北省2019年的玉米容重仍比项目实施前三年平均水平提高了0.27%。可以看出，河北省粮丰项目的实施对玉米品质提升起到了一定的积极作用。

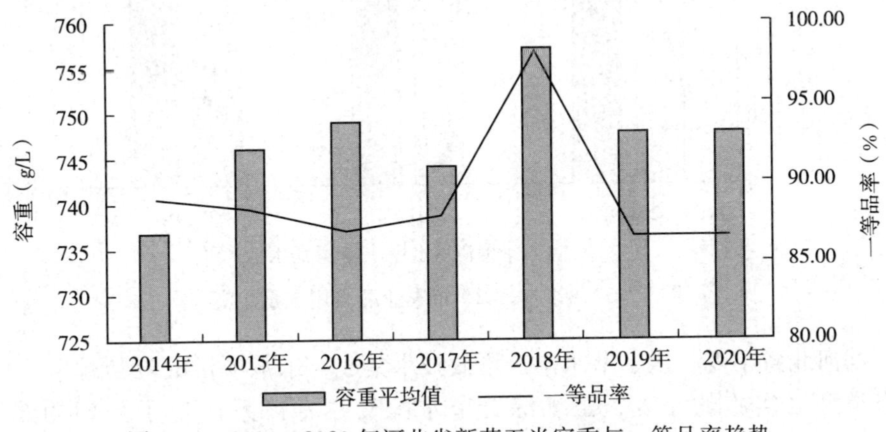

图7-4　2014—2020年河北省新获玉米容重与一等品率趋势

（二）项目对自然资源保护作用的评价

1. 提高了河北省水资源利用效率　水是人类生存和农业发展重要的自然资源，在保证粮食安全方面有着举足轻重的地位，近几年的河北省水资源公报显示，农业灌溉用水量占总用水量的比重在逐步下降，由2017年的63%下降到2019年的56.45%。其原因一方面是河北省近两年来实施小麦休耕政策，通过给种植户适当财政补贴的方式压减用水量较大的小麦种植面积，该政策的实施起到了一定的效果；另一方面，河北省大力推广节水品种、节水措施，增加节水灌溉面积，农业用水效率得到提升，2018—2019年，河北省总用水量维持在182亿米^{3}左右，农业灌溉用水量以及农业灌溉用水量占总用水量的比重均呈现出逐年下降的趋势，反映出河北省各项节水措施产生了预期效果。2017—2019年河北省农业灌溉用水量如表7-4及图7-5所示。

表 7-4　2017—2019 年河北省农业灌溉用水占比变动

指标	2017 年	2018 年	2019 年
农业灌溉用水量（亿米^3）	114.31	109.87	102.91
总用水量（亿米^3）	181.56	182.42	182.29
农业灌溉用水量占总用水量的比重（%）	63	60.20	56.45

数据来源：河北省水资源公报。

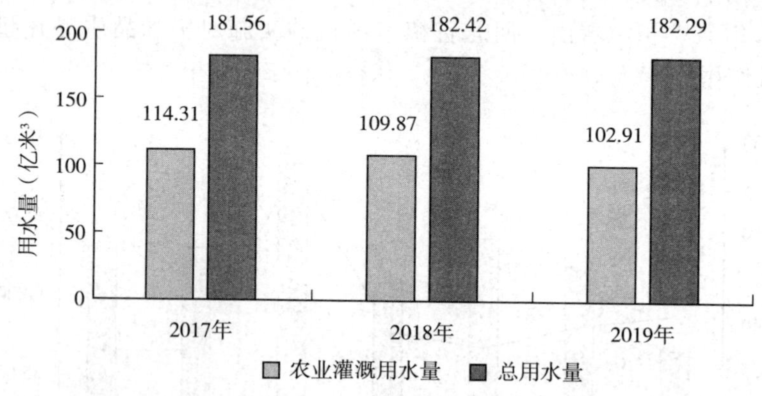

图 7-5　2017—2019 年农业灌溉用水量示意

据河北省小麦—玉米节水丰产增效技术集成与示范项目试验点测算，不同生态类型区实施的小麦、玉米综合节水配套技术体系产生了预期的效果，2018 年和 2019 年项目区水资源利用率分别提高了 10.5%和 11.5%，该指标反映出河北省水热资源限制区小麦—玉米两熟节水丰产增效技术集成与示范项目的实施和推广，对河北省水资源的有效利用产生了良好的效果。随着该项目从示范点逐步向示范县和辐射县推广，其对解决河北省水资源严重不足与保障国家粮食安全的矛盾将产生重要影响。

2. 提高了河北省化肥利用率　农业生产中大量使用化肥虽然在一定程度上提高了农产品的产量，但也产生了一些负面影响，例如土壤板结等农业面源污染、影响农产品质量安全、破坏生态系统平衡等，因此，我国粮食增产模式正在逐步从“粗放型”向高效、绿色，以提高肥料利用率为核心的方向转变，实现协调肥料带来的经济效益、社会效益和生态效益。《河北农村统计年鉴》数据显示，2016—2018 年河北省项目实施各县的化肥使用减少量呈逐年增加趋势，项目核心区的化肥使用减少量平均值较辐射区的化肥使用减少量平均值有明显增多（表 7-5）。

表 7-5　2016—2018 年河北省各区域化肥使用减少量

单位：吨

指标	2016 年	2017 年	2018 年
核心区平均值	942.91	1 843.27	2 463.64
辐射区平均值	97.62	559.07	403.59
合计	1 040.53	2 402.34	2 866.93

数据来源：依据 2016—2018 年《河北农村统计年鉴》计算。

据河北省小麦—玉米节水丰产增效技术集成与示范项目试验点测算，不同生态类型区实施的小麦、玉米节肥技术体系产生了预期的效果，2018 年和 2019 年项目区化肥利用率分别提高了 10.5%和 11.5%，该指标反映出河北省水热资源限制区小麦—玉米两熟节水丰产增效技术集成与示范项目的实施和推广产生了预期的效果，对保障农产品质量安全、促进农业可持续发展发挥了积极的作用。

3. **推动了河北省绿色防控技术的应用**　农药的大量长期使用会破坏土壤内在的生态系统，导致土壤内部各种物质的流通断裂，表现在外部就是土壤养分及供给能力的下降，通过采用绿色防控技术，可以提高土地生态系统的多样性，改善生态环境，减少污染，提高农作物的质量，产生生态效益和社会效益。河北省近年来加强了绿色防控技术的推广和应用，使农药使用量逐年减少，通过对项目区统计数据进行测试，2016—2018 年河北省各区域农药使用减少量如表 7-6 所示。

表 7-6　2016—2018 年河北省各区域农药使用减少量

单位：吨

指标	2016 年	2017 年	2018 年
核心区平均值	0.82	24.55	494.27
辐射区平均值	17.57	31.88	88.20
合计	18.39	56.43	582.47

数据来源：依据 2016—2018 年《河北农村统计年鉴》计算。

由上表数据可以看出，2018 年农药使用减少量在核心区和辐射区出现了明显的差异，说明项目在核心区的实施及绿色防控技术在核心区的应用，给核心区带来显著的变化，农药使用量的减少在一定程度上体现了经济效益、生态效益和社会效益的提高。

河北省小麦—玉米节水丰产增效技术集成与示范项目通过建设河北平原区

小麦—玉米周年两熟种植制度下病虫网络预警平台，试验示范了新型高效低毒药剂及应用方法，构建了绿色防控无人机适配机型及高效应用技术体系，并将其在核心区和辐射区推广应用，对降低农药使用量起到了积极的推动作用。

（三）项目对促进科技进步作用的评价

1. 形成了有效的集成配套技术体系 2018 年，河北省项目区共集成配套技术体系 7 套。河北省“粮丰工程”的集成重点突出了适应区域生态特点和生产要求特点，围绕节水、高产稳产、农艺农机融合、防灾抗逆等四方面进行集成创新。从区域上看，太行山山前平原区集成配套技术体系 3 套，燕山山麓平原区 1 套，黑龙港平原区 3 套，技术体系集成情况如表 7－7 所示。

表 7－7 不同生态类型区技术体系集成情况

单位：套

区域	技术体系	合计
太行山山前平原区	太行山山前平原热量限制区小麦玉米光热资源高效技术模式 太行山山前平原中南部限水区小麦玉米高效施肥技术体系 太行山山前平原土体限制区小麦夏玉米高光效技术体系	3
燕山山麓平原区	燕山山麓平原区小麦玉米短农耗光温水高效栽培体系	1
黑龙港平原区	黑龙港中南部生态区小麦玉米高效精准施肥技术体系 黑龙港中南部生态区高效玉米机粒收轻简栽培技术体系 黑龙港东北部生态区测墒灌溉小麦玉米水肥一体化技术体系	3
合计		7

2. 项目区农业信息化水平显著提高 加速信息化平台的建设，已成为稳粮增收的有效途径，农业提质增效的重要举措，提高社会效益的重要手段。随着农户智能手机使用率和信息化程度的提高，农业信息化平台的搭建也显得尤为重要，项目初步成果有如下三方面，实现了信息化平台从无到有的过程。

一是基本完成了小麦—玉米节水丰产增效技术扩散信息化平台的创建。面向新型经营主体开发完成了河北“粮丰通”小程序，共包含八个数据模块：农时农事、云讲堂、云擂台、田间直播、我的关注、粮丰专家、粮丰宝库和精准方案；两个服务模块：找服务与学技术。通过“粮丰通”小程序官方站点，进入河北“粮丰通”小程序，不仅可以得到粮丰技术信息、了解实时动态，还可以参加云端培训、发布技术及产品供需的相关信息。

二是开发完成了“粮丰通大数据管理系统”。“粮丰通大数据管理系统”共包括八大数据库，主要有专家数据库、企业数据库、品种数据库、生产技术数据库、病虫害防治信息库、天气预警信息库、仓储减损技术数据库和农产品销售信息库。这些数据库一方面支持小程序的运转，另一方面完成粮丰工程的数据管理建设，并将数据转变为适合信息化推广、用户方便应用的信息，实现粮丰项目大数据横向贯通，纵向关联，达到数据高效管理，最大化利用。

三是建立“粮丰新型经营主体”微信群。将不同区域的新型经营主体基本情况进行分类整理，建立了微信群。这种技术服务方式直接、高效、精准，解决了技术“最后一公里”问题。

信息化平台的建设，使农户获取信息的渠道增多，所获信息的准确度提高，解决了农户对于技术服务的需求问题，推动了粮丰技术信息的传播，缩短了农户与先进粮丰技术之间的距离，增强了农户对于提高生产效率的信心。

3. 多项新型农业机械投入使用　提高农业机械化水平，对改善农业生产条件，提高农业生产力，增加农产品供给和农民收入，提高农业资源利用率，实现农业的现代化和可持续发展具有重要意义。

项目组在技术集成过程中研发了多项发明专利以及实用新型专利，例如“一种高作物自走喷雾机”“一种新型播种机”“一种机械升降式投肥机”“一种新型变量施肥机”。新型农业机械设备在冬小麦和夏玉米周年生产中，提高了农机作业效果和周边技术示范区冬小麦、夏玉米的全程机械化服务质量，使得新型经营主体充分发挥了科技引领作用，有效提升了项目区全程机械化水平。

4. 项目区劳动力素质明显提升　在项目实施期与河北省农村农业相关职能部门、技术推广总站等密切协同，依托政府技术宣传培训、技术网络、高效组织相关平台，广泛组织项目区冬小麦、夏玉米节水、丰产、增效技术现场观摩、现场指导、讲座和培训。在太行山山前平原地区累计培训 40 余次，低平原中南部累计培训 12 余次，低平原东北部累计培训 14 余次，在燕山山麓平原区 5 次，累计培训农机人员及培训农民达 5 000 人次，有效提升了农民素质。

五、项目社会效益影响度评价

（一）评价方法选择

农业技术集成与示范项目社会效益评价的多目标性决定了评价指标体系的复杂性，因此对该类项目进行社会效益评价应根据项目特点，选择适合的评价方法。同时，评价方法选取直接影响社会效益的评价结果。基于项目特点，本章将对多指标评价方法进行介绍。

多指标评价方法也被称为综合评价法，多运用数学、运筹学、预测学等学科知识为项目综合分析评价提供依据和方法，将无法量化的指标定量化，目前已成为项目社会效益综合评价的重要手段。运用此类方法进行评级时，通常需要对各个变量的多个指标进行加权处理，转化为一个能反映优劣排序的综合状况。常用的多指标评价方法有层次分析法、主成分分析法、物元分析法、DEA 方法和灰色关联度分析法。由于灰色关联度分析法具有评价结果精确全面的优点，适合指标数值准确，且指标间关系不确定的情况，因此选择该方法进行社会效益评价。

（二）评价模型构建

本部分运用灰色关联分析法计算出项目组 11 个核心示范县社会效益影响因素与社会效益之间的关联度，确定其重要程度。其分析过程是：先求出各个方案与最优方案之间的关联系数，再由关联系数得到关联度，然后按关联度的大小进行排序和分析，得出关联结果，其值越大则越接近参考序列，此时该指标与社会效益相关程度越高。利用灰色关联度分析的步骤如下：

（1）根据评价目的确定评价指标体系，收集评价数据。

（2）确定参考数据列。参考数据列是指一个理想的比较标准，一般是以各指标的最优值或者最劣值构成的参考数据列，本部分参照分析目的，将社会效益作为参考数据列，记为：

$$Y=\{Y(m)\mid m=1,2,\cdots,n\}$$

式中，m 为样本数，Y 表示社会效益参考序列。

比较序列记为：

$$X_i=\{X_i(m)\mid m=1,2,\cdots,n\},\ i=1,2,\cdots,k$$

式中，X 表示项目实施区数据列，i 表示指标数。

（3）指标数据的无量纲化处理。由于各个指标的量纲差异较大，为了得到准确的评价结果，需要对数据做标准化处理，从而消除量纲的影响。无量纲化处理本部分采用均值法对原始数据做标准化处理。正向指标是指值越大越好的指标，本章所选指标均为正向指标，对正向指标的标准化处理如下：

$$X'_{mi}=\frac{X_{max}-X_{mi}}{X_{max}-X_{min}} \tag{7-1}$$

式中，X_{mi} 表示第 m 县指标 i 的值，X_{max} 表示第 i 个指标的最大值，X_{min} 表示第 i 个指标的最小值，X'_{mi} 表示第 m 县指标 i 的标准值。

依次计算每个被评价对象指标序列与参考数据列对应元素的绝对差值，即 $\Delta_{0i}(m)$。

$$\Delta_{0i} = |Y(k) - X_i(m)| \quad (m=1, 2, \cdots, 11) \tag{7-2}$$

(4) 计算最大值和最小值，记为 Δmax 和 Δmin。

$$\Delta\max = \max_{i=1} \max_{m=1} |X_0(m) - X_i(m)|$$

$$\Delta\min = \min_{i=1} \min_{m=1} |X_0(m) - X_i(m)|$$

(5) 计算关联系数。依次计算每个比较序列与参考序列对应元素的关联系数。ρ 表示分辨系数，取值区间在（0，1），本研究取 0.5。

$$\text{关联系数}\ \zeta = \frac{\Delta\min + \rho\Delta\max}{\Delta_{0i}(m) + \rho\Delta\max} \tag{7-3}$$

计算关联度。针对每个评价对象，通过对各县赋权，得到各县权重，然后通过加权计算，得到各指标的加权关联值，从而反映各评价对象与参考序列的关联程度。

$$\text{关联度}\ r_i = \sum_{i=1}^{n} \zeta_{mi} \omega_m, \quad i = 1, 2, \cdots, n \tag{7-4}$$

（三）评价指标赋值及说明

根据前文对社会效益评价指标体系的确定，对其进行赋值，详见表 7-8。

表 7-8　评价指标赋值

影响因素	影响因素赋值	单位
亩产量（X_1）	小麦玉米周年产量	千克
农作物品质（X_2）	小麦千粒重	克
农业产业化经营水平（X_3）	农业产业化经营率	%
节水灌溉（X_4）	节水灌溉面积比	%
化肥使用减少（X_5）	化肥使用减少量	吨
农药使用减少（X_6）	农药使用减少量	吨
机械化水平（X_7）	机耕面积、机播面积及机收面积的平均值占粮食种植面积的比值	%
信息化水平（X_8）	互联网宽带接入用户占乡村总户数的比重	%
劳动力素质水平（X_9）	农业从业人员中大专及以上学历的人数占农林牧渔总从业人数的比重	%

本章选择项目在河北省太行山山前平原区、黑龙港低平原中南部、黑龙港平原东北部和燕山山麓平原区的 11 个代表性核心示范县（市、区）为研究对象，从《河北农村统计年鉴》获取数据并结合项目组一手数据整理得到社会效益影响因素原始数据，详见表 7-9。

表 7-9　社会效益影响因素原始数据

县（市、区）	X_1	X_2	X_3	X_4	X_5	X_6	X_7	X_8	X_9
藁城	1 983.38	35.4	72.6	78.49	19 279	261	67.39	47.77	24.58
赵县	1 971.27	43.4	57.9	78.49	13 211	981	82.02	32.12	13.03
新乐	1 774.09	40.2	62.5	78.49	−4 879	2	86.25	45.73	22.68
定兴	1 685.35	41.1	74.6	59.95	4 048	2 402	72.42	43.88	20.30
宁晋	1 782.28	41	63.7	60.31	901	86	78.48	35.40	11.06
曲周	1 821.69	39.3	72	69.03	3 177	192	71.75	29.30	13.06
大名	1 833.25	38	73.5	69.03	691	16	81.61	23.87	5.19
景县	1 642.85	39.8	63.8	68.63	−10 875	138	78.71	27.30	4.26
吴桥	1 865.86	42	67.8	56.87	−886	30	76.29	38.06	30.17
辛集	1 858.45	40.5	63.7	91.34	582	1 317	70.38	35.30	23.49
玉田	1 514.21	42	71.6	56.80	1 851	12	60.99	52.33	7.06

数据来源：《河北农村统计年鉴》和调研数据整理得到。

（四）评价结果及分析

（1）原始数据无量纲化处理。在进行灰色关联分析时，为消除量纲的影响，通常需要进行无量纲化处理，处理的方法有初值法、均值法和极值法。本章选取极值法对各比较序列进行无量纲化处理，处理公式见式（7-1），其中正向指标是越大越好的指标，负向指标是指越小越好的指标，本章选取指标均为正向指标。处理结果如表 7-10 所示。

表 7-10　指标体系标准化结果

县（市、区）	X_1	X_2	X_3	X_4	X_5	X_6	X_7	X_8	X_9
藁城	1.000 0	0.000 0	0.880 2	0.627 9	1.000 0	0.107 9	0.253 6	0.839 7	0.784 2
赵县	0.974 2	1.000 0	0.000 0	0.627 9	0.798 8	0.407 9	0.832 7	0.290 0	0.338 6
新乐	0.553 9	0.600 0	0.275 4	0.627 9	0.198 8	0.000 0	1.000 0	0.768 0	0.711 1
定兴	0.364 8	0.712 5	1.000 0	0.091 4	0.494 9	1.000 0	0.452 8	0.703 0	0.619 2
宁晋	0.571 4	0.700 0	0.347 3	0.101 8	0.390 5	0.035 0	0.692 6	0.405 1	0.262 5
曲周	0.655 4	0.487 5	0.844 3	0.354 0	0.466 0	0.079 2	0.426 1	0.190 8	0.339 7
大名	0.680 0	0.325 0	0.934 1	0.354 0	0.383 6	0.005 8	0.816 7	0.000 0	0.035 9
景县	0.274 2	0.550 0	0.353 3	0.342 6	0.000 0	0.056 7	0.701 6	0.120 6	0.000 0
吴桥	0.749 5	0.825 0	0.592 8	0.002 0	0.331 3	0.011 7	0.605 8	0.498 5	1.000 0
辛集	0.733 7	0.637 5	0.347 3	1.000 0	0.379 9	0.547 9	0.371 8	0.401 5	0.742 1
玉田	0.000 0	0.825 0	0.820 4	0.000 0	0.422 0	0.004 2	0.000 0	1.000 0	0.108 0

（2）差序列计算。 对影响社会效益因素的原始数据进行无量纲化处理后，现已得到无量纲化后的数据，之后逐个计算每个被评价对象指标序列与参考序列对应元素的绝对值差，处理公式见式（7－2）。参考序列应该是一个理想的比较标准，本章以各指标的最优值构成参考数据列。最终得到的绝对值差如表7－11所示。

表7－11　差序列计算

县（市、区）	X_1	X_2	X_3	X_4	X_5	X_6	X_7	X_8	X_9
藁城	0.000 0	1.000 0	0.119 8	0.372 1	0.000 0	0.892 1	0.746 4	0.160 3	0.215 8
赵县	0.025 8	0.000 0	1.000 0	0.372 1	0.201 2	0.592 1	0.167 3	0.710 0	0.661 4
新乐	0.446 1	0.400 0	0.724 6	0.372 1	0.801 2	1.000 0	0.000 0	0.232 0	0.288 9
定兴	0.635 2	0.287 5	0.000 0	0.908 6	0.505 1	0.000 0	0.547 2	0.297 0	0.380 8
宁晋	0.428 6	0.300 0	0.652 7	0.898 2	0.609 5	0.965 0	0.307 4	0.594 9	0.737 5
曲周	0.344 6	0.512 5	0.155 7	0.646 0	0.534 0	0.920 8	0.573 9	0.809 2	0.660 3
大名	0.320 0	0.675 0	0.065 9	0.646 0	0.616 4	0.994 2	0.183 3	1.000 0	0.964 1
景县	0.725 8	0.450 0	0.646 7	0.657 4	1.000 0	0.943 3	0.298 4	0.879 4	1.000 0
吴桥	0.250 5	0.175 0	0.407 2	0.998 0	0.668 7	0.988 3	0.394 2	0.501 5	0.000 0
辛集	0.266 3	0.362 5	0.652 7	0.000 0	0.620 1	0.452 1	0.628 2	0.598 5	0.257 9
玉田	1.000 0	0.175 0	0.179 6	1.000 0	0.578 0	0.995 8	1.000 0	0.000 0	0.892 0

（3）计算最值。 根据求最大值、最小值的公式计算，可以得出 $\Delta max=1$，$\Delta min=0$。

（4）计算关联系数。 运用灰色关联分析法进行定量研究，最终是为了得到序列之间的关联程度。通过计算得出具体灰色关联系数如表7－12所示。

表7－12　灰色关联系数

县（市、区）	X_1	X_2	X_3	X_4	X_5	X_6	X_7	X_8	X_9
藁城	1.000 0	0.333 3	0.806 8	0.573 3	1.000 0	0.359 2	0.401 2	0.757 2	0.698 5
赵县	0.950 9	1.000 0	0.333 3	0.573 3	0.713 0	0.457 8	0.749 3	0.413 2	0.430 5
新乐	0.528 5	0.555 6	0.408 3	0.573 3	0.384 3	0.333 3	1.000 0	0.683 1	0.633 8
定兴	0.440 4	0.634 9	1.000 0	0.355 0	0.497 5	1.000 0	0.477 4	0.627 3	0.567 7
宁晋	0.538 4	0.625 0	0.433 8	0.357 6	0.450 7	0.341 3	0.619 3	0.456 7	0.404 0
曲周	0.592 0	0.493 8	0.762 6	0.436 3	0.483 6	0.351 9	0.465 6	0.381 9	0.430 9
大名	0.609 8	0.425 5	0.883 6	0.436 3	0.447 9	0.334 6	0.731 7	0.333 3	0.341 5
景县	0.407 9	0.526 3	0.436 0	0.432 0	0.333 3	0.346 4	0.626 3	0.362 5	0.333 3
吴桥	0.666 2	0.740 7	0.551 2	0.333 8	0.427 8	0.335 9	0.559 2	0.499 2	1.000 0
辛集	0.652 5	0.579 7	0.433 8	1.000 0	0.446 4	0.525 2	0.443 2	0.455 2	0.659 7
玉田	0.333 3	0.740 7	0.735 7	0.333 3	0.463 8	0.334 3	0.333 3	1.000 0	0.359 2

(5) 求解关联度。由于各县（市、区）在综合评价中所起的作用不同，所以需要首先通过对项目组在 11 个核心示范区的示范面积和辐射面积进行加权计算，得到各县权重。然后计算关联度，详见表 7－13、表 7－14。

表 7－13　权重赋值

县（市、区）	藁城	赵县	新乐	定兴	宁晋	曲周	大名	景县	吴桥	辛集	玉田	合计
累计示范面积	19.5	19.5	19.5	19.5	12	15	10	13.5	13	14.5	12	168
累计辐射面积	212	222	206	172	134	110	138	122	91	155	58	1 620
加权计算	0.123 5	0.126 6	0.121 6	0.111 1	0.077 1	0.078 6	0.072 4	0.077 8	0.066 8	0.091 0	0.053 6	1.000 0

表 7－14　各指标关联度

指标	X_1	X_2	X_3	X_4	X_5	X_6	X_7	X_8	X_9
关联度	0.642 6	0.606 5	0.609 5	0.510 7	0.540 9	0.447 2	0.600 6	0.544 5	0.542 6
次序	1	3	2	8	7	9	4	5	6

根据以上结果，可以看出与社会效益关联度最高的指标是亩产量（X_1），然后是农业产业化经营水平（X_3），排在第三的是品质水平（X_2），上述三个指标均属于项目对保障农业基础地位作用的影响这个准则层，说明对社会效益影响最大的就是该项目对保障农业基础地位作用的影响。排在中间的三个指标分别是对促进粮食领域科技进步的影响的三个指标机械化水平（X_7）、信息化水平（X_8）和劳动力素质（X_9）。最后的三个指标分别是化肥使用减少量（X_5）、节水灌溉面积比（X_4）和农药使用减少量（X_6），均属于对耕地等自然资源保护的影响，说明这三个方面与社会效益关联性最小。从总体来看，与社会效益相关的三个准则层的排序：首先是对保障农业基础地位作用的影响，然后是对促进粮食领域科技进步的影响，最后是对耕地等自然资源保护的影响。

下面具体分析三个准则层下属的指标层与社会效益的关联度，也就对社会效益的影响程度。

对保障农业基础地位作用的影响的指标中，亩产量的关联度在 0.642 6，排在所有因素的第一位，说明对社会效益有显著影响。亩产量作为决定农户收入的重要因素，其通过收入间接影响着社会效益，说明提高小麦和玉米的产量，对增加农户收入，提高人民生活水平和社会效益有着促进作用。与社会效益的关联度排在第二位的是农业产业化经营水平，其关联度在 0.609 5，说明农业产业化经营对社会效益影响较大。农业产业化经营率是指全年各地区农业经营主体销售收入和农产品生产加工的销售收入占其自身与其他未经加工的农林牧渔总产值之和的比率。农业产业化经营率可以在一定水平上反映农业产业化水平。农业产业化水平的提高可以从多个角度促进农业技术进步，从而提高劳动生产率和资源利用率，增加土地产出。品质水平的关联度为0.606 5，排在农业产业化经营水平之后。农产品的质量安全是社会大众非常关心的问题之一，随着农作物品质的提高，人们对于农产品提出了新的要求。

三个准则层中与社会效益关联度处于中间位置的是对促进粮食领域科技进步的影响。其中机械化水平的关联度为0.600 6，也是影响社会效益的较为重要的因素之一。随着机械化水平的提高，一方面提高了农作物的品质和产量，另一方面节省了劳动力的投入，提高了生产效率，节约的劳动力可以转移到其他产业，增加农业家庭的其他收入，为农户带来新的经济效益，从而影响社会效益。排在机械化水平之后的是信息化水平，其关联度在0.544 5，也对社会效益产生了较为重要的影响。信息化水平的提高，拓宽了农户接触最新信息的渠道，开阔了农户对于外界的认知。但信息化水平的提高，并不意味着大多数农户能搭上这辆通往外界"快车"，由于大多数种植农作物的人们还是对新鲜事物接受能力较差的人群，因此，信息化水平的提高带来的社会效益有限。在对促进粮食领域科技进步的影响这一准则层中排在最后的是劳动力素质。劳动力素质与社会效益的关联度为0.542 6，劳动力素质决定了农户对于新品种、新的种植技术的接受程度，由于各地劳动力素质差距较大，且整体水平较低，因此对社会效益的影响较小。

对耕地等自然资源保护的影响与社会效益的关联度在三个准则层中属于第三位，说明对社会效益的影响较小，但是仍有两个指标的关联度在0.5之上。其中化肥使用减少量的关联度在0.540 9，节水灌溉面积比的关联度在0.510 7，而农药使用减少量的关联度最差，在0.447 2的水平。这三项指标与社会效益的关联度说明了农户对于保护自然环境的意识还没有形成，农户在种植过程中追求收益的最大化，会加大灌溉用水及化肥、农药的使用量，并没有将生态成本记入生产成本。因此对耕地等自然资源保护的影响与社会效益的关联度最低。

六、研究结论与政策建议

（一）研究结论

项目在河北平原区不同生态类型区小麦、玉米周年两熟节水、丰产、增效关键技术集成研究、关键技术示范辐射、新型农业经营主体引领和培育、技术宣传培训、人才培养等方面运行效果良好，各项任务均实现了预期目标。通过对河北省小麦、玉米技术集成与示范项目的社会效益评价，得出以下研究结论：

第一，分析了项目实施对社会效益实现机理的影响。项目主要以新型农业经营主体为窗口，将关键集成技术进行示范，带动项目区先进成果的转化；以技术集成为核心，发展现代农业，转变农业生产方式，提高农业生产能力；以人才培养为支撑，建设先进的农业科技人才队伍，做好实现农业可持续发展的重要保障。第二，构建了农业技术集成与示范类项目社会效益评价指标体系。在分析该类项目社会效益评价原则的基础上，以项目预期目标为导向，从对保障农业基础地位作用的影响、对耕地等自然资源保护的影响和对促进粮食领域科技进步的影响三个方面构建了项目社会效益评价指标体系，为同类项目社会效益评价指标体系构建提供了思路。第三，通过对社会效益影响度分析，可以看出与社会效益关联度最高的指标是亩产量，然后是农业产业化经营水平，排在第三的是品质水平，说明对社会效益影响最大的就是该项目对保障农业基础地位作用的影响。排在中间的三个指标分别是对促进粮食领域科技进步的影响的三个指标机械化水平、信息化水平和劳动力素质，最后的三个指标均属于对耕地等自然资源保护的影响，说明这三个方面与社会效益关联性最弱。从总体来看，与社会效益相关的三个准则层的排序：首先是对保障农业基础地位作用的影响，然后是对促进粮食领域科技进步的影响，最后是对耕地等自然资源保护的影响。

（二）政策建议

1. 从影响因素和项目区域两个方向制定政府扶持政策 首先，影响因素上的倾斜，由于各影响因素与社会效益的关联度不同，因此在政策扶持和资金分配过程中应当强化对亩产量、农业产业化经营水平等关联度较高的因素投入，有主次之分，从而提高项目社会效益；其次，项目区域上的倾斜，从上述对比分析可以发现，辐射县与示范县的社会效益差异明显，针对社会效益较差的辐射县，应当加强项目在辐射县的实施，发挥项目的作用，以提高整体社会效益。

2. 加强农业可持续发展宣传工作，提高农民的生态意识 农民作为农业建设的主体，也是农业生产的主要参与者，农业的可持续发展必须强化农民的生态意识。传统农业生产方式的习惯使得农业生产观念相对落后，这就使得政策的积极导向作用尤为重要。政府加大农业可持续发展宣传力度，不断提高农民的生态意识是实现农业可持续发展的重要因素。

加强农业可持续发展的宣传工作，一是要不断加强各级领导的生态意识，只有领导干部真正领悟和明白保护生态环境的重要性，才能在制定和实施相关政策等问题上进行更为实质性的落实，进而通过政策的引导作用指导农民走农业的可持续发展道路。二是要注重通过电视、报纸和网络等媒体的广泛宣传，引导农民对可持续发展的思想认可。

3. 加大新型农业经营主体推广力度　新型经营主体作为农业技术集成与示范项目推广的窗口，在先进技术示范与应用过程中发挥着重要的作用。加强不同类型、不同地区的新型农业经营主体试点建设，有利于实现项目社会效益的比较实验，通过对比，可以从多方面对不同类型新型农业经营主体进行研究，达到建立社会效益评价指标体系，最终实现对农业技术优化选择和推广的目的。

加强示范县及示范户的建设。新品种、新型农业机械设备及新型种植技术要想推广应用，需要让大部分小农户看到采用后的效果，进而决定是否采用。因此，应大力培育科技示范户，宣传科技示范户的科技成果，充分发挥示范户的科技引领作用。

第八章

河北省小麦—玉米生产经营模式典型案例

粮丰课题组多年开展小麦—玉米单项种植技术，并进行技术集成综合示范推广，在此过程中，依托新型经营主体，在不同生态类型区形成了多种小麦—玉米种植技术集成示范推广的典型模式。

一、黑龙港平原垄上行“四位一体”经营模式

黑龙港平原区是由海河诸支流和黄河长期冲积而成的，该区域地势低平，海拔多在40米以下，加上受季风气候和低洼冲积、海积平原地学条件的影响，泄水河道少，地表径流排泄不畅，使得该区域成为易发生旱、涝、沥、碱等自然灾害的严重区域。对于该区域而言，节水灌溉、水肥一体、统防统治等技术是影响该区域小麦和玉米种植产量的重要因素，宁晋垄上行土地托管协会开展的“四位一体”经营模式很好地实现了小麦—玉米种植技术的综合示范和应用推广。

（一）参与主体

位于黑龙港中南部平原地区的垄上行现代农业社会化服务中心，成立于2015年8月，地处宁晋县贾家口镇小刘村，由垄上行土地托管协会、宁晋县田喜粮食种植专业合作社、宁晋县安农农机专业合作社、河北田乐农业技术服务有限公司、宁晋县鼎盛粮贸有限公司、宁晋县五关面业有限公司6家粮食生产经营主体组成。其中，由宁晋县科协业务主管、成立于2012年的宁晋县垄上行土地托管协会是垄上行现代农业社会化服务中心的主要创建者和运行组织者，在统筹6家参与者提供耕、种、浇、储、销等生产服务的基础之上，协调参与者之间的利益分配；2家合作社主要负责种植；3家有限责任公司负责提供技术支持、加工服务以及产品销售。

（二）运行模式

垄上行现代农业社会化服务中心组建了农机服务、灌溉浇水、土壤化验、测土配肥、飞防植保、粮食银行6支专业化服务队伍，为专业合作社、家庭农场、涉农企业、种植大户等粮食生产经营团体以及当地及周边农户提供“耕、种、浇、药、收、存、销”全程式、一体化新型服务，并在此过程中与宁晋县农业农村局、河北农业大学等政府部门或科研、技术推广机构建立起长期的扶持或合作关系（图8-1）。

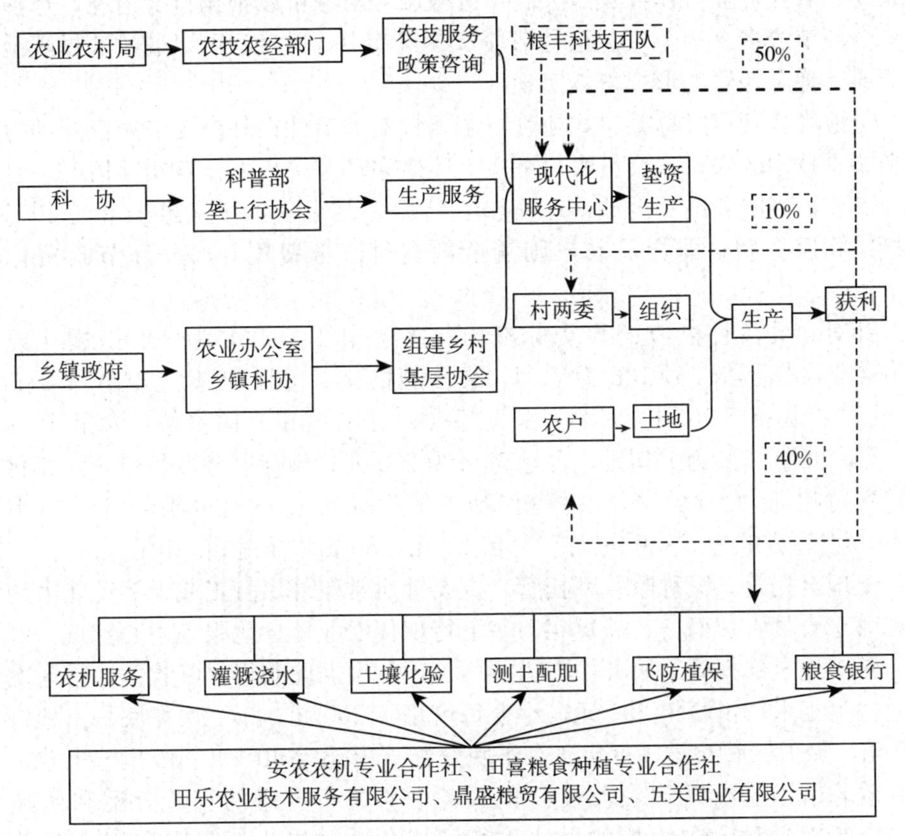

图8-1　宁晋县垄上行土地托管协会经营模式示意

与单纯的龙头企业带动型或农民合作组织带动型不同，在此运行模式下政府参与程度较高。宁晋县科协作为业务主管部门，主导创立垄上行土地托管协会，并协调农业农村局的农技农经部门为其提供农技服务和相关政策服务咨询，联系河北农业大学等科研机构为其提供相关的技术支持和技术服务，协同农业办公室和乡镇科协，组建乡村的基层协会，协助推进技术推广和农业生产服务等工作。垄上行土地托管协会会同其他5家参与主体，依托垄上行现代农业社会化服务中心这一平台，与当地村两委及周边农户形成一个生产互助、利益共享、风险共担的共同体。

该模式最核心的内容在于垄上行现代农业社会化服务中心可以为其服务对象提供全程社会化服务，包括优良品种供给，耕地旋地、播种灌溉、施肥打药等农机服务，土壤化验配方施肥，飞防植保病虫害防治，粮食烘干、存储、加工、收购，资金统筹和错季使用等诸多生产、加工、销售等各环节的服务。家庭农场、农业专业合作社及广大农户等被服务对象可以根据自身情况，选择其中一个环节或多个环节，甚至全部环节参与其中，此过程可以通过选择土地半托管或土地全托管的形式得以实现。

土地半托管（又称菜单式托管）主要针对季节性在外打工、家庭劳动力不足和缺少技术的农户，会员农户可在上述诸多环节中根据自身实际情况，自由选择需要提供服务的一个或多个环节，待服务结束后，按优惠于市场10%的价格结算服务费；非会员农户则需全额支付服务费用。部分环节收费标准如下：

针对会员良种供应的收费标准为：垄上丰1号958为30元/袋（规格4 500粒），垄上丰2号188为40元/袋（规格4 400粒），垄上丰3号618为55元/袋（规格5 000粒）；测土配方肥（40千克规格）的价格：含量43%为110元，含量47%为120元，含量50%为125元；植保服务费每亩3元；化肥运输费每吨30元（含装卸、司机费）；代存储粮食每吨每半年5元；小麦50亩以上连方成片“一喷三防”每亩24元，50亩以下每亩30元。

土地全托管（又称收益型托管）主要针对常年外出打工或无劳动能力的农户，对于会员农户而言，需每年与垄上行现代农业社会化服务中心签订一次合同，将土地全部托管给服务中心进行种植，并可据此获得保底收益，第一次保底收益为玉米每亩每年200元，小麦每亩每年200元，第二次保底每亩地每年900元，除了保底收益，每年还有年底分红（占比为60%）。由于此种方式并未在农户和垄上行现代农业社会化服务中心进行合理的利益分配和风险分担，之后对这种大包大揽的做法进行了优化，改进为保产服务型全托管形式，即会员农户交付全托管服务费后，垄上行现代农业社会化服务中心以先进的农业科技为支撑，为会员农户提供全程托管服务，并保证除自然灾害造成绝收外，给予会员农户保底产量，每亩小麦产量不低于450千克，玉米618品种不低于1 500千克，其余品种每亩不低于1 250千克，若有增产在二次分配中进行均分，若发生亏损由垄上行现代农业社会化服务中心承担。

（三）利益联结机制

垄上行现代农业社会化服务中心、村两委及广大农户在土地半托管和土地全托管运行模式下，各司其职，依托先进的科学技术创造更大的利益，并根据付出的努力和相关成本参与到利益分配中。

1. 利益创造　通过土地半托管和全托管的形式，将优良高产品种、省时省力操作、节水节肥灌溉、统防统治技术等推广给更多农户，在减少成本的同时，实现增产增效。

以 2018 年推广夏玉米高产技术为例，在玉米品种、种植密度、施肥类型、植保操作、播种方式等方面都有所差异，如表 8－1、表 8－2 所示。

表 8－1　种植玉米生产环节比较

方案	品种	密度	施肥	植保	播种方式	二次追肥
常规种植	郑单 958	4 500 棵/亩	43% 40 千克/亩	除草、杀虫化控、杀菌	普通种肥同播	无
高产技术	垄上丰 3 号 618	7 000 棵/亩	50% 50 千克/亩	除草、杀虫营养、杀菌	多层施肥 种肥同播	有

表 8－2　种植玉米每亩成本比较

单位：元/亩

方案	种子	底肥	打药	播种	浇地	追肥	收割	运输	保险	投资
常规种植	30	110	50	20	145	0	80	10	5	450
高产技术	70	150	65	25	100	40	65	10	5	530

采用高产种植技术的会员农户，如果种植规模在 50 亩以上，成本可节约至 500 元/亩，通过比较发现，采用高产技术种植成本比常规种植成本高 50～80 元/亩；产量由每亩 600 千克增加到 1 250 千克以上，按照玉米价格 1.86 元/千克的标准保守估计，可以实现增收 279 元/亩。经过计算可得，通过将土地托管给垄上行现代农业社会化服务中心，采用高产技术进行种植，每亩地可比常规种植多收益 199～229 元，即为采用该模式每亩地种植玉米创造的利润。

对于种植小麦而言，农户采用传统方式种植和实施土地托管采用先进技术种植也存在明显差异，具体如表 8－3 所示。

表 8-3　种植小麦每亩成本比较

单位：元/亩

项目	传统种植	土地托管种植
种子	65	55
底肥	120	100
追肥	60	40
播种（灭茬旋播）	80	70
撒肥	5	0
镇压	10	0
打药（两遍）	55	40
浇地（三遍）	200	60
喷灌投资	0	50
收割运输	60	50
保险	5	5
总投资	660	470

由表 8-3 可见，采用土地托管种植成本比常规种植成本每亩地节约 190 元左右，且通过订单销售等方式，每千克售价还可提高 0.2 元。2019 年 6 月20 日垄上行土地托管协会农业科技示范园小麦绿色生产高产创建试验田实收数据显示，每亩产量达 677 千克，比传统种植模式下平均亩产 515 千克多 162 千克，按照小麦市场售价 2.30 元/千克计算，每亩可增加收入 372.6 元，综合考虑成本因素，每亩可增加利润 697 元，种植小麦创造的利润比种植玉米创造的利润还要高。

除此之外，垄上行现代农业社会化服务中心吸收鼎盛粮贸有限公司、喜和圣面业公司和玉锋集团三家粮食贸易和加工企业，通过开办“粮食银行”的方式为会员提供粮食晾晒、烘干、代储、销售等产后服务。会员凭“粮食存折”可在“粮食银行”服务站兑换米面油、农机服务费、农资等，在“粮食银行”里存粮。活期型小麦每月增值 0.01 元/千克；定期型小麦每月增值 0.12 元/千克；入股型小麦 1 年加价 0.2 元/千克，2 年加价 0.04 元/千克；分红型小麦按初始存入价不限量兑换商品。

2. 利益分配　通过土地托管，依托先进技术实现利润创造，每亩地增收 910 元左右，开展此模式帮助多个参与主体实现了共赢。

垄上行现代农业社会化服务中心在大规模土地上进行统一深松、播种、施肥、灌溉、喷药等关键生产环节操作，并开展代储存、加工和收购业务，实现耕、种、浇、药、收、销六统一。在此过程中垫付生产资金，减少农户农业生产投入压力；粮食收获后实施有偿代储存服务，并与商店、超市等进行统一协调，粮食储存户可使用代金券在此处进行消费，并等到销售粮食实现收入后进行结算；获得收入后扣除垫付的资金、托管费用和其他成本，盈余按照50%的比例获得分红。

村两委组织农户进行土地入股，以井为单位宣传发动签订托管协议，将连片成方土地交分会统一管理，同时指派一名村干部担任会计，据此，村集体可获得每亩地30元组织费用，还可以参与二次分红，比例为10%，壮大了集体经济。

农户将土地进行托管，据此可获得保底性收益，再额外参与盈余分红（农户分红比例为40%），这种“土地入股＋收入保底＋盈余分红”模式极大保障了农户的收益，农户无失地顾虑，无生产风险，省心省力。农户较高的满意度对农业推广效果起到了很好的保障作用。

2019年，垄上行现代农业社会化服务中心对全托管服务模式进一步改进创新，推行“土地入股＋收入保底＋盈余分红”模式，即农村土地经营权入股。土地入股后，协会垫付受托土地粮食生产的所有投资，保证会员每季每公顷有3 000元保底收入，并支付给村委会每公顷不低于450元的服务费。盈余分红时，扣除上述支出，协会分红40%，并把收益中的10%给村委会，会员分红60%。协会保证会员两季收入（保底＋分红）每公顷不低于13 500元。

（四）技术推广效果

针对该区域自然条件、气候特点和既有种植技术，集成了重要病虫和气象灾害信息化测报与统防统治关键技术，小麦—玉米产后减损、技术扩散与综合评价关键技术，小麦—玉米高效精准施肥和水肥一体化技术，玉米机粒收轻简栽培技术等技术，通过示范和推广，在以下几个方面取得了显著效果。

一是分层立体精准施肥，减少化肥施用量。以垄上行土地托管协会依托，针对不同土壤类型开展不同区域尺度下土壤养分空间变异特征分析和最小水分限制范围测定，明确不同土壤类型节水节肥的限制因素，以培育合理土壤耕层、异位精准施肥和轻简高效为核心集成的技术体系进行技术体系熟化和示范，充分发挥技术体系的集成效应和成果示范作用，通过关键技术要点宣传和培训，辐射周边区域。

二是小麦和玉米种植技术集成，提高综合利用率。2018—2019年，小麦、玉米种植示范1 000亩，主要技术特点为：底肥生物有机肥30千克/亩，总纯氮、五氧化二磷、氧化钾施用量分别为16千克/亩、9千克/亩、7千克/亩，采用水肥一体微喷灌溉方式，全生育期三次灌水（播种后、拔节期、开花期），灌水总量 100 米^3/亩。与当地农户技术模式相比，小麦季光温利用效率提高 22.42%，水分利用效率提高 11.71%，氮肥偏生产力提高 18.99%。玉米季光温利用效率提高 22.48%，水分利用效率提高 19.91%，氮肥偏生产力提高 27.4%。周年光温利用效率提高 17.89%，水分利用效率提高 16.1%，氮肥偏生产力提高 23.36%。

三是采用科学管理模式，增加小麦和玉米亩产量。通过开展“四位一体”管理运行模式，将垄上行现代农业社会化服务中心、村集体、合作社和农户进行有效利益联结，调动各方的积极性和能动性，将初步形成的小麦和玉米两熟光温高效、耕层调理精准施肥、籽粒机收轻简技术体系更好地实施。科学有效的管理运行机制，为技术集成示范效果又增添了一重保障，小麦和玉米亩产均实现增长。示范区经专家实收测产，小麦产量达 651.6 千克/亩，亩均增产 31.48%，亩均增收 697 元；玉米产量 831.62 千克/亩，亩均增产 25%，亩均增收 214 元。

四是技术集成示范辐射范围低成本扩大。垄上行现代农业社会化服务中心依托垄上行土地托管协会拥有的土壤化验室、智能配肥机、无人植保机、自走式打药机、收种机械等硬件设施，并依托粮丰项目组等科研机构项目组提供的养分高效和籽粒机收品种组合、分层控释精准施肥、播/收期增密补偿、优化配置、病虫绿色防控、精准轻简施肥、智能灌溉等先进技术，逐步扩大技术推广范围和覆盖农户规模。垄上行土地托管协会从成立之初的 5 个分会 98 名会员，发展到 107 个分会（服务站）3 168 名会员（含团体会员），全托管土地 1.38 万亩，半托管土地 8.1 万亩；辐射规模化经营土地 20 多万亩，实现小麦—玉米全产业链服务。

二、太行山山前平原素敏合作社全产业链经营模式

太行山山前平原区地势较为平坦，生产作业条件较为便利，但仍面临水热资源的局限。该区域新型经营主体类型丰富，数量较多，经营效果明显。其中，赵县素敏粮食种植专业合作社小麦—玉米种植技术集成示范效果较为明显，小麦—玉米全产业链经营模式已经初步形成。

（一）参与主体

赵县素敏粮食种植专业合作社位于石家庄市赵县南柏舍乡徐家寨村，于 2012 年 5 月由李素敏主动联系本村 220 户农户联合创办，注册资金 108 万元，

经营耕地规模达 2 360 亩。2013 年 2 月，李素敏在赵县工商局登记注册成立素敏粮食种植农场，其成为河北省首家注册登记的家庭农场；同年，与其他具有农机具的农户组建中土农机服务专业合作社。之后，以家庭农场为核心，以中土农机服务专业合作社为辅助，进一步覆盖更多农户，将合作社范围进一步扩大，发展到 2015 年，赵县素敏粮食种植专业合作社注册资金增加到 117 万元，出资比例调整为：李素敏出资 103 万元，占比 88.03%；徐庆林、李云山、徐西林 3 人各出资 0.5 万元，各自占比 0.43%；鲁瑞锋、李进华 2 人各出资 0.3 万元，各自占比 0.26%；李同贵和李群山 2 人各出资 0.2 万元，各自占比 0.17%；樊献林等 115 人各出资 0.1 万元，各自占比 0.09%。

（二）运行模式

素敏粮食种植农场通过土地流转形式经营耕地 600 余亩，主要种植小麦和玉米。为了更好地经营合作社内部的粮食作物，该合作社整合了播种机、深耕机、绞盘式喷灌机、自走式喷药机、小麦—玉米联合收割机、粉碎机等 84 套农机具，囊括旋地、播种、除草、浇水、收割、甄选、烘干、秸秆还田等多个环节使用的农机具，其中 80%是通过农户入股的形式提供的。

大规模农机具为合作社内部粮食生产的全产业链服务提供了保障，在此基础上，还可为非社员农户及其他地区农户提供播种、除草、浇水、收割、烘干、秸秆还田等一系列农机服务。以此为核心，合作社为农户提供农资统一购进、配送，生产统一种植模式、统一规程、统一病虫草防治、统一销售等系列服务（图 8－2）。

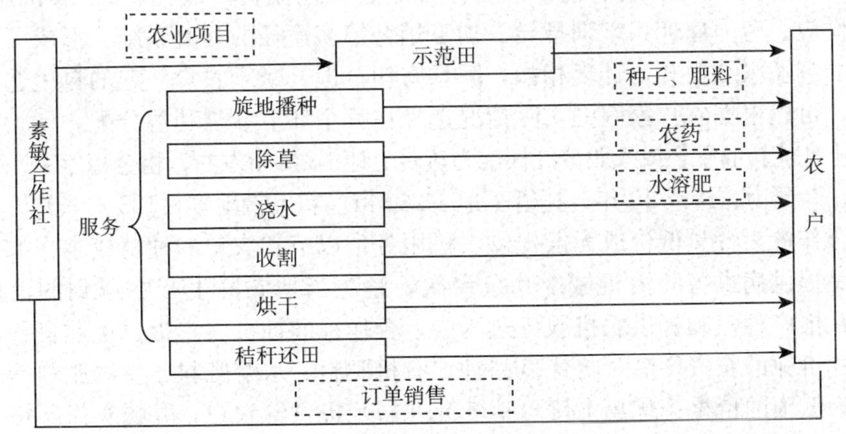

图 8－2　素敏合作社经营模式示意

合作社自成立以来，逐步推行从普通种植向选育种试验转型，带领周边3个村庄种植试验田，先后学习采用了示范配方施肥、播后镇压、种植形式改革、水肥一体化、病虫害统防统治、水肥高效运筹技术、气象灾害防控技术、丰产水热高效技术、节水技术等一大批农业实用新技术，承担了高产节水小麦新品种轮选103的示范、推广、扩繁及高产节水配套栽培技术研究、示范项目，国家玉米产业技术体系的各项试验玉米新品种试验、示范、展示项目，国家粮丰工程藁优强筋麦、优化品种组合、精准调亏灌溉、株行配置、分层立体施肥、病虫绿色防控集成示范等一系列科研项目，开展节水试验、不同时期浇水试验、配方施肥试验、种植模式试验和不同耕作试验等。合作社经营全程机械化高效生产技术集成百亩示范田100亩（玉米苗头组合初级产比试验80亩，玉米苗头组合高级产比试验20亩），种植玉米品种主要有郑单958、冀玉3421等；示范田面积600亩，繁育新品种面积1 200亩；统筹统防面积超过7 000亩。

（三）利益联结机制

1. 利益创造 素敏粮食种植合作社通过实施小麦良种繁育及玉米现代产业技术革新项目，实现亩增收230元；通过推广水肥一体化、病虫害统防统治、测土配方施肥、种植形式改革等技术，实现亩经济效益增收120元，累计实现亩节支增收350元；通过推行耕、种、收、播、植保打药全程机械化，每亩地每年能省100多元成本；合作社通过繁育新品种为社员提高收益，600亩示范田和1 200亩农田繁育新品种，为合作社社员增收17万元。

2. 利益分配 素敏粮食种植合作社通过土地流转（或托管）、农机服务、农资供应、劳力雇佣、培训指导、加工销售等多途径的利益联结，形成了一个网状的利益联结模式，环环相扣，联系密切；但又赋予农户一定的自主选择的权利，可以根据农户家庭的实际情况选择在哪个环节参与利益分配。

土地流转的租金或入股分红标准为流转土地1 100亩左右，租金每年700元/亩左右，期限为5年或10年；托管土地1 200亩左右，带动本村123户农户。

合作社为社员低价或无偿提供农机服务，以节省农户的种植成本，如无偿为农民提供病虫害防治机械300余台次，解决当地农民生产中遇到的诸多难题。在推广种植和提供农机服务过程中，合作社向社员农户提供优质良种和其他质优价廉的农资产品，将优良品种、有机肥料、水溶肥料、生物肥料等农资以较为低廉的价格（优惠力度可达5元左右）提供给农户，并购买烘干塔为农户提供玉米烘干服务，建设容量100多吨的粮库以用于储存粮食，有效地降低粮食霉变发生率，每千克粮食销售价格能提高0.2元。

劳动力雇工也是利益联结的一种主要形式。合作社吸纳长期在此工作的农民 6 人，根据不同的工作性质，工资有所差异：一些重要的岗位工资可达 4 000元/月；诸如门卫此类职位，工资每月为 1 500 元左右。在农忙时，可吸纳短期工作人员 40 人左右，主要负责田间种植，日均工资可达 200～300 元/人。除此之外，专业合作社每年组织社员进行技术培训和指导 4～6 期，相比较而言，年轻种植户参与培训的意愿更加强烈。

该合作社种植的小麦多作为种子进行销售和回收，收购价格可比市场价格高 0.2 元/千克；种植的玉米多销往本市的淀粉厂和饲料厂。玉米和小麦的销售都采用订单形式，销售渠道有保证，合作社统一收销，在进行销售时可具有一定的谈判优势条件。目前合作社也在积极探索“粮食银行”这一销售模式，先按照每亩产量确定收入之后扣除合作社所付出的成本再进行一次利益分配，然后根据具体销售情况进行二次分配，比例在 60%左右。

（四）技术推广效果

素敏粮食种植合作社在运营过程中，实现了小麦、夏玉米提质增效关键技术，玉米分层立体平衡施肥关键技术，小麦和玉米重要病虫害预测预报监控技术，小麦和玉米品种合理接茬种植技术，小麦和玉米产后减损、技术扩散与综合评价关键技术的集成，运用到素敏粮食种植合作社的耕地、播种、植保、收获、储藏、加工等各个种植、加工环节，并取得了明显效果。

首先，提高小麦和玉米亩产。实施小麦和玉米种植技术集成，玉米抗逆、丰产、增效技术促使夏玉米平均亩产达到 666.8 千克；小麦节水、丰产、增效技术使得小麦平均亩产 572.2 千克。

其次，降低生产成本。通过采用新技术、新机械等大大降低了劳动强度，节约了劳动力投入。按照常规方法 600 亩试验田打药需几十个人，浇地需十几个人，在采用新技术、新机械、新方法之后仅需一两个人就可以完成，即便在播种和收获用工最多的环节，用工人数也由原来的 100 余人减少到 5～6 人。

第三，扩大带动范围。在家庭农场保障粮丰实验面积和效果的基础之上，有效借助合作社的广泛影响力，把实验成果在更大范围内进行推广。采用“土地+农机”两要素双管齐下的方式，一是可以保障粮食种植操作的规范性和及时性，二是能够进一步扩大技术推广和应用的地域范围。

三、太行山山前平原重点龙头企业强强联合模式

太行山山前平原重点龙头企业强强联合模式的典型特点是联合科迪华农业

科技有限公司、先正达集团股份有限公司、河北宏瑞种业有限公司、今麦郎面品有限公司、河北金沙河面业集团有限责任公司等种子、植保、加工等重点龙头企业参与小麦—玉米种植的各个环节。

（一）参与主体

科迪华农业科技有限公司和先正达集团股份有限公司都是具有外资背景的农业科技企业，主要经营领域为种子培育和作物保护。科迪华农业科技有限公司创立于2018年，是一家致力于发展农业科技的外资企业，致力于保障农业生产的过程；先正达集团股份有限公司2017年被中国化工集团收购，其为捷利康农化公司及诺华集团的作物保护和种子业务分别从原公司中独立出来之后合并组建的农业科技企业，先进技术涉及多个领域，包括基因组、生物信息、作物转化、合成化学、分子毒理学，以及环境科学、高通量筛选、标记辅助育种和先进的制剂加工技术。两家企业会同河北宏瑞种业有限公司参与小麦—玉米种植的种子供应、作物保护环节。

河北宏瑞种业有限公司成立于2003年，注册资金1 000万元人民币，是集小麦、玉米等大田作物种子开发、培育、生产加工、销售、服务等为一体的专业化高科技型种子企业。公司主要从事强筋优质小麦选育及产业化推广，业务范围涉及玉米、小麦、大豆等农作物种子科研选育、生产加工和销售服务。公司位于石家庄市高新技术产业开发区，自建有种子库房3 376.6米^2，加工厂房612米^2，办公和经营场所280米^2，晒场2 000米^{2}以上。该公司具备成熟稳定的繁种基地8万多亩，常年科研农场用地500多亩，拥有一个强筋麦研发中心和赵县、辛集、冀州三个试验站、园区，建有河北、河南、甘肃、海南四个玉米科研基地，有一套完整的生产质量控制保证体系。借此雄厚的硬件和软件基础，公司承担过河北省农业科技成果转化项目、河北省农业厅粮油绿色高产高效创建项目、冬小麦节水稳产配套项目、渤海粮仓科技示范工程项目和石家庄市科技支撑计划项目等，在推广强筋优质小麦“藁优”系列品种过程中发挥着重要的作用。

今麦郎面品有限公司成立于1994年，是农业产业化国家级重点龙头企业，是集生产、销售、研发于一体的现代化大型综合食品企业集团，其产品覆盖方便面、挂面、面粉、饮品等。公司旗下的今麦郎系列、大今野系列、老爸厨房“一菜一面”系列、老范家速食面馆面系列产品均以小麦为主要原料，公司年方便面生产能力120亿份，日处理小麦5 500吨，年转化小麦180万吨的庞大生产规模，位居世界同行业前六名，国内入围前三强。河北金沙河面业集团有限责任公司创建于1996年，是一家从事面粉和挂面生产的农产品加工企业，主要从事小麦粉（通用、专用）、挂面（普通挂面、花色挂面）、面片及副产品（麸皮、次粉、麦胚、特制粉）的加工。两家重点加工企业是小麦主要销售对象。

（二）运行模式

宏瑞种业有限责任公司以“打造100万亩核心强筋麦生产基地、辐射500万亩强筋麦生产面积、形成年产50万～300万吨强筋优质麦产业规模”为主要目标，依靠自身的研发机构、实验仪器、科研人员、繁种基地，借助粮丰科技团队、农科院、科技推广站等高校、科研机构和科技推广机构的技术平台，通过与农民专业合作社、家庭农场等新型经营主体的合作，带动农户从事强筋优质麦的种植，将藁优2018、藁优5218、藁优5766等系列强筋麦品种快速推广到周边农户及其他类型种植主体。科迪华、先正达等知名重点龙头企业参与到种子供应、统防统治等关键重点环节。通过规模经营保障产品品质，高品质小麦主要销往今麦郎、金沙河等小麦加工企业，除此之外，还可以向宏瑞种业繁种销售，价格一般比市场价每千克提高0.2元（图8-3）。

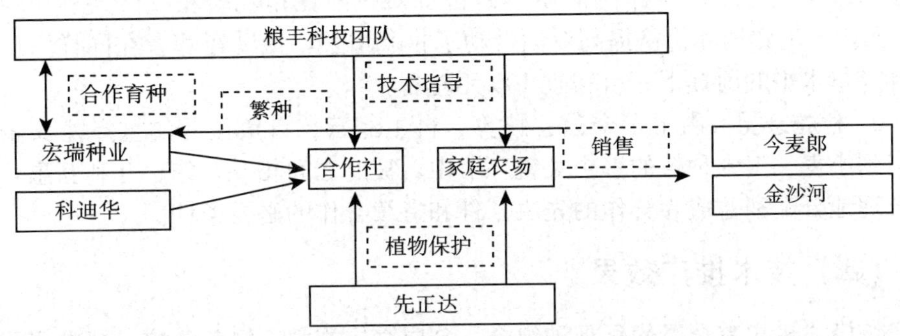

图8-3　龙头企业强强联合经营模式示意

通过从专业合作社、家庭农场或农户手中高价收购小麦进行繁种的形式，进一步调动了种植者的积极性，推动了强筋优质麦品种的普及。在实地调研过程中发现，石家庄、邢台、邯郸地区的部分专业合作社、家庭农场等通过繁种销售的形式向宏瑞种业销售其所生产的小麦，这种模式的核心是可以通过订单农业等方式实现以销定产，降低各类经营主体的经营风险，稳住销路，保障种粮有收益，保护农民的种粮积极性。

（三）利益联结机制

1. 利益创造　在种子供应、植保服务、加工销售等环节重点龙头企业的参与大大提高了小麦—玉米种植生产的竞争力。该模式在多个农民专业合作社和家庭农场均有实施，对采用该模式的新乐玉坤家庭农场进行深入调研，以其为代表剖析该模式的具体运行模式和实施效果。

在种子供应环节，由于选用优质种子品种，种植主体种子采购成本并未减少，反而增加。据对玉坤家庭农场经营者的深入访谈得知，玉米采购成本每亩地100元左右，比普通种植户成本高35元左右；小麦采购成本每亩地也为100元左右，比普通种植户成本高15元左右。该环节并未实现价值增值，但是优质品种对于增加粮食产量、提高产品品质、保障产品销售发挥着决定性作用。

在植保环节，由于采用绿色防控技术，实行统防统治，大大提高了病虫害防治效率，改善了防治效果，有效控制了防控成本。通过调研发现，玉坤家庭农场玉米植保费用每亩为20元，比普通户低5元左右；小麦植保费用每亩为5元，比普通户也低5元左右，节本效果比较明显。

在销售环节，通过订单销售、繁种销售等形式，保障经营主体产品销售渠道的稳定性和通常性，最大限度减少市场波动造成的影响。而且，由于高品质种子从根本上保障了产品的品质，销售价格一般比市场价格每千克高0.2～0.4元。产量增加和价格提高双向带动了收益增长，帮助经营者在同样水肥管理和产量水平的前提下每亩增收100元左右。

2. 利益分配 由于多个独立核算、自主经营、自负盈亏的重点龙头企业参与到小麦—玉米种植的多个关键环节中，彼此之间相互合作、互利互惠，科学合理地分配利益成为合作的先决条件和持续合作的必要条件。

（四）技术推广效果

该模式集成整合了优化品种组合、分层立体施肥、绿色防控、精准调亏施肥、节本高产增收等多项技术，在多个新型经营主体的种植、经营过程中得到广泛采用。

一方面，通过种子销售扩大技术推广范围。宏瑞种业、科迪华等种业公司作为重大科研、试验项目的承担单位，依托项目提升小麦—玉米育、繁、推、产、加、销一体化水平，提供适合特定生态区域冬小麦—夏玉米合理茬口搭配良种，仅宏瑞种业藁优系列强筋麦示范面积已超过80万亩，产业化经营能力大幅度提升。

另一方面，以加工龙头企业促进技术实施。今麦郎、金沙河、宏瑞种业等均为小麦的主要需求方，为经营主体提供了较为稳定的销售渠道，同时对产品品质、产后减损、产品加工等技术提出了更高的要求，在很大程度上促进了小麦—玉米种植提质增效技术、产后减损技术的研发、落地和实施。

四、燕山山麓平原集强集团化经营模式

燕山山麓平原区气候条件较为特殊，是小麦—玉米种植模式的典型分割区，该区以北多种植单季玉米，该区以南则小麦—玉米轮作。由于技术条件的差异，集成技术也有鲜明特点。

（一）参与主体

玉田县集强农民专业合作社成立于2008年10月，是在唐山益农种业有限公司、唐山中康农业生产资料有限公司投资入股的基础上，由粮食生产大户冯立田联合其他部分种田人户、科技种田能手、农业生产资料经营者、农产品经纪人等共同创办的以粮食生产和蔬菜种植为主的农民专业合作组织（图8-4）。该合作社目前建有现代农业科技示范区、粮食烘干及现代化存储库、农产品保鲜气调库、高标准智能连栋温室等现代化配套服务设施。年经营（服务）收入4 960万元。2017年合作社拥有社员1 985户，员工55人，其中技术人员12人，中高级技术人员8人，入社土地1.5万亩，农机拥有量128台（套），建有包装车间3 000米^2，清洗加工包装机械12台（套）。小麦种植规模达2.8万亩，其中1万亩进行小麦种子繁育；玉米种植规模达10.2万亩，其中5万亩种植青贮玉米。

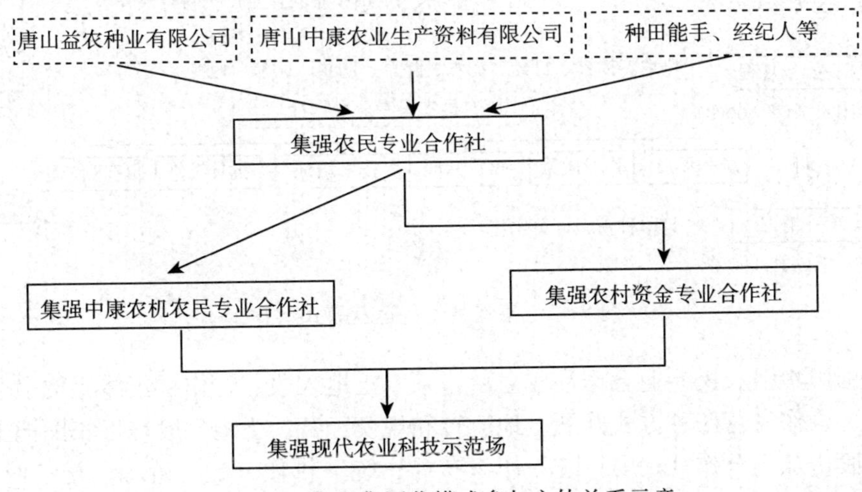

图8-4　集强集团化模式参与主体关系示意

玉田县中康农机农民专业合作社成立于2011年，以玉田县集强农民专业合作社为纽带，把土地、农业机械、驾驶操作人员、经营管理人员等资源整合在一起，对合作社拥有的农机具实行统一调度，并规范收费标准，为成员承接业务，提供后勤保障服务，成员以合作社名义对外开展作业服务。

玉田县陈家铺乡集强农村资金专业合作社于2012年3月正式注册成立，注册资金为500万元，主要用于解决资金缺口和季节性短缺问题。

玉田县集强现代农业科技示范场成立于2013年10月，注册资金为3 100万元，办公室位于河北省唐山市玉田县陈家铺乡陈家铺村，经营范围进一步扩大为新品种的研发、试验、示范、引进、推广，销售不再分装的小包装种子、农膜、小型农机具，种植销售果蔬、花卉、苗木、粮食，提供技术培训、技术交流和咨询服务。

（二）运行模式

在进行土地集中的基础之上，实行统一提供生产资料、统一无公害生产操作规程、统一供种、统一技术服务、统一管理、统一销售，并将互联网技术贯穿始终，实现集强集团化经营的典型模式，具体如图8-5所示。

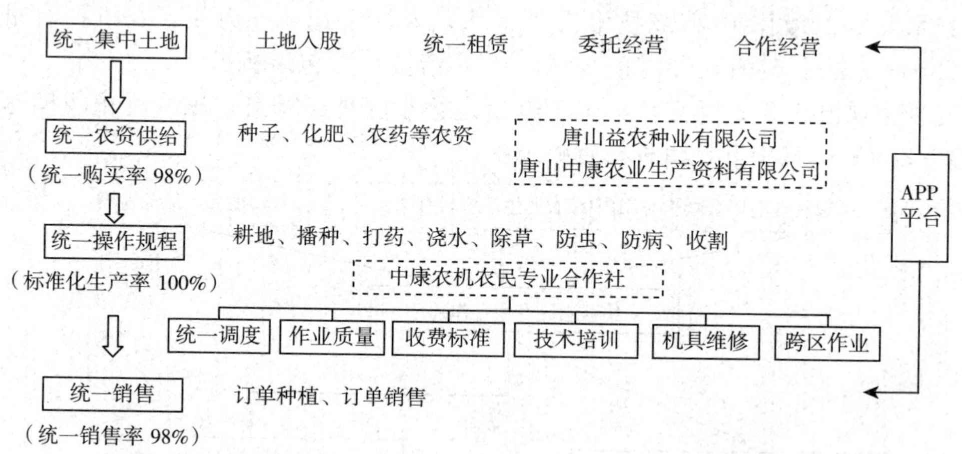

图8-5　集强集团化运营模式示意

玉田集强农民专业合作社成立后，采取土地入股、合作社集体租赁、委托经营、合作经营四种方式开展土地流转和规模经营。土地入股是指农民把土地作为股份加入合作社，实行统一作物布局、统一耕作、统一管理、统一收获、统一贴标销售，年初获得合作社预付地价500元，待年底时按土地面积、质量、盈利情况再进行分红，608户社员入股土地11 000亩，占合作社经营土地的73.3%。合作社集体租赁是指合作社出资承包土地，并支付给土地经营权所有者租赁费用，合作社集体租赁土地2 000亩，占合作社经营土地的13.3%，其中冯立田个人累计在陈家铺乡、石臼窝镇、林南仓镇承包土地1 580亩。委托经营是指非社员农户从事其他行业，没有时间或没有经验经营土地，把土地委托给合作社代为经营，合作社提取10%利润作为管理费用，剩余利润返还农户，此情况又可分为全托管和半托管两种形式，在不同的托管形式下又将土地托管分为“菜单式”半托管、服务全托管和“保姆式”全托管三种模式。“菜单式”半托管，农民选择耕地、播种、施肥、灌溉、药防、收割等过程中的一个或几个环节，交给合作社进行管理，合作社按项目收费；服务全托管，农民按照每年每亩290元的标准支付费用，合作社提供从种到收的服务；“保姆式”全托管，农民每亩支付890元，合作社提供从农资供应到耕、种、收、销全程一条龙服务。合作经营是指农业企业或承包人户用自己的土地与合作社进行项目合作，开展小麦育种、粮食高产创建等活动，合作经营的土地500亩，占合作社经营土地的3.3%。

通过四种不同的土地集中形式的实施，集强农民专业合作社已集中流转土地1.5万亩，其中“菜单式”半托管占2/3，服务全托管和“保姆式”全托管占1/3（该数据来源于2019年）。其中董事长冯立田一人流转土地3 680亩，跨越陈家铺、虹桥、石臼窝、亮甲店、林南仓5个乡镇18个村，相继建立示范试验和标准化生产基地6个。在此基础上建立优质粮生产（繁种）基地2个，共1.0万亩，分别是位于陈家铺乡刘家铺、王安子、江查铺、老汪铺、高文铺、韩荒子等村的玉田国家现代农业示范区优质高效粮食生产示范基地和农业农村部小麦万亩高产创建示范区。

在集中土地的基础之上，对粮食种植进行统一规划。第一，统一农资供给，由唐山益农种业有限公司和唐山中康农业生产资料有限公司负责提供品质优良、价格低廉的包括种子、化肥、农药等在内的主要农资。成员主要生产资料统一购买率达到98%。第二，统一标准化操作流程，中康农机农民专业合作社在农机作业服务过程中，遵循统一调度、统一作业质量、统一收费标准、统一开展技术培训、统一机具维修、统一联系跨区作业的基本原则。通过签订作业合同的方式为农户提供土地深耕、土地旋耕、免耕播种、玉米收获、玉米秸秆还田、小麦机收、机喷等一系列农机服务，保障作业的标准化和规范化，标准化生产力达到100%。第三，统一销售，通过订单种植和订单销售等多种形式，实现粮食统一销售，统一销售率达92%，最大限度保障获得更多经济收益。

在进行统一农资供给、统一操作流程、统一产品销售的同时，通过硬件推广、软件研发、电商营销等举措将互联网技术运用到农业生产全过程。通过与北京中农信达电子商务股份有限公司合作，开发适应农民需求的手机 APP，社员农户可通过扫描二维码下载应用程序，利用手机平台实现“线上”销售、技术咨询及“线下”收购、技术服务。与此同时，还依托“农合网”，构建了“网上联合社”，为 160 多家农民专业合作社建立了网店，涉及农民 2 万余人。

（三）利益联结机制

1. 利益创造 通过实行规模化经营、采用先进的科技，入社农户生产成本明显降低，平均每亩地种子、化肥、农药、农膜等生产资料成本降低 50～150 元，农机服务成本降低 20～30 元；通过实施标准化生产大大提高了粮食产量，亩均产量增长达 15％～20％。

通过开展订单农业，在保障粮食生产销路稳定的情况下，提高粮食销售价格。合作社通过发放宣传手册、开展订单农业知识培训等措施，让广大社员农户了解订单农业的作用，并在生产经营过程中严格遵守订单的相关要求。在此基础上，合作社与唐山万千饲料公司、唐山益民制药有限公司、北京大北农种猪场等粮食经营销售户及粮食深加工企业建立合作关系，全面推行订单种植和订单销售。通过开展订单种植和订单销售，保障在节本增产的同时，更大程度地增加收益，经测算，亩均经济收入增加 150～400 元。除此之外，社员把小麦种子等农产品交由农资公司统一包装、销售，售价比市场价高 15％至 20％，这也会使得亩均增收 200 元左右。

2. 利润分配

一是通过土地租赁、土地托管和土地入股等多种形式，让农户可以凭借土地经营权获得租金、分红等相应收益，并可以将部分不愿意或不善于从事农业生产的劳动力从耕地上解放出来。

二是通过提供质优价廉农资让利于农户。中康公司对社员农户的农资供应比市场价低 15％至 20％，可使农户亩均节支 200 元左右。

三是通过优先、低价提供农机服务让利于民。在种植生产过程中，合作社拥有的农机会优先、低价为会员农户进行播种、收割，并且服务费用可由合作社先行垫付，待销售后扣留，这一举措不但减轻了农户的资金压力，还会使亩均费用降低 20 元左右。

可分配盈余按成员与合作社交易量（额）返还比例 85％。

(四) 技术推广效果

多主体参与的集团化运作模式，使得集强农民专业合作社集成示范的早熟品种组合、水肥一体化、分层立体施肥、小麦—玉米一年两熟及两年三熟节水丰产光热高效技术、地理信息系统（GIS）技术等关键技术取得了很好的效果，优良品种覆盖率达到100%，综合农机化水平达到95%，粮食产量增加10%至20%（每季每亩平均增产25～50千克）。通过遥控植保机、自走式卷盘式喷灌机、自走式旱田作物喷杆喷雾机、风送式远程高效喷雾机、智能秸秆打捆机等农业机械的使用和推广，完成统防统治面积3万余亩，并大大降低了秸秆破碎、土地平整、浇灌等工作成本，提高了工作效率和综合收益。

图书在版编目（CIP）数据

河北省粮食丰产增效科技创新项目效益评价研究 / 郭丽华等著. —北京：中国农业出版社，2021.1
ISBN 978-7-109-27858-5

Ⅰ. ①河… Ⅱ. ①郭… Ⅲ. ①小麦—产业发展—研究—河北②玉米—产业发展—研究—河北 Ⅳ. ①F326.11

中国版本图书馆 CIP 数据核字（2021）第 020015 号

中国农业出版社出版
地址：北京市朝阳区麦子店街 18 号楼
邮编：100125
责任编辑：肖 杨 张 丽
版式设计：王 晨 责任校对：沙凯霖
印刷：北京中兴印刷有限公司
版次：2021 年 1 月第 1 版
印次：2021 年 1 月北京第 1 次印刷
发行：新华书店北京发行所
开本：720mm×960mm 1/16
印张：12.5
字数：250 千字
定价：68.00 元
